高等职业院校汽车类规划教材

汽车市场营销

主　编　杜淑琳　王云霞
副主编　伍东升　段　伟　张　侠
编写人员（以姓名笔画为序）
　　　　丁娟娟　王云霞　伍东升　江　伟
　　　　孙　波　杜淑琳　李　军　张　侠
　　　　张　燕　段　伟　姚永来　贾　雪
　　　　徐晶晶　斯　炎　雷纶源

中国科学技术大学出版社

内 容 简 介

本书包括汽车市场营销概述、汽车市场营销环境分析、汽车市场调查与预测、汽车市场购买行为分析、汽车市场营销战略等12个项目,各项目均设置"学习目标""思维导图""开篇案例"等栏目。书中还附有"项目工单",突出职业教育特色,让学生在学习中进行相应的实践。

本书可供相关专业的师生及从事汽车市场营销的工作人员使用。

图书在版编目(CIP)数据

汽车市场营销/杜淑琳,王云霞主编.--合肥:中国科学技术大学出版社,2024.7
ISBN 978-7-312-05903-2

Ⅰ.汽⋯　Ⅱ.①杜⋯　②王⋯　Ⅲ.汽车—市场营销—高等学校—教材　Ⅳ.F766

中国国家版本馆CIP数据核字(2024)第053173号

汽车市场营销
QICHE SHICHANG YINGXIAO

出版	中国科学技术大学出版社
	安徽省合肥市金寨路96号,230026
	http://press.ustc.edu.cn
	https://zgkxjsdxcbs.tmall.com
印刷	安徽省瑞隆印务有限公司
发行	中国科学技术大学出版社
开本	787 mm×1092 mm　1/16
印张	18
字数	461千
版次	2024年7月第1版
印次	2024年7月第1次印刷
定价	48.00元

前　言

汽车产业是推动新一轮科技革命和产业变革的重要力量，是建设制造强国的重要支撑，是国民经济的重要支柱。2022年2月，《安徽省"十四五"汽车产业高质量发展规划》（皖发改产业〔2022〕92号）发布，为安徽省汽车产业的发展描绘出"路线图"：以创新驱动产业发展，力争把安徽省打造成全球智能新能源汽车创新集聚区。面对我国汽车产业的创新发展，汽车营销也从传统营销模式向现代营销模式转型升级，汽车市场亟需一批掌握现代化汽车技术和创新营销理念的复合型技术技能人才。

我们以党的二十大精神为引领，紧跟企业产业发展与变革，强化工学结合模式，开发了适合数字经济时代下复合型汽车营销人才培养的精品教材。"汽车市场营销"为职业院校汽车类专业核心课程，强调理实一体，使学生掌握汽车市场营销的基本概念、基本理论，培养营销基本思维，同时能够针对市场环境制定营销策略。每个项目都附有"项目工单"，实现"学中做"，强化课程的实践性。同时，我们以国家新能源汽车品牌、智能网联汽车造车新势力为代表，增加营销案例，融入课题思政。本书除了包含基本理论外，还增添了相当比例的汽车营销案例，因此也可作为汽车行业员工的培训资料。

本书的主要特点如下：

（1）坚持能力本位，建立技术知识体系。

本书作为职业教育专业教材，准确把握技术知识逻辑对于职业教育培养目标的引导性，避免传统职业教育中的思维定式和技术功能固化式的职业知识，如标准化、机械化的知识模式。本书更新了符合实际技术应用实践的技术知识体系，可作为营销类教材的范本。

（2）拓展教材的时空限制，搭建信息化教学平台。

通过教材编写研究和前期教学活动实践，我们开发了一批多媒体课件和教学微视频等教学素材，丰富了课程的教学资源，为学生自主学习创造了环境和条件。

（3）创新转化前沿理论，精准匹配学生兴趣。

基于深化"三教"改革的要求，在遵循学生认知规律的基础上，我们准确把握职业院校学生的学习特点，创新经典基础知识载体，激发学生的学习积极性，帮助学生树立远大的职业理想。

（4）立足"岗、课、赛、证"，优化知识体系。

我们结合"岗、课、赛、证"的教学培养模式，嵌入汽车营销赛项考核知识内容，重新优化营销知识体系，强化营销实践技能，培养学生的职业能力，实现以学促行，以行践学。

本书共包含12个项目，编写团队由高职院校市场营销专业和汽车相关专业的一线教师以及汽车营销专家组成，他们有着丰富的教学经验和实际工作经验。本书由安徽职业技术学院杜淑琳教授和安徽机电职业技术学院王云霞副教授担任主编，具体分工为：安徽职业技术学院孙波编写项目1；阜阳职业技术学院贾雪编写项目2；六安职业技术学院徐晶晶编写项目3；安徽职业技术学院杜淑琳、雷纶源编写项目4；王云霞编写项目5；安徽三联学院江伟编写项目6；安徽职业技术学院张侠编写项目7；安徽工业经济职业技术学院斯炎编写项目8；安徽国防科技职业学院张燕编写项目9；安徽水利水电职业技术学院段伟编写项目10；合肥职业技术学院伍东升编写项目11；安徽职业技术学院丁娟娟编写项目12。本书在编写过程中，奇瑞控股集团有限公司校企合作总监姚永来、合肥市电子商务协会秘书长李军等参与教材大纲和写作体例研讨，提出了宝贵意见，并提供了部分案例素材。在此，对以上人员表示衷心感谢。

本书为全国新能源与智能网联汽车智慧流通产教融合共同体和安徽职业技术学院数字商务产业学院建设项目成果。在编写过程中，我们参阅了大量国内外研究成果、有关论著及众多网络资料，在此对未曾谋面的专家、学者表示崇高的敬意和衷心的感谢。

由于编者水平有限，书中难免存在疏漏之处，恳请各位专家、同行和读者不吝指正。

编 者
2023年12月

目 录

前言 ……………………………………………………………………………………（ⅰ）

项目1　汽车市场营销概述 ……………………………………………………（ 1 ）
　1.1　认识市场营销 …………………………………………………………（ 3 ）
　1.2　理解汽车市场营销 ……………………………………………………（13）
　1.3　汽车营销人员技能培养 ………………………………………………（17）

项目2　汽车市场营销环境分析 ………………………………………………（26）
　2.1　汽车市场营销环境概述 ………………………………………………（28）
　2.2　汽车市场营销的宏观环境 ……………………………………………（30）
　2.3　汽车市场营销的微观环境 ……………………………………………（36）
　2.4　汽车市场营销环境分析 ………………………………………………（39）

项目3　汽车市场调查与预测 …………………………………………………（46）
　3.1　汽车市场调查 …………………………………………………………（48）
　3.2　汽车市场调查方法 ……………………………………………………（53）
　3.3　汽车市场调查问卷设计 ………………………………………………（56）
　3.4　汽车市场营销预测 ……………………………………………………（60）

项目4　汽车市场购买行为分析 ………………………………………………（68）
　4.1　汽车市场概述 …………………………………………………………（70）
　4.2　汽车消费者市场 ………………………………………………………（71）
　4.3　汽车组织市场 …………………………………………………………（88）

项目5　汽车市场营销战略 ……………………………………………………（98）
　5.1　汽车市场营销战略概述 ………………………………………………（100）
　5.2　汽车市场竞争战略 ……………………………………………………（108）
　5.3　汽车品牌战略 …………………………………………………………（110）

项目6　汽车目标市场策略 ……………………………………………………（126）
　6.1　汽车市场细分 …………………………………………………………（128）
　6.2　汽车目标市场 …………………………………………………………（133）
　6.3　汽车市场定位 …………………………………………………………（137）

项目7 汽车产品策略 (145)
   7.1 汽车产品整体概念 (147)
   7.2 汽车产品生命周期 (149)
   7.3 汽车产品组合策略 (156)
   7.4 汽车新产品开发策略 (159)

项目8 汽车价格策略 (169)
   8.1 汽车价格策略综述 (171)
   8.2 汽车定价方法 (177)
   8.3 汽车定价策略 (179)
   8.4 汽车价格调整策略 (181)

项目9 汽车分销策略 (187)
   9.1 汽车分销渠道概述 (189)
   9.2 汽车分销渠道的中间商 (193)
   9.3 汽车分销渠道的设计与管理 (196)
   9.4 汽车网络分销渠道 (203)

项目10 汽车促销策略 (211)
   10.1 汽车促销概述 (213)
   10.2 汽车人员推销策略 (216)
   10.3 汽车广告策略 (218)
   10.4 汽车公共关系策略 (224)
   10.5 汽车营业推广策略 (227)

项目11 汽车市场营销管理 (236)
   11.1 汽车市场营销计划 (237)
   11.2 汽车市场营销组织 (241)
   11.3 汽车市场营销实施 (246)
   11.4 汽车市场营销控制 (249)

项目12 汽车客户关系管理 (258)
   12.1 客户关系管理概述 (259)
   12.2 提升客户满意度 (263)
   12.3 客户抱怨及投诉的处理 (271)

参考文献 (282)

汽车市场营销概述

学习目标

1. 知识目标

(1) 掌握市场与汽车市场的概念;
(2) 理解市场营销与汽车市场营销的概念;
(3) 掌握市场营销要素和市场营销组合;
(4) 掌握市场营销观念的几个演变阶段;
(5) 理解汽车市场营销管理活动的过程;
(6) 了解汽车市场营销的创新模式;
(7) 了解汽车企业营销人员的职位与工作内容;
(8) 了解汽车营销人员应具备的素质与能力。

2. 能力目标

(1) 能够运用市场三要素的概念正确分析我国汽车市场的状况;
(2) 能够运用交换概念理解汽车营销的本质;
(3) 能够运用市场营销的基本理论分析我国汽车产业的实际营销问题;
(4) 能够运用市场营销的相关理论分析现代汽车企业营销的发展趋势。

3. 素养目标

通过本项目的学习,帮助学生树立正确的现代营销观念和职业发展规划,明确市场营销在汽车企业经营中的主导地位,使学生正确认识企业的社会责任,建立科学的营销观,树立营销强国的理念。

思维导图

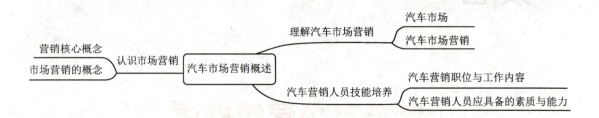

开篇案例

福特的成功与失败

福特汽车公司创办于 1903 年,第一批福特汽车因实用、优质和价格合理,生意一开始就非常兴隆。1906 年,福特汽车公司推出豪华汽车,结果老百姓都买不起,福特汽车的销售量直线下降。1907 年,其创始人亨利·福特总结了过去的经验教训,及时调整了经营指导思想和经营战略,实行"薄利多销"的政策,于是销售量又魔术般地回升。当时,全国经济衰退已露头角,许多企业纷纷倒闭,唯独福特汽车公司生意兴隆,盈利 125 万美元。1908 年初,亨利·福特按照当时普通消费者(尤其是农场主)的需要,作出了明智的战略性决策,致力于生产规格统一、品种单一、价格低廉、大众需要且买得起的"T 型车",并且在实行产品标准化的基础上组织大规模生产。此后十余年,由于福特汽车适销对路,销售量迅速增加,产品供不应求,在商业上获得了巨大的成功,产销量最高一年达 100 万辆。1925 年 10 月 30 日,福特汽车公司一天就能制造出 9109 辆"T 型车",平均每 10 秒生产一辆。20 世纪 20 年代初期,福特汽车公司的纯收入竟高达 5 亿美元,成为当时世界上最大的汽车公司。

20 世纪 20 年代中期,随着美国经济的增长和人们收入水平的提高,形势又发生了变化,公路四通八达,路面大大改善,坎坷、泥泞的路面已经消失,消费者也开始追求时髦。简陋而千篇一律的"T 型车"虽价廉,但已不能吸引顾客,福特"T 型车"的销售量开始下降。面对现实,亨利·福特仍自以为是,一意孤行,坚持其以生产为中心的观念,置顾客需求的变化于不顾,诚如他自己所宣称的:"无论你需要什么颜色的汽车,福特只有黑色的。"1922 年,亨利·福特在公司推销员全国年会上听到关于"T 型车"需要作根本改进的呼吁后,静坐了 2 小时,然后说:"先生们,依我看,福特汽车的唯一缺点是我们生产得还不够快。"

就在亨利·福特固守他那种陈旧观念和廉价战略的时候,通用汽车公司却时时刻刻关注着市场的动向,并发现了良机,及时地作出了适当的战略性决策:适应市场需要,坚持不断创新,增加一些新的颜色和式样的汽车上市。于是通用汽车公司的"雪佛兰"车开始排挤"T 型车"。1926 年,"T 型车"销售量陡降。1927 年 5 月,福特汽车公司不得不停止生产"T 型车",改产"A 型车"。这次改产,福特汽车公司不仅耗资 1 亿美元,而且在这期间通用汽车公司乘虚而入,占领了福特汽车的大量市场份额,致使福特汽车公司的生意陷入低谷。后来,福特汽车公司虽力挽狂澜,走出了困境,却从此失去了车坛霸主的地位,让通用汽车公司占据了车坛首席宝座。

（资料来源：张彤.汽车市场营销[M].北京：化学工业出版社，2010.）

问题：
1. 根据案例说一说什么是市场？什么是市场营销？
2. 福特汽车公司生产"T型车"属于哪种市场营销观念？
3. 福特"T型车"成功与失败的主要原因是什么？

1.1　认识市场营销

市场营销学是商品经济发展到一定阶段的产物，最早创立于美国。1912年，美国哈佛大学J.E.豪杰特齐(J.E.Hagertg)编写了一本名为 *Marketing*（《市场营销》）的教科书，这本书的问世是市场营销学作为一门独立学科出现的里程碑。1937年，美国市场营销协会(American Marketing Association，AMA)成立，大大推动了市场营销学的应用与发展。

新中国成立前，我国曾引进市场营销学理论，一些综合性大学商学院开设了"销售学"课程（当时称为"销售学"）。党的十一届三中全会以后，国家实行改革开放政策，不少企业自觉运用市场营销学理论指导企业的经营活动，由于企业需要大批市场营销管理人才，各高校相继开设市场营销课程。

经过40多年的发展，市场营销学的应用领域在不断拓展，学科也在不断细化，如酒店市场营销、旅游市场营销、保险市场营销、汽车市场营销等。本书主要介绍汽车市场营销的理论与方法。

市场营销是随着经济发展和企业经营管理的需要而出现的。我们正处于市场经济时代，每一个企业都面临着越来越激烈的市场竞争，都需要进行市场营销活动。什么是市场营销？为理解市场营销，我们先来了解几个与市场营销相关的概念：市场、需求、价值和交换。

1.1.1　营销核心概念

1. 市场

（1）市场的概念

市场是社会分工和商品生产的产物。列宁说过："哪里有社会分工和商品生产，哪里就有市场。"对于市场的概念可以从以下几个方面来理解：

① 市场是商品交换的场所

在商品经济尚不发达的时候，市场的概念总是同时间的概念和空间的概念联系在一起。人们总是在某个时间聚集到某个地方完成商品的交换，因而市场被看作商品交换和市场交易的场所。至今，人们仍习惯性地将市场看作商品交换的场所，这种市场形式目前仍很普遍，如商场、集贸市场、汽车交易市场等。

② 市场是各种商品交换关系的总和

在现代社会，商品交换关系渗透到社会生活的方方面面，交换的商品品种和范围日益扩大，交易方式也日益复杂。特别是随着交通运输、通信事业、金融业的发展，商品的交换已经突破了时间和空间的限制，人们可以在任何时间和任何地点达成交易。因此，现代的市场已

经不再指具体的交易场所。

③ 市场是某种商品现实和潜在的总需求

事实上,市场专指买方及其需求,而不包括卖方。卖方与其竞争者一起组成某个产业,它们之间属于竞争关系,而不构成市场。所以,在市场营销中,市场往往等同于需求。由于市场的基本经济内容是商品供求和商品买卖,因此,要形成市场必须具备以下三个基本条件:一是存在可供交换的产品(包括可供出售的有形实物产品和无形产品),这是市场的客体;二是存在欲出售产品的卖主和具有购买力、购买欲望的买主,这是市场的主体;三是具有买卖双方都能够接受的交易价格及其条件。只有满足以上三个基本条件,商品的交换才能成为现实,市场才有实际意义。

从卖方角度研究买方市场,市场的构成有三个主要因素:人口、购买力和购买欲望。因此,从市场营销的角度来看,我们可以把市场表述为人口、购买力和购买欲望的函数,即

市场＝人口＋购买力＋购买欲望

人口是构成市场的基本要素,人口越多,现实和潜在的消费需求就越大。购买力是指人们支付货币购买商品或劳务的能力,购买力的高低是决定市场容量的重要指标。购买欲望是指消费者购买商品的动机、愿望和要求,它是消费者将潜在购买力变为现实购买行为的重要条件。例如,一个国家(或地区)虽然人口众多,但收入水平很低,购买力有限,则市场狭窄;反之,尽管一个国家(或地区)居民收入水平很高,但人口很少,市场同样十分有限,瑞典、瑞士就是如此。而有的国家(或地区),不仅人口众多,居民也有一定的收入水平,这就属于有潜力的市场。中国是一个人口众多的国家,改革开放以来,人民的生活水平逐年大幅度提高,形成了一个庞大的市场。

> **同步思考 1.1**
>
> 营销学中的市场与我们日常生活中提到的市场是一个概念吗?

市场的这三个要素相互制约,缺一不可,只有将三者结合起来才能构成现实的有效市场,才能决定市场的规模和容量。如果三个要素中缺少任意一个,如有人口、购买力,但没有购买欲望;或者有人口、购买欲望,而没有购买力,都形成不了现实的有效市场,只能成为潜在市场。所以,市场是上述三个要素的统一。

市场的这三个要素不是一成不变的。现在没有购买力不代表未来没有购买力;今天顾客没有购买欲望不代表明天他还没有购买欲望。对于市场营销者来说,应该用发展的眼光看待市场的三个要素,没有购买欲望应该创造购买欲望,顾客没有购买能力应该采用灵活的支付方式(如银行按揭、分期付款、信贷等)解决这个问题。

案例讨论 1.1

太平洋岛卖鞋的故事

两家制鞋厂想把自己的鞋子卖给太平洋上一个小岛的土著居民。

甲厂销售人员去后感到很失望,给老板发了一份电报:"此岛无人穿鞋,此地没有市场。"乙厂销售人员去后很高兴,也给老板发了一份电报:"此岛无一人穿鞋,市场很大,急待

开发。"并要求继续留在岛上作进一步考察。

两周以后,他汇报说:"这里的居民不穿鞋。他们的脚有许多伤病,可以从穿鞋中得到益处。由于他们的脚普遍较宽,我们必须重新设计我们的鞋。我们还要教他们穿鞋的方法并告诉他们穿鞋的好处。"

于是,乙厂打开了这个市场,销售了很多产品。

(资料来源:杜淑琳,王云霞.汽车市场营销理论与实务[M].合肥:中国科学技术大学出版社,2013.)

问题:
1. 请结合案例谈一谈你对市场的认识。
2. 请评价甲、乙两家鞋厂销售人员的结论。

(2) 市场的分类

市场有各种不同的分类方法(表1.1)。

表 1.1 市场的分类

按照交换的地理区域分类	地区:国际市场——西欧、北美、中东、东南亚…… 　　　国内市场——东北、华北、华东、华南、西北…… 城乡:城市市场、农村市场
按照交换内容分类	产品服务市场——产品市场(如快速消费品市场、耐用品市场)、服务市场(如娱乐服务市场、餐饮服务市场)等。 生产要素市场——资金市场、劳动力市场、商业地产市场、技术市场、信息市场、产权市场等
按照购买者分类	消费者市场、生产者市场、中间商市场、政府市场和非营利性组织市场
按照构成要素分类	现实市场、潜在市场和未来市场
按照交割方式分类	现货市场、期货市场

(3) 市场的功能

市场具有以下功能:

① 交换功能

交换功能是市场最基本的功能,市场交换功能的发挥,使商品经营者或生产者能够在市场上出售自己的产品,从而获得货币,然后商品经营者或生产者再从别人那里购买自己所需的消费资料或生产资料,实现劳动与商品的交换。

② 调节功能

通过供求与价格的相互作用、供求形势的变化和市场竞争的开展,对生产者、经营者和消费者的买卖行为起着调节作用,从而促进社会资源的合理配置。

③ 反馈功能

市场是信息汇集的场所,不仅为企业的微观决策提供依据,有利于更好地组织生产经营活动,也为政府的宏观决策提供依据,有利于加强宏观调控。

④ 服务功能

为商品买卖提供服务的设施和机构,如银行、信托公司、保险部门、技术咨询公司等,为市场提供各种便利。

⑤ 价值实现功能

在市场经济条件下,人们要靠市场来实现商品价值。当农产品经营者把商品出售后,所得货币能够补偿生产过程中所耗费的劳动和物质,那么商品价值就会得到完整的体现;如果商品卖不出去,或所得货币不足以补偿劳动和物质耗费,那么价值就不能完全实现或不能实现,生产规模就会被迫缩小。

知识延展 1.1

市场模式

在现实的市场中,根据市场活动的特点,市场模式可划分为四种类型:完全垄断市场、寡头垄断市场、垄断竞争市场、完全竞争市场。

1. 完全垄断市场

完全垄断市场是指不存在竞争或基本不存在竞争的市场。在这种市场上,一个行业只有一家企业进行产品的生产和经营,没有或基本没有其他的替代者。这类市场往往存在于一些典型的社会公用事业部门,如电力公司、自来水公司、煤气公司、铁路运输公司等,其他行业则极其少见。当一家企业独自拥有制造某种产品的全部或绝大部分原料或材料时,该产品的市场也属于完全垄断市场。在完全垄断市场上,企业的营销活动也相对简单,但政府的政策和法律限制通常会多一些,以保障消费者和用户的利益。

2. 寡头垄断市场

寡头垄断市场是指由少数几家大企业控制的市场。在这种市场中,少数几家大企业控制了一种产品绝大部分的生产量和销售量。该市场往往存在于那些资源有限、技术先进及资本规模大、追求规模经济效益的行业,如汽车、手机等产品的市场。

在寡头垄断市场,控制市场的几个大企业相互依存、相互制约,其中任何一个企业营销策略的变化都会对其他几个企业产生重大影响,并引起相关反应。寡头垄断市场往往采取非价格竞争,且注重树立企业形象。

3. 垄断竞争市场

垄断竞争市场是最常见的一种企业市场模式。它是指在某一行业中有许多企业生产销售同一种产品,且每个企业的产量只占总产量的一小部分,有少量较大的企业占有一定的市场份额。在这种市场中,由于同行业的企业很多,产品替代性很强,因而竞争激烈。竞争的手段主要为非价格竞争,注重产品质量和营销策略。食品、服装、百货等市场均属于垄断竞争市场。

4. 完全竞争市场

完全竞争市场是指一个行业中有非常多的独立生产者,每个企业都很小,它们都以相同的方式向市场提供同类的、标准化的产品。由于对产品的需求没有太大差异,每个生产者提供的产量只占总产量的很少一部分。因此,市场竞争主要表现为价格竞争,一般不采用非价格竞争,广告宣传等其他策略显得并不十分重要。

产品的市场模式对于企业市场营销的策略会产生巨大影响,每一个企业都应当正确地分析自己所处的市场模式,从而针对市场环境实施适宜的营销策略。

(资料来源:吴勇.市场营销学[M].北京:高等教育出版社,2017.)

2. 需求

需求是指人们对某个产品有购买欲望且有支付能力的需要。人的欲望无穷无尽,但资源却是有限的。因此,人们想用有限的购买力选择那些具有价值和满意程度最大的产品。当有购买力作为后盾时,欲望就变成了需求。

需求是顾客购买产品的前提。人们不是因为产品好而购买,也不是因为价格低而购买,而是因为有需求而购买。

> **同步思考1.2**
> 如何理解"企业只能满足部分人的部分需求"?

杰出的企业都会不遗余力地去了解顾客的需求。例如,沃尔玛连锁店的行政主管们每周要花两天时间装成顾客去光顾商店。在迪士尼世界乐园,每一位经理在任职期间,至少要花一天时间穿上米奇或其他角色的服装在乐园里巡视,而且每年均有一周时间要到服务的最前线去卖门票、卖爆米花或操作玩具等。

任何一个企业,无论它的实力有多么强,它都不可能满足所有人的需求,也不可能满足人的所有需求,它只能满足部分人的部分需求。因为人的需求纷繁复杂,不同人的需求错综复杂,而企业的资源总是有限的。例如,通用汽车公司满足人们出行方面的需求,迪士尼世界乐园满足人们游乐方面的需求,中国移动公司满足人们通信方面的需求。

知识延展1.2

马斯洛需要层次理论

美国心理学家马斯洛提出了著名的"需要层次理论"。他将人们复杂多样的需要分成五个层次,即生理需要、安全需要、社会需要、尊重需要和自我实现需要,如图1.1所示。生理需要和安全需要为低层次的需要,社会需要、尊重需要和自我实现需要为高层次的需要。

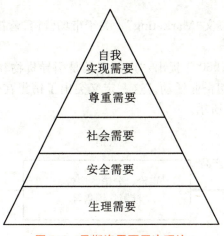

图1.1 马斯洛需要层次理论

3. 价值

市场营销的本质是发现、创造、传播和实现价值。营销者要获得经济效益,必须与客户进行公平合理的"价值交换",这是市场营销的本质,主要包含企业为客户提供的价值和客户为企业提供的价值。

要想与客户实现互利互惠的价值交换(实现价值),企业首先必须发现客户需求(发现价值),生产制造能够满足客户需求的产品(创造价值),还要告诉客户这个产品能为他们带来什么好处和利益(传播价值)。发现价值即通过市场调查与预测、市场环境分析来准确把握客户需求;创造价值是企业具体生产产品、保证产品质量的过程;传播价值即企业通过广告、公关等方式进行产品宣传的过程;而实现价值即客户实现购买的过程。

价值营销理论告诉我们:企业一切营销活动应该围绕"价值"展开。离开价值,营销就变成了所谓的"技巧营销""忽悠营销""能力营销""面子营销"等。

4. 交换

交换是指通过提供某种东西作为回报,从别人那里取得所需物品的行为。当人们决定通过交换来满足其需要和欲望时,就产生了市场营销。企业的一切市场营销活动都是为了实现交换。因此,交换是市场营销理论的核心。

交换的产生必须具备五个条件:有两方或两方以上的买卖者;每一方都有被对方认为有价值的东西;每一方都能沟通信息和传送货物;每一方都能自由接受或拒绝对方的产品;每一方都觉得与对方交易是值得的。具备了上述条件,就有可能发生交换。但交换能否真正发生,则取决于交换之后能否使各方得到最大的利益,这说明企业与客户是自由进行价值交换的。

从传统的角度来理解,交换是企业为客户提供产品或服务,而客户向企业支付货款。随着营销理论的发展,客户为企业提供的不仅仅是货款,还包含客户为企业转介绍客户等,这统称为"顾客回报",当然,企业为顾客提供的也不仅仅是产品或服务,还有"创造满意"。

1.1.2 市场营销的概念

1. 市场营销的定义

市场营销一词来源于英文"Marketing"。关于市场营销,营销学家和营销组织对其下过多种定义。

美国市场营销学会于1960年提出:"市场营销是引导货物和劳务从生产者流转到消费者或用户手中所进行的一切企业活动。"这一定义突出了销售在生产经营中的地位,缩小了市场营销的范围,如图1.2所示。

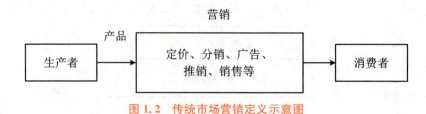

图 1.2 传统市场营销定义示意图

1985年，美国市场营销学会又提出了一个新的定义："市场营销是指通过对货物、劳务和计谋的构想、定价、分销、促销等方面的计划和实施，实现个人和组织的预期目标的交换过程。"这一定义较全面地表述了市场营销的含义。

世界著名市场营销专家菲利普·科特勒(Philip Kotler)认为：市场营销是企业的一种职能，即认识目前未满足的需要和欲望，估量和确定需求量的大小，选择和决定企业能最好地为其服务的目标市场，并决定适当的产品、劳务和计划(或方案)，以便为目标市场服务。

从菲利普·科特勒的观点，可以得到这样的解释：市场营销是指在变化的市场环境中，企业或其他组织以满足消费者需要为中心而进行的一系列营销活动，包括市场调研、选择目标市场、产品开发、产品定价、渠道选择、产品促销、产品储存和运输、产品销售、提供服务等一系列与市场有关的企业经营活动。

在理解市场营销概念时，人们有过许多误解，最常见的是把"市场营销"与"推销"混为一谈。尽管营销经常被描述为"推销产品的艺术"，但它们有着本质的区别(表1.2)。

表1.2 市场营销与推销的区别

市场营销	推销
全方位、全过程的系统管理过程	营销的一个环节
以满足顾客需求为中心	以现有产品为中心
出发点是市场需求	出发点是企业产品
采用整体营销手段	主要采用人员推销和广告
通过满足顾客需求获取利润	通过增加销售量获取利润

2. 市场营销组合

市场营销组合是企业为了满足目标市场的需要而加以组合的可控制变数。美国市场营销学家麦卡锡教授把市场营销的可控制因素归为四类：产品(Product)、价格(Price)、分销(Place)和促销(Promotion)。由于这四个词的英文都以P开头，故简称为4P。市场营销组合是将4P进行最佳组合，简称4Ps组合。

产品、价格、分销和促销四个营销要素中，每个要素还包含若干特定的子因素。

(1) 产品

包括产品的效用、质量、外观、式样、品牌、包装、规格、服务等。

(2) 价格

包括基本价格、折扣、付款方式、信贷条件等。

(3) 分销

包括区域分布、中间商选择、营业场所、网点设置、运输、储存及配送等。

(4) 促销

包括广告、人员推销、营业推广、公共关系等。

知识延展 1.3

你知道什么是大市场营销吗？

20世纪70年代末80年代初，企业经营环境急剧变化，企业竞争开始跨越国界波及全球，许多国家和地区政府加强干预，贸易保护主义抬头，市场上有形和无形的壁垒越来越多。在此形势下，著名营销学家菲利普·科特勒于1982年提出了大市场营销的概念。

菲利普·科特勒认为，企业不应只单纯地顺从和适应环境，也要利用自己的力量去影响环境。因此，营销组合的4Ps应加上两个P，即在"产品""价格""分销""促销"的基础上加上"权力"（Power）和"公共关系"（Public Relations），成为6Ps。

所谓权力，是指企业为了进入特定市场，必须找到有权打开市场之门的人，这些人可能是具有影响力的企业高级管理人员、立法部门、政府部门的官员等。营销人员要有高超的游说本领和谈判技巧，以便能使这些关键人物采取积极合作的态度，达到预期的目的。

所谓公共关系，是指企业借助有效的公共关系活动，逐渐在公众中树立起良好的企业形象和产品形象，以此打开市场。

这就是说，要运用政治力量和公共关系的各种手段，打破国际或国内市场上的贸易壁垒，为企业的市场营销开辟道路。

（资料来源：杜淑琳，王云霞. 汽车市场营销理论与实务[M]. 合肥：中国科学技术大学出版社，2013.）

3. 市场营销观念

市场营销观念是指企业在进行市场营销的过程中，对待和处理企业、顾客和社会三者利益方面所持有的经营态度、指导思想和行为准则。观念决定行为，有什么样的营销观念就有什么样的营销行为。市场营销观念的正确与否直接关系到企业的兴衰成败，它是在市场营销实践的基础上产生的，并随着社会经济的发展和市场形势的变化而变化。概括地说，市场营销观念大体上经历了生产观念、产品观念、推销观念、市场营销观念和社会营销观念五个阶段。

（1）生产观念

生产观念是指导销售者行为的较早观念之一，即企业的一切经营活动以生产为中心，即"以产定销"，消费者喜欢那些随处可以买到的价格低廉的产品。这种观念产生于20世纪20年代前，资本主义经济虽有很大的发展，但产品仍处于供不应求的状况，只要有产品，并且价格合理，不愁找不到销路。因此，企业的主要精力都放在增加产量上。企业此时的营销观念以生产为中心，致力于提高生产效率和分销效率，扩大生产，降低成本，生产出让消费者买得到和买得起的产品，以低廉的价格来提高产品的市场占有率。

同步思考 1.3

"酒香不怕巷子深"是从我国古代流传下来的一句话，它体现了一种什么思想？

生产观念的着眼点是一切从生产出发，不研究顾客的需求，不研究产品的销售，生产什么就卖什么。这种观念适用的条件是：市场处在卖方市场条件下，产品供不应求。第二次世界大战后的日本及 20 世纪 80 年代前的我国，由于物资非常短缺，企业也曾在一段时期内将生产观念作为其营销的指导思想。

（2）产品观念

产品观念也是一种较早的企业经营观念。产品观念片面强调产品本身，忽视市场需求，认为只要产品质量好、功能全、具有特色，消费者就会购买。企业的一切经营活动是集中力量提高产品质量，但具体表现仍是企业"生产什么就卖什么"。因此，从根本上说，产品观念只是生产观念的一种表现形式。相对生产观念只追求产品数量，不追求产品质量而言，产品观念体现了在卖方市场中企业经营思想的一大进步。

产品观念容易使营销者患上"营销近视症"，因为它忽视了消费者的需求变化。

（3）推销观念

20 世纪 30 年代以来，由于科学技术的发展，劳动生产率的提高，产品的产量在迅速提升，质量在不断提高，产品的供求状况开始发生变化，即由卖方市场向买方市场过渡。尤其是在资本主义经济危机期间，大量产品积压，销售困难，竞争加剧。这迫使企业转变管理思想，他们认为，要想在竞争中取胜，就必须卖掉自己生产的每一个产品；要想卖掉自己的产品，就必须引起消费者的购买兴趣和欲望；要想引起这种兴趣和欲望，仅靠产品的物美价廉是不够的，还必须重视和加强产品的推销。

推销观念表现为"生产什么就卖什么"。与生产观念相比是一大进步，但还没有脱离"以生产为中心"的范畴。它只是着眼于现有产品的推销，只顾千方百计地把产品推销出去，至于产品销出后顾客是否满意、如何满足顾客需要及达到顾客完全满意的程度，则没有给予足够的重视。因此，在商品经济进一步高度发展、产品更加丰富的条件下，它就不能适应了。推销观念在现代市场经济条件下被大量用于那些非渴求产品或过剩产品。

（4）市场营销观念

市场营销观念是商品经济发展史上一种全新的企业经营理念，产生于 20 世纪 50 年代中期。这种观念认为，实现企业目标，获取最大利润的关键，是以市场需求为中心，组织企业营销活动，有效地满足消费者的需求和欲望，并以此为导向制造产品，采用整体营销手段，满足消费者的需要，实现企业的长远利益。这种观念以满足顾客需求为出发点，把企业的生产看作一个不断满足顾客需要的过程。在这种指导思想的影响下，如"顾客是上帝""顾客永远是正确的"等口号成为许多企业的经营哲学。市场营销观念的出现，使企业的经营观念发生了根本性的变化，是营销观念上的一次质的飞跃。

（5）社会营销观念

社会营销观念是对市场营销观念的修改和补充。它产生于 20 世纪 70 年代西方资本主义国家出现能源短缺、通货膨胀、失业增加、环境污染严重、消费者保护运动盛行的新形势下。在这种背景下，人们对市场营销观念提出怀疑和指责，因为这种观念只考虑企业和消费者的利益，忽视了社会的利益。如冰箱满足了人们储存食物的需要，但氟利昂却破坏了臭氧层。

社会营销观念要求企业在确定营销目标时，不仅要满足消费者的需求和企业的自身利益，还要考虑社会的长远利益，要做到三方利益的平衡与协调。这一观念认为企业在向社会索取的同时还要承担社会责任，为社会作贡献。如图 1.3 所示。

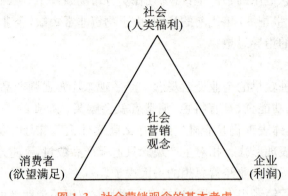

图1.3 社会营销观念的基本考虑

纵观上述五种营销观念,可将它们分为传统营销观念和现代营销观念两大类,如图1.4所示。

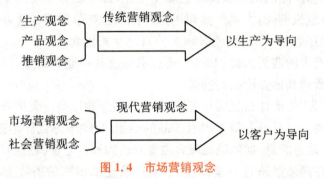

图1.4 市场营销观念

传统市场营销观念和现代市场营销观念在营销出发点、营销目标、市场特征、观念导向、营销策略上都有所不同,五种营销观念的对比见表1.3。

表1.3 五种营销观念的对比

营销观念	营销出发点	营销目标	市场特征	观念导向	营销策略
生产观念	生产	通过大批量生产获利	供不应求卖方市场	生产导向	增加产量降低成本
产品观念	产品	通过改善产品提高质量获利	供不应求卖方市场	生产导向	改进产品提高质量
推销观念	销售	通过大量推销获利	买方市场	生产导向	降低成本多种推销
市场营销观念	顾客需求	通过满足顾客需求获利	买方市场竞争激烈	市场导向	发现满足顾客需求
社会营销观念	顾客需求社会利益	通过满足顾客需求长期获利	买方市场竞争激烈	市场导向	兼顾企业、顾客、社会利益

1.2 理解汽车市场营销

1.2.1 汽车市场

1. 汽车市场的概念

随着世界汽车工业的不断发展壮大,汽车工业已经成为国民经济新的增长点和支柱产业,具有极其显著的社会经济价值。汽车市场应运而生,并发展为一个具有特殊研究价值的概念。

汽车市场从字面上理解就是销售汽车的市场,从狭义上看是指将汽车集中摆放进行销售、买卖的场所。目前汽车市场的主要形式有两种,一种是实体汽车市场,一种是网上汽车市场。前者是具有一定的空间、场所及相对数量的汽车和从事汽车买卖的服务人员;后者是指通过网络将汽车的相关信息、资料、参数等在网上进行集中汇总,然后再进行实体交易。

市场是一个广泛的概念,而汽车市场则是将市场这一概念具体化。汽车市场将原有市场概念中的商品局限于汽车及其相关商品,起点是汽车产品的生产者,终点是汽车产品的消费者即最终用户。汽车市场是指汽车产品现实和潜在的购买者的需求总和。

2. 汽车市场的分类

(1) 根据汽车产品大类进行划分

根据汽车产品大类进行划分,汽车市场分为乘用车市场和商用车市场。乘用车主要用于载运乘客及其随身行李或临时物品的汽车,包括驾驶员座位在内最多不超过9个座位,它也可以牵引1辆挂车。乘用车又分为基本乘用车(轿车)、越野乘用车(轻型越野车)、专用乘用车(邮政车、警用车等)、其他乘用车。

商用车指的是除乘用车外,主要用于运载人员、货物及牵引挂车的汽车。商用车又分为客车和货车两大类。

(2) 根据汽车用户进行划分

根据汽车用户进行划分,汽车市场分为汽车消费者市场和汽车组织市场。汽车消费者市场主要是指以消费为目的购买汽车的个人或家庭。汽车组织市场是指为从事社会生产或建设等业务活动而购买汽车的工商企业或为履行职责而购买汽车的政府部门和非营利性组织。

(3) 根据汽车产品的完整性进行划分

根据汽车产品的完整性进行划分,汽车市场分为汽车整体市场和汽车零部件市场。其中,汽车零部件是指组成汽车的各个部分的基本单元,也叫汽车配件,简称汽配。汽车配件市场是汽车配件交易的总和,是一个由汽车配件生产企业、配件消费者和配件中间商组成的有机整体。

按需求不同,汽车配件市场分为主车配套市场和社会维修配件市场。主车配套市场是由整车厂家从汽车配件企业那里采购汽车配件而构成的市场。社会维修配件市场是由社会车辆在使用过程中因维修而产生的对汽车配件的需要所构成的市场。

汽车配件市场对应着汽车配件营销,与整车汽车营销相比,有其特殊性。

(4) 根据汽车的使用燃料进行划分

根据汽车的使用燃料进行划分,汽车市场分为汽油车市场、柴油车市场、新能源车市场、其他燃料或动力车市场。目前市场中最多的汽车是汽油车和柴油车,新能源车市场有很大的发展空间,汽车厂商十分重视。

(5) 根据汽车的登记程序进行划分

根据汽车的登记程序进行划分,汽车市场分为新车市场和二手车市场。新车指未上牌照的汽车。我们讲的汽车市场通常指的是新车市场。二手车泛指已在车管所上完牌照后的机动车。目前,二手车市场有着广阔的发展潜力和发展前景。

(6) 根据需求主体与应用领域进行划分

根据需求主体与应用领域进行划分,可分为以下五种类型:

① 公务用车市场

公务用车是指各级党政机关、事业单位和社会团体等执行公务时所需的车辆。这些公务用车的主要功能是辅助政府机构的运行和职能部门、社会团体开展活动,因此具有非营利的特征。对用户来讲,车辆购置与运营费用与其活动本身的经济效益无关,购车资金来源一般是财政拨款。公务用车市场的需求基本上是乘用车,品种结构比较集中。

② 私人用车市场

私人用车是指为满足个人或家庭各种需要的各类汽车。从世界范围来看,分布最广泛、需求最大的就是私人用车市场,占据了每年世界汽车销售量的绝大部分。根据我国公安部提供的信息,2021年全国机动车保有量达3.95亿辆,其中汽车3.02亿辆;机动车驾驶人达4.81亿人,其中汽车驾驶人4.44亿人。截至2021年底,全国新能源汽车保有量达784万辆,占汽车总量的2.6%,其中,纯电动汽车保有量达640万辆,占新能源汽车总量的81.63%。

③ 商务(经营)用车市场

商务(经营)用车是指企业用于生产经营活动,作为营利工具的车辆,主要指商用车,包括各类载重车、工程车和客车,如公路客运车、旅游客车、城市公交车、各类载重(物流)车、矿山用车、工程用车等。

同步思考 1.4

请分析我国汽车后市场行业发展的特点。

④ 社会用车市场

社会用车是指政府机关、社会组织和企业用于社会服务的车辆。它不同于公务用车,不是政府机关和社会组织开展公务活动所用;也不同于商务(经营)用车,不是企业用作营利的工具。它主要有消防车、救护车、洒水车、清扫车、垃圾车等,是为社会提供特种服务的车辆,其市场规模较小。

⑤ 租赁用车市场

这是一种特殊的经营用车市场,主要是指传统的出租车市场,以及共享汽车(快车、专车等网约车)市场。

3. 汽车后市场

汽车后市场是指在汽车销售以后，围绕汽车使用过程中所需要的各种服务而产生的一系列交易活动的总称。具体包括汽车金融与保险、汽车养护、汽车维修及配件、汽车美容、汽车用品与饰品、汽车快修及改装等。

随着我国汽车保有量的迅速攀升，汽车后市场正迎来巨大的市场空间。从世界主要汽车大国的情况来看，每1元购车消费会带动0.65元汽车售后服务，汽车后市场整体行业利润可达40%～50%，汽车后市场利润一般是汽车销售利润的3倍。

1.2.2　汽车市场营销

汽车产业是我国国民经济重要的支柱产业之一，在经济发展的过程中起着举足轻重的作用。目前，全球汽车市场竞争日趋激烈，我国汽车工业发展的机遇与挑战并存。面对能源、交通、环境等因素的制约以及更为激烈的国际竞争等的严峻挑战，我国的汽车工业必须采取有效的措施保证汽车产业的可持续发展。因此，我们必须对汽车营销工作给予高度重视，借助科学的营销策略，认识新的营销特点，探索新的营销规律，创造新的营销方法来开展市场营销，促进汽车市场及营销活动的发展。

1. 汽车市场营销的概念

汽车市场营销是指汽车企业为了更好地满足市场需求，为实现企业经营目标，通过计划、组织、指挥与控制等管理职能而进行的一系列活动。即在汽车商品从生产领域到消费领域的转移过程中采用的经营战略、策略和服务。汽车市场营销有两个基本任务：一是通过市场调研分析，寻找消费者的现实需求和潜在需求；二是设计、生产出满足消费者需求的产品，并以适当的价格，通过适当的渠道销售给消费者。

2. 汽车市场营销的功能

汽车市场营销作为汽车企业的一项经营管理活动，具有以下四项功能：

（1）发现和了解消费者现实和潜在的需求

现代市场营销观念强调市场营销应以消费者为中心，最大限度地满足消费者的需求是市场营销的出发点。汽车企业只有通过满足消费者的需求，才能实现企业的目标。因此，发现和了解消费者现实和潜在的需求是市场营销的首要功能。

（2）确定适合本企业的目标市场

通过市场营销，可以帮助汽车企业在多个细分市场中找到适合自身发展的目标市场，并准确地为目标市场的特定客户开发其所需要的汽车产品。

（3）指导企业制定有效的营销策略

企业经营战略决策正确与否是企业成败的关键。企业要想谋得生存和发展，作好经营战略决策很重要。企业通过市场营销活动，分析市场营销外部环境的动向，了解消费者的需求和喜好，研究竞争者的优势与劣势，从而指导企业在产品、定价、分销、促销和服务等方面制定有效的营销组合策略。

（4）稳定现有市场和开拓新市场

通过市场营销活动，了解行业竞争的总体状况，对各细分市场的需求及变化趋势进行调查与预测，不断改进产品、调整策略，以保持和稳定现有市场，并积极开发新产品，建立更有效的分销渠道及采用更多的促销形式，开拓新的市场。

3. 汽车市场营销管理过程

汽车市场营销的中心任务是使企业的各项经营活动以满足消费者需求为导向,并在此前提下实现企业自身的经济效益。汽车市场营销管理过程是指汽车企业通过市场营销管理系统发现、分析、选择和利用市场营销机会,以实现汽车企业任务和预期目标的过程。它包括分析市场机会、确定营销战略、选择目标市场、制定营销策略和管理营销活动这几个主要阶段,如图 1.5 所示。

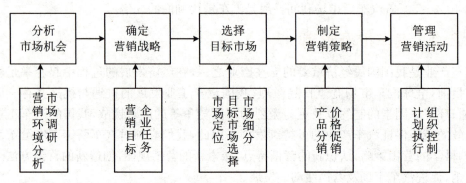

图 1.5　汽车市场营销管理过程

(1) 分析市场机会

分析市场机会即寻找适宜的市场机会,解决"为何做"的问题。汽车企业营销管理者通过市场调研和对汽车外部环境的分析,研究汽车市场的变化趋势,预测营销的未来发展动向,把握汽车市场的机会。

(2) 确定营造战略

营销战略是实现企业战略的重要保证。营销战略解决的是"做什么"的问题,即企业的任务和营销目标。

(3) 选择目标市场

选择目标市场解决的是"为谁做"的问题。选择目标市场的前提是进行市场细分,目标市场选择后还要进行市场定位。

(4) 制定营销策略

制定营销策略即制定具体的产品策略、价格策略、分销策略和促销策略,用以解决"如何做"的问题。

(5) 管理营销活动

管理营销活动是指汽车企业在制定了具体的营销策略以后,对市场营销进行计划、组织、执行和控制。

4. 汽车市场营销的创新模式

(1) 汽车服务营销

汽车服务营销是指在汽车营销的过程中,始终向客户提供服务活动的行为。服务营销的策略包括全方位服务、全程式服务、个性化服务、多样化服务等。

(2) 汽车品牌营销

美国著名广告学家莱瑞·莱特认为:"未来的市场营销是品牌的战争——品牌争长论短的竞争。无论是工业界还是商业界,都将认识到只有品牌才是企业最珍贵的资产。因为,拥有市场比拥有工厂更为重要,而拥有市场的唯一途径就是首先拥有具有市场优势的品牌。"由此可见,品牌营销是汽车获得竞争优势的重要途径。

(3) 汽车网络营销

在互联网用户不断增长、网络行为越来越丰富的背景下,汽车企业必须找寻与互联网平台的对接方式,汽车网络营销便成为汽车营销的发展趋势。

(4) 汽车绿色营销

在汽车给人们带来快捷、便利、高品质生活的同时,也给人们的生存环境带来了极大的污染。汽车排放的废气严重影响了人们的身体健康,环境污染已经成为严重的社会问题。

(5) 汽车文化营销

我国的汽车市场从供不应求,到价格战、促销战,汽车营销逐渐从低层次向到较高层次演进,将营销和文化相结合,实施文化营销,是我国汽车营销的发展趋势之一。纵观国内汽车市场,文化营销逐渐成为企业重要的营销手段,越来越多的汽车企业正在通过文化营销的方式进行品牌传播,树立产品的美誉度,对消费者进行文化影响,最终实现销售。

(6) 汽车体验营销

近年来,随着汽车市场竞争的日趋激烈,汽车体验营销开始崭露头角,从汽车4S店的试乘,到汽车企业举办的汽车试驾活动,都属于汽车体验营销。它既可以让汽车增值,又可以拉动汽车销售量的提升,因此体验营销是汽车营销的利器,将扮演越来越重要的角色。

1.3 汽车营销人员技能培养

1.3.1 汽车营销职位与工作内容

根据英国学者乔布尔的研究成果,结合中国汽车企业的实际情况,我国汽车企业的市场营销岗位主要有营销和销售两个职位方向,其各自所涉及的职位及其工作内容不同。

1. 营销职位

我国汽车企业的营销职位有营销主管、品牌经理、市场研究员、客户主管、公共关系主管等。市场营销中的营销职位见表1.4。

表 1.4 市场营销中的营销职位

职位划分		工作内容描述
营销主管/总监		管理所有与市场营销相关的活动
品牌职位	品牌经理/产品经理	负责一个品牌或产品、产品线的所有营销和相关管理活动,如进行顾客需求调查研究、参与产品开发与设计、制定产品线的经营计划及营销战略、管理产品的分销、发布产品信息、协调售后服务与销售
	品牌/销售助理	进行市场分析、追踪产品销售情况、进行销售额及市场份额分析、监控促销活动等

续表

职 位 划 分		工 作 内 容 描 述
营销职位	市场研究员/分析员	收集并分析相关信息以判断消费者是否存在对特殊产品或服务的需求。工作内容主要包括设计问卷、收集信息、分析信息、提交信息、展示报告成果、提出建议等
	市场沟通经理	管理公司的市场传播活动,包括广告、公共关系、赞助及直复营销等
	客户服务经理/专员	管理服务交付以及客户与公司的沟通,而不同行业的客户服务经理也扮演着不同的角色
广告职位	客户主管	设计并协调广告活动,设法与受托方(广告公司或媒体)取得联系,获取产品与公司详情、预算以及营销研究的相关信息,并向受托方中的专家(创意团队、媒体策划与研究员)提供简要的顾客需求信息并确定活动细节,然后向企业提供广告创意和广告方案并附上费用明细表。如有疑问可与受托方进行讨论并修改
	媒体策划/媒体采购员	计划并协调在网站、社交媒体、电视台、电台、杂志、报纸等各种媒体上的广告活动,与广告版面的销售商达成协议,参与广告创意与内容设计,确保广告可以达到预期的宣传效果
公共关系职位	公共关系主管	帮助公司创造并维持一种热情友好的公关环境,与专业公关公司或公关对象取得联系,并就特殊情况进行协调、游说,处理危机及媒体关系,撰写并编辑印刷材料
	媒体关系/公司事务部职员	与媒体建立并维持一种友好的工作关系,撰写新闻通稿或回应媒体的质疑

(资料来源:孟韬. 市场营销[M]. 北京:中国人民大学出版社,2018.)

2. 销售职位

我国汽车企业的销售职位有销售主管、销售经理、大客户经理、促销主管、零售主管等。市场营销中的销售职位见表1.5。

表 1.5 市场营销中的销售职位

职 位 划 分		工 作 内 容 描 述
销售职位	销售主管/总监	与现有及潜在客户建立良好的商业关系,使公司产品具有良好的销售前景
	销售经理	计划并协调销售队伍的销售活动,监控产品的分销并达到预算达成率,培训并激励员工
	大客户经理	管理大客户的销售及市场运作,与大客户就产品、数量、价格、促销以及特别优惠等方面进行沟通,与能够影响大客户购买决定的关键人员建立良好的关系,并在销售过程中,与相关部门进行协调和沟通,确保销售订单的即时履行和交付等
	销售支持经理	通过对客户实地访问或电话、邮件沟通提供技术支持,参与商品展销与促销活动,为产品宣传册、销售小册子的制作准备材料,购买市场调查公司提供的主要数据
	跟单员	及时跟踪和汇报对客户的销售情况,确保交易顺利进行并维护客户关系

续表

职位划分		工作内容描述
销售职位	促销主管	直接拜访部分重要客户,并在客户所在地将产品的特性及优点直接介绍给客户,对所有的促销活动进行说明与管理
	电话营销代表	记录与销售相关的呼入与呼出电话
	广告营销专员	向潜在客户展示公司的宣传册、网络广告、电视广告、视频广告等
零售职位	零售主管	制定计划并与零售商进行协调,监督人员招聘、培训过程,保持高质量的客户服务,管理存货水平
	零售采购员	采购原材料或半成品,管理并分析存货水平,并与供货商建立关系

(资料来源:孟韬.市场营销[M].北京:中国人民大学出版社,2018.)

1.3.2 汽车营销人员应具备的素质与能力

1. 个人素质

个人素质是指汽车营销人员自身应具备的条件和特质。一个优秀的营销人员应该具有哲学家的头脑、侦查员的眼睛、外交家的风度、运动员的体魄、科学家的才智、初恋者的热情、演说家的口才、大将军的果决、改革家的远见。一般来说,汽车营销人员应具备以下个人素质:

(1) 卓越的沟通能力

营销过程离不开与客户、上级等的沟通。优秀的汽车营销人员应该具备卓越的沟通能力。沟通包括语言沟通和非语言沟通。语言沟通的关键是倾听、善问和巧答,需要汽车营销人员多加学习和领悟。非语言沟通包括肢体语言和物体语言,世界著名非语言传播专家伯德维斯泰尔指出,两个人之间一次普通的交谈,语言传播部分还不到35%,而非语言部分传递了65%以上的信息。可见非语言沟通的重要性。

(2) 整洁的仪容仪表

整洁的仪容仪表不仅表现了营销人员的外部形象,也反映了营销人员的精神状态和素质修养。在营销过程中,营销人员能否赢得客户的尊重与好感、能否得到客户的承认和赞许、能否给客户留下良好的第一印象,仪容仪表是重要的构成要素。亚里士多德说过"美丽比一封介绍信更有推荐力",好的仪容仪表有助于成功营销。所以汽车营销人员必须衣冠整洁,举止大方,一言一行都要表现出专业的职业形象。

(3) 广博的知识

汽车营销人员肩负着复杂的工作任务,需要与各种各样的客户打交道,只有具备较为广博的知识才能胜任工作。可以说,知识的广度和深度在很大程度上决定了营销人员的工作能力。汽车营销人员应该具有旺盛的求知欲,善于学习、勤于思考,掌握多方面的知识。

(4) 健康的体魄

营销工作既是一项复杂的脑力劳动,也是一项艰苦的体力劳动。只有身体健康的营销人员才能保证精力充沛、行动灵活、头脑清醒,才能轻松应对日常工作。汽车营销人员应该培养适合自己的休闲运动方式和具备良好的作息习惯等。

(5) 良好的个性品质

营销工作是一项很有挑战性的工作,需要具备良好的个性品质,如自信、诚实、亲和力、乐观、责任感及自我激励等。

2. 业务素质

（1）具有丰富的专业知识

专业的汽车营销人员必须具备全面的汽车产品知识，汽车营销人员只有完全了解自己的汽车产品，才能塑造自己在客户心中的专业形象。汽车营销人员还需要掌握企业知识、市场知识、客户知识、相关法律知识、相关财会知识等。

同步思考 1.5

汽车营销人员应该掌握哪些汽车产品知识？

企业知识主要包括企业的历史文化、企业在同行业中的地位、企业的规章制度、企业的生产规模和生产能力、企业的销售政策与价格政策、企业的交货方式与结算方式等。

市场知识指市场运行的基本原理、市场营销、市场调研与预测方法、销售策略、客户管理等。

客户知识主要包括产品的去向分布、客户心理、消费习惯、购买动机、购买习惯、购买方式、购买能力等。

（2）具有娴熟的汽车营销技能

优秀的汽车营销人员不仅应具有丰富的汽车专业知识，还应具有娴熟的汽车营销技能。汽车营销是一个复杂的管理活动过程，包括市场调研、产品研发、企业战略、价格制定、促销活动、销售培训等。营销技能不是书本上的知识，而是一种实际能力，汽车营销人员应反复训练、认真总结、不断提升。

（3）具有积极的汽车营销心态

西方有句谚语："你的心态就是你真正的主人。要么你去驾驭生命，要么生命驾驭你。你的心态决定谁是坐骑，谁是骑师。"汽车营销人员往往专注于营销技能的提升和专业知识的学习，而忽略了对心态的历练。其实，好的心态是一切技能和知识的基石，它能使汽车营销人员从平凡到卓越，从胆怯到勇敢，从脆弱到坚强，它是调节工作的变速器，是失败意识的刹车片。心态对汽车营销的影响见表1.6。

表1.6 心态对汽车营销的影响

心 态	表 现	作 用
积极、主动的心态	诚实待人、乐观向上、主动出击、积极进取	可以帮助汽车营销人员养成立刻行动的习惯，因其能够迅速行动而尽早获得优势，因而更加容易取得成功
热爱、激情的心态	爱岗敬业、满怀激情	把工作变成一种快乐和满足。成就感促使汽车营销人员的事业更加稳定而具有激情
谦虚、包容的心态	潜心学习、宽厚待人	这种心态使汽车营销人员更加包容，包容同事的失误、包容客户的"无知"、包容上司的"责难"。对他来说，这一切只是他追求卓越的鞭策和激励
自信、行动的心态	干劲十足、付出行动	汽车营销人员要对自己的工作能力充满自信，对自己销售的汽车充满自信，对美好的未来充满自信，并付出行动来实现自己的目标与梦想
给予、双赢的心态	销售量大增、客户遍地	汽车营销人员必须追求一种双赢的结果，不能为了自己的利益而给客户造成损失。中国有句谚语："欲将取之，必先予之。"汽车营销人员应懂得"想要索取，要先给予"的道理。只有切实付出了，才会获得真正的利润

3. 基本能力

汽车营销人员的能力是指汽车营销人员完成汽车市场营销任务所必需的实际工作能力。汽车营销人员除了必须具备多方面的素质外，还必须具备完成汽车市场营销工作的基本能力，如观察能力、语言表达能力、沟通能力、应变能力、文案撰写能力、创新能力等。

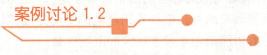

把木梳卖给和尚的故事

有一则故事，说一家著名的跨国公司高薪招聘营销人员，应聘者趋之若鹜，其中不乏硕士、博士。但是，当这些人拿到公司考题后，却面面相觑，不知所措。原来，公司要求每一位应聘者在十日之内，尽可能多地把木梳卖给和尚，为公司获取利润。

出家和尚，剃度为僧，要木梳有何用？莫非出题者有意拿众人开玩笑？应聘者作鸟兽散。一时间，原先门庭若市的招聘大厅，仅剩下A、B、C三人。这三人知难而进，奔赴各地，闯江湖，卖木梳。

期限一到，诸君交差。面对公司主管，A君满腹冤屈，涕泗横流，声言："十日艰辛，木梳仅卖掉1把。自己前往寺庙诚心推销，却遭众僧责骂，说我将木梳卖给无发之人心怀恶意，有意取笑、羞辱出家之人，被轰出山门。归途之中，偶遇一游方僧人在路旁歇息。因旅途艰辛，和尚头皮又脏又厚，奇痒无比。自己将木梳奉上，并含泪哭诉。游僧动了恻隐之心，试用木梳刮头体验，果然解痒，便解囊买下。"

B君闻之，不免有些得意。B君声称，卖掉10把。为推销木梳，B君不辞辛苦，深入远山古刹。此处山高风大，前来进香者，头发被风吹得散乱不堪。见此情景，B君灵机一动，忙找寺院住持，侃侃而谈："庄严宝刹，佛门衣冠不整，蓬头垢面，是在亵渎神灵。故应在每座寺庙香案前，摆放木梳，供前来拜佛的善男信女，梳头理发。"住持闻之，认为他言之有理，便采纳了此建议，共买下了10把木梳。

轮到C君汇报，只见他不慌不忙，从怀中掏出一张大额订单，声称不但已经卖出1000把木梳，而且急需公司火速发货，以解燃眉之急。听此言，A、B两人啧啧称奇，公司主管也大惑不解，忙问C君如何取得如此佳绩。C君说："为推销木梳，我打探到一个久负盛名、香火极旺的名刹宝寺。找到寺内方丈，告诉他凡进香朝拜者无一不怀有虔诚之心，希望佛光普照，恩泽天下。大师为得道高僧，且书法超群，能否题'积善'二字刻于木梳之上，赠予进香者，让这些善男信女，梳却三千烦恼丝，以此向天下显示，我佛慈悲为怀，慈航普度，保佑众生。"方丈听闻，大喜过望，口称阿弥陀佛，不仅将C君视为知己，而且与他共同主持了赠送"积善梳"首发仪式。此举一出，一传十，十传百，寺院不但盛誉远播，而且进山朝圣者为求得"积善梳"，甚至挤破了门槛。为此，方丈恳求C君急速返回，请公司多多发货，以成善事。

（资料来源：杜淑琳.市场营销模块化教程[M].合肥：中国科学技术大学出版社，2010.）

问题：阅读此故事，说一说创造性思维对营销的影响。

项目小结

1. **市场包含三个要素**，即人口、购买力和购买欲望，市场＝人口＋购买力＋购买欲望；

汽车市场是指汽车产品现实和潜在购买者的需求总和。

2. 市场营销是指企业的一种职能,即认识目前未满足的需要和欲望,估量和确定需求量大小,选择和决定企业能最好地为其服务的目标市场,并决定适当的产品、劳务和计划(或方案),以便为目标市场服务。

3. 市场营销环境是指一切影响、制约企业营销活动的最普遍的因素。对于这些广泛而复杂的因素,可以归纳为宏观环境因素和微观环境因素两类。市场营销环境的变化是把"双刃剑",既有可能给企业的经营活动带来威胁,也有可能给企业带来巨大的市场机会。

4. 市场营销策略组合(4Ps)包括产品策略、价格策略、渠道策略、促销策略。

5. 市场营销观念是指企业在进行市场营销的过程中,对待和处理企业、顾客和社会三者利益方面所持有的经营态度、指导思想和行为准则。市场营销观念经历了几个阶段:生产观念、产品观念、推销观念、市场营销观念和社会营销观念。

6. 汽车市场营销是指汽车企业为了更好地满足市场需求,为实现企业经营目标,通过计划、组织、指挥与控制等管理职能而进行的一系列活动。

7. 我国汽车企业的市场营销岗位主要有营销和销售两个职位方向,各自所涉及的职位及其工作内容不同。营销职位有营销主管、品牌经理、市场研究员、客户主管、公共关系主管等。销售职位有销售主管、销售经理、大客户经理、促销主管、零售主管等。

8. 汽车营销人员需要具备卓越的沟通能力、整洁的仪容仪表、广博的知识和健康的体魄等个人素质,以及丰富的专业知识、娴熟的汽车营销技能、积极的汽车营销心态等业务素质,还必须具备完成汽车市场营销工作的基本能力,如观察能力、语言表达能力、沟通能力、应变能力、文案撰写能力、创新能力等。

知识巩固

单选题

1. 市场由三个要素构成,即人口、购买力和( )。
 A. 购买欲望 B. 消费倾向 C. 生产能力 D. 消费能力
2. 现代市场营销观念的最大特点是企业以( )为中心。
 A. 生产 B. 销售 C. 顾客 D. 服务
3. 市场营销的核心是( )。
 A. 交换 B. 分配 C. 生产 D. 促销
4. "以质取胜"反映的是哪一种市场营销管理哲学?( )
 A. 生产观念 B. 产品观念 C. 推销观念 D. 市场营销观念
5. 美国福特汽车公司创始人亨利·福特曾说过:"无论你需要什么颜色的汽车,福特只有黑色的。"这反映了( )。
 A. 生产观念 B. 产品观念 C. 推销观念 D. 市场营销观念
6. 最容易导致企业出现"市场营销近视"的营销观念是( )。
 A. 生产观念 B. 产品观念 C. 推销观念 D. 市场营销观念
7. 各大汽车企业也积极响应国家政策,积极开发新能源汽车,这种营销观念属于( )。

A. 产品观念　　　　B. 推销观念　　　　C. 市场营销观念　　　　D. 社会市场营销观念

8. "市场—企业—市场",这种营销观念属于(　　)。

A. 生产观念　　　　B. 产品观念　　　　C. 推销观念　　　　D. 市场营销观念

多选题

1. 市场营销与推销具有本质的区别,表现在(　　)。
A. 市场营销是企业系统管理过程,而推销仅是营销过程中的一个环节
B. 市场营销以满足顾客需求为中心,推销以出售现有产品为中心
C. 市场营销的出发点是企业产品,而推销的出发点是寻找顾客
D. 市场营销采用的是整体手段,而推销主要采用人员推销、广告等手段
E. 市场营销通过满足客户需求来获取利润,而推销通过增加销售量来获取利润

2. 市场营销的4P是指(　　)。
A. 公关　　　B. 产品　　　C. 价格　　　D. 分销　　　E. 促销

3. 大市场营销组合由4Ps增加到6Ps,新增的两个P指(　　)。
A. 权力　　　B. 产品　　　C. 公共关系　　　D. 广告　　　E. 促销

4. 市场的三个要素是指(　　)。
A. 人口　　　B. 需求　　　C. 购买欲望　　　D. 购买力　　　E. 交换

5. 市场营销观念分为(　　)。
A. 传统市场营销观念　　　B. 现代市场营销观念　　　C. 老的市场营销观念
D. 新的市场营销观念　　　E. 未来市场营销观念

6. 市场具有的功能有(　　)。
A. 交换功能　　　　B. 调节功能　　　　C. 反馈功能
D. 营利功能　　　　E. 价值实现功能

判断题

1. 汽车营销即汽车推销。(　　)
2. 现代营销认为企业与顾客的交换是指企业为顾客提供商品,顾客为获取商品向企业支付货款。(　　)
3. 市场营销的主体既包括营利性企业,也包含非营利性组织和个人。(　　)
4. 市场营销的对象不仅是市场需要的产品和劳务,而且包括思想、观念及人物事件的营销。(　　)
5. 市场营销是一个系统的、动态的管理活动过程。(　　)
6. 一个企业无论其实力有多么强大,都不可能满足所有人的所有需求。(　　)
7. 价格是顾客购买商品必不可少的考虑因素,价格是顾客购买商品的前提。(　　)
8. 一个有效的市场包括人口、购买力和购买欲望,如果没有购买力和购买欲望,则说明没有市场。(　　)

(扫一扫,答案在这里!)

综合案例

好车赠英雄

2022年4月16日,在由一汽红旗、国家体育总局冬季运动管理中心共同举办的"使命共担,荣耀同行——中国荣耀运动健儿红旗高级轿车交付仪式"上,武大靖、任子威、李文龙、范可新、曲春雨、高亭宇、苏翊鸣、徐梦桃、齐广璞、隋文静、韩聪、闫文港等中国冬奥运动员接过红旗车钥匙和证书,正式成为红旗H9车主,并成为红旗车友会荣耀会员。

早在去年东京奥运会结束后,一汽红旗向摘金夺银的中国运动员赠车的举动,就引起了红旗车主和社会各界的强烈反响。

"无论春夏,从2021年东京奥运会到2022年北京冬奥会,中国运动员不仅展现了良好的风貌,也成功打破了'次元壁'。无论是全红婵改写命运的故事,还是谷爱凌的阳光形象和学霸背景,都让无数网友记忆犹新。"正在上海求学的金俊认为,通过向奥运会健儿"赠车"的方式,红旗不仅巧妙地拓展了圈层,增加了自身曝光度,还为品牌赢得了足够的美誉度,让"国车"与奥运健儿实现梦幻联动。

在助力中国冰雪运动方面,一汽红旗联手航天科技共同攻克技术难关,以实业力量支持中国体育事业更加自立、自强。2021年,由红旗参与研发的国产雪车装备正式交付国家体育总局,打破了雪车装备长期由国外品牌垄断的局面,用自主科技实力支持中国冰雪运动创造佳绩。

北京冬奥会期间,一汽红旗通过与张家口市政府合作,为张家口赛区提供由120辆红旗汽车组成的保障车队,出色地完成了冰雪盛会车辆保障任务。

国际赛事集团赞助报告显示,在最活跃的体育赞助排行榜中,车企已经成为第四大体育赞助源,仅次于体育用品、食品饮料等快消品。一方面,体育被认为是没有国界的共同语言,汽车品牌与体育有着不少形象契合点,尤其是近些年来在国内兴起的冰雪运动,参与者大多为阳光健康、消费能力强的中等收入群体;另一方面,人们对健康生活、户外运动的渴望与日俱增,同时发达的社交媒体平台往往会宣传运动健儿的运动精神,而这恰好就是车企孜孜以求的"年轻化"品牌精神。

2021年,新红旗品牌实现产销量超30万辆,同比增长50.1%,增速位列高端品牌第一位,创造了4年增长63倍的汽车产业奇迹。2022年以来,虽然受供应链不稳定等不利因素的影响,但新红旗品牌依然累计实现销售量突破6.38万辆,同比增长超过40%。

当红旗梦、汽车梦、体育梦、强国梦交织在一起时,人们有理由相信,这会汇聚成共同的梦想,激荡出磅礴的力量。

(资料来源:编者整理)

问题:
1. 车企为何热衷于体育营销?
2. 通过案例,一汽红旗的营销创新模式是如何体现的?
3. 一汽红旗与奥运结缘,你从中有何启发?

项目工单

任务: 认识汽车市场和汽车市场营销:选择某一品牌的汽车,分析其市场特征及市场营销策略。		姓名:	指导教师:
			班级:	组别:

1. 目的与要求
实训目的: (1) 掌握汽车市场的概念; (2) 理解汽车市场营销的概念; (3) 培养收集资料的能力; (4) 培养团队合作精神,锻炼灵活运用知识的能力。 实训要求: (1) 对教学班级进行分组,每个组选择某一品牌的汽车作为实训主题; (2) 各小组收集该品牌汽车相关资料; (3) 各小组以 Word 文档的形式完成调研报告; (4) 各小组成员共同制作 PPT,时间控制在 8 分钟,并进行 PPT 汇报。

2. 组织与计划

3. 任务实施

4. 归纳总结

5. 评价(优秀、良好、合格、不合格)

自我评价:	小组评价:

教师评价:

项目 2

汽车市场营销环境分析

学习目标

1. 知识目标

(1) 理解汽车市场营销环境的概念与特点;
(2) 理解研究汽车市场营销环境的意义;
(3) 掌握宏观环境对汽车产业运营的影响;
(4) 掌握微观环境对汽车产业运营的影响;
(5) 掌握市场营销环境分析方法。

2. 能力目标

(1) 能够应用汽车市场营销环境的内容,分析对汽车市场的影响;
(2) 能根据SWOT分析法对汽车企业的营销环境进行分析;
(3) 能根据当前的营销环境制定有效的营销策略。

3. 素养目标

通过本项目的学习,了解中国汽车产业环境由传统汽车向新能源汽车发展的变化趋势,能够理解发展新能源汽车是我国从汽车大国迈向汽车强国的必由之路,培养学生的爱国情怀和民族自信。

思维导图

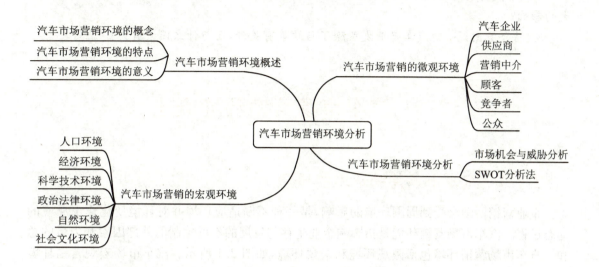

开篇案例

中国新能源汽车发展环境分析

21世纪以来,我国汽车市场销售量快速增长,而汽车的迅速普及,却带来了环境污染和能源危机的问题。"十二五"期间,中国汽车工业将发展节能与新能源汽车作为战略转型方向。重点在动力电池、驱动电机、电控等核心技术方面实现突破,推动纯电动汽车、插电式混合动力汽车的产业化,实现我国汽车工业的跨越式发展。2012年,国务院印发《节能与新能源汽车产业发展规划(2012—2020年)》,进一步明确了将新能源汽车作为国家汽车工业发展工作的重点。

自规划实施以来,我国新能源汽车产业发展取得了举世瞩目的成就,成为引领世界汽车产业转型的重要力量。

1. 我国新能源汽车连续6年产销量居世界第一。目前我国新能源汽车存量已经超过500万辆。
2. 动力电池技术已经位于世界前列。电动汽车续航里程已经超过600千米。
3. 建设公共充电桩62.6万座,涵盖了高速公路快充站、城市公共站、公交物流专用站、社区私人共享桩等各类充电设施,覆盖全国29个省、273座城市,形成全球最大的充电服务网络。

在国家优惠补贴、双积分、政策扶持、大力宣传等一系列措施的帮助下,国内新能源汽车出现了蓬勃发展的面貌。中国将成为全球竞争最激烈的新能源汽车市场,中国必将成为各国汽车企业的必争之地。未来10年中国新能源汽车市场将会迎来一次行业洗牌。面对复杂的中国汽车市场,国产汽车企业更要坚持自主创新、迎接挑战!

问题：
1.《节能与新能源汽车产业发展规划(2012—2020年)》对汽车产业产生了什么影响？
2.《节能与新能源汽车产业发展规划(2012—2020年)》为什么会对汽车产业造成如此大的影响？
3. 结合案例说一说汽车产业发展除了与政策有关外，还与什么因素有关？

2.1 汽车市场营销环境概述

2.1.1 汽车市场营销环境的概念

企业营销活动会受到周围环境的影响，是一种不断适应环境并对环境变化作出反应的动态过程。汽车市场营销环境是指影响企业生存与发展的不可控制的外部因素和力量的总和。汽车市场营销环境包括微观环境和宏观环境，如图2.1所示。汽车市场宏观营销环境指间接影响企业营销活动的不可控制的较大社会力量，主要包括人口、自然、经济、科学技术、政治法律及社会文化等因素。宏观环境一般以微观环境为媒介去影响和制约企业的营销活动，在特定场合，也可直接影响企业的营销活动。汽车市场微观营销环境指与企业紧密相连，直接影响企业营销活动的各种不可控制的参与者，也称直接营销环境，包括企业本身、市场营销渠道企业(包括供应商和中间商等)、顾客、竞争者以及社会公众。

> **同步思考 2.1**
> 观察图 2.1 中汽车市场营销环境的组成要素，请问哪些是企业可以控制的呢？

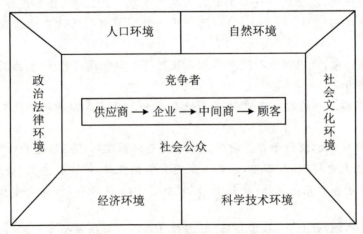

图 2.1 汽车市场营销环境组成

2.1.2 汽车市场营销环境的特点

汽车产业作为国民经济的支柱产业，对宏观环境和微观环境的变化反应都非常敏感，汽车市场营销环境是一个多因素、多层次且不断变化的综合体。一般来说,有以下几个特点,具体如图2.2所示。

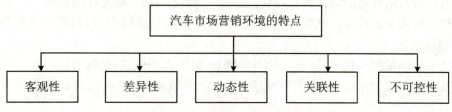

图 2.2　汽车市场营销环境特点

1. 客观性

企业总在特定的社会经济和其他外界环境条件下生存、发展。汽车企业要进行市场营销,必须处理好与供应商、营销渠道及顾客的关系,汽车企业的营销行为要受到法律的约束和社会公众的监督,营销决策更要受到经济、法律、社会文化等因素的约束。

2. 差异性

汽车市场需求的多样化使得不同的汽车企业受到不同市场营销环境的影响,例如,德国大众公司的Polo在欧洲曾是一款热卖车,但在我国Polo的销售业绩及企业营销活动是截然不同的。因此,汽车企业应当采取不同的营销策略以适应汽车市场的差异性。

3. 动态性

汽车市场营销环境是企业进行营销活动的基础和条件,随着时间的推移而发生变化。如我国汽车消费者的消费倾向已从追求生活的基本满足转变为追求汽车的档次及个性化等,这些转变会对汽车企业的营销行为产生直接影响。因此,企业的营销活动必须适应环境的变化,不断调整和修正自己的营销策略。

4. 关联性

市场营销环境是一个系统,各因素相互依存、相互作用、相互制约。如国家宏观调控政策中的财政与税收政策、通货膨胀、需求过旺、原材料短缺等因素都会导致产品价格上涨;科技、经济的发展会引起政治、经济体制的相应变更或变革,从而影响企业产品的质量及其更新换代的速度等。这种相关性给企业进行市场营销营造了更加复杂的客观环境。因此,要充分注意各因素之间的相互作用。

> **同步思考 2.2**
> 汽车市场营销环境与其他产品的市场营销环境有什么区别?

5. 不可控性

影响市场营销环境的因素是多方面的,也是比较复杂的,且表现出不可控性。有的因素对某些企业来说是可控的,而对另一些企业来说则可能是不可控的;有些因素今天是可控的,而明天则可能是不可控的。

2.1.3　汽车市场营销环境的意义

市场营销环境具有不可控制性、动态变化性和复杂多样性等特点,企业营销的任务是及时了解把握市场营销环境的变化趋势,趋利避害地开展市场营销活动,并主动适应市场营销环境的变化,提高应变的能力,使企业更好地生存与发展。具体如下:

① 通过对营销环境的分析研究,及时把握汽车市场营销环境变化的趋势。

② 努力运用企业可以控制的营销手段,及时调整市场营销策略,以适应外部环境因素的变化,提高市场应变能力。

③ 从市场环境的变化中,挖掘新的市场机会,捕捉市场机遇,把握市场时机。

④ 及时发现环境给企业带来的威胁,采取积极措施,避免或减轻威胁给企业造成的损失。

2.2 汽车市场营销的宏观环境

2.2.1 人口环境

人口环境是一切社会活动的基础和出发点,是影响企业市场营销的基本宏观因素。人口是构成市场的首要因素,是企业营销活动的直接和最终对象。市场是由有购买欲望同时又有支付能力的人构成的,人口的多少直接影响市场的潜在容量。人口环境包括人口数量、人口结构、人口分布等因素的现状及其变化趋势。

1. 人口数量

在收入不变的情况下,人口越多,对汽车的需求量也就越大;而在收入不变的情况下,人口越少,对汽车的需求量也就越小。随着科技的进步、生产力的发展和生活条件的改善,世界各国人口的平均寿命大为延长,死亡率大幅度降低,尽管出生率有所下降,但总人口仍呈现增长态势,这为汽车营销提供了新的潜在市场。

2. 人口结构

婚姻状况与家庭的数量、规模在很大程度上影响着以家庭为消费单位的汽车需求。随着经济的发展,人口平均受教育程度提高,独生子女增多,家庭结构日趋小型化,子女一般不和父母一起生活和居住,相互之间的联系工具就是汽车。

成年男性的经济比较独立,工作流动性强,工作和生活的节奏快,使其更富有个性和独立性,对能够彰显车主个性的车辆的需求有所增加。同时,随着职业女性的增加、经济地位的提高及其自主、自立意识的增强,已经有越来越多的女性成为现实或潜在的汽车消费者,女性已经成为汽车消费市场中一股举足轻重的力量。

人口平均寿命延长,老年人的人口比例增加,社会出现老龄化现象,对方便老年人驾驶的车辆的需求会有所增加,汽车厂商必须生产出符合老年消费者需求的汽车,占领老年人市场,这在人口老龄化的社会里是非常重要的。

3. 人口分布

人口分布的动态变化对汽车企业的营销活动也产生了一定的影响。目前,我国人口的地域分布出现城市化、郊区化趋势。城市化是工业化和现代化的必然趋势。随着社会经济的发展,农村剩余人口大量向城市转移,人口数量的增加直接导致城市规模不断扩大,许多以前人口较少的郊区,也逐渐发展成繁华的居住区。人们居住在这些远郊地区,却要到原来的市区上班,这在无形中增加了人们买车的需要。

> **同步思考 2.3**
> 我国目前人口环境呈现出什么特点?

另外,由于市区人口拥挤,空气污染和噪声污染严重,市区人口不断向郊区流动,出现了在市区上班,在郊区居住的格局。第二次世界大战后,发达国家的城市人口大量流向郊区,近年来,我国也明显呈现这种趋势。以上变化,无疑都将增加汽车的消费需求,给汽车产业的发展创造市场机会。

汽车营销人员在研究人口环境时,还应区别人口环境对国际、国内两个汽车市场的不同影响。如对西方发达国家而言,由于汽车尤其是轿车已经作为耐用消费品广泛进入家庭,人口因素就是营销者必须充分重视的环境因素。而对国内汽车市场而言,由于汽车正处于私人消费的普及时期,人口因素正成为越来越重要的环境力量。在这个时期,营销者应着重研究高收入阶层的人口数量、职业特点、地理分布等因素的现状及其发展变化,加强对我国人口具体特点的研究,以抓住不断增加的营销机会。

2.2.2 经济环境

汽车企业经营活动的好坏归根到底取决于社会和国家的整体经济状况。在国家经济状况良好的情况下,大多数汽车企业的经营效果也较好;在国家经济状况较差的情况下,大多数汽车企业的经营效果也差,有的汽车企业还会亏损,甚至是破产、倒闭。

经济环境指那些能够影响消费者购买力和消费方式的因素。人的需求只有在具备经济能力时才是现实的市场需求。在人口因素既定的情况下,市场需求规模与社会购买力水平成正比。所以,企业必须密切关注经济环境的动向,尤其要着重分析影响社会购买力及其支出结构变化的各种因素。

1. 消费者收入水平

消费者的收入决定了消费者的购买能力。消费者收入水平的高低制约了消费者支出的多少和如何支出,从而影响了市场规模的大小和市场的需求状况。我们通常用表2.1所示指标说明消费者的收入。

表2.1 消费者收入的指标

国内生产总值 (Gross Domestic Product,GDP)	一个国家全年生产的货物和服务的总价值,它是衡量一个国家经济实力和购买力的重要指标
人均国民收入 (Gross National Product,GNP)	按人口平均的国民收入占有量,它是衡量一个国家的经济实力和人民富裕程度的一个重要指标
个人总收入	指个人从各种来源所得到的所有收入,反映了个人购买力水平的高低
个人可支配收入	等于个人总收入扣除缴纳的所有税收后的余额,它是消费支出的最重要的决定性因素,常用来衡量一个国家生活水平的变化情况
个人可任意支配收入	指个人可支配收入减去生活必需开支后剩下的个人收入,这是影响消费需求变化最活跃的因素,是购买汽车的重要因素

2. 消费者支出模式

消费者支出模式指消费者各种消费支出的比例关系,也就是常说的消费结构。社会经济的发展、产业结构的转变和收入水平的变化等因素直接影响社会消费支出模式,而消费者个人收入则是单个消费者或家庭消费结构的决定性因素。西方经济学常用恩格尔系数来反映这种变化。

恩格尔系数是衡量一个国家、一个地区、一个城市和一个家庭的生活水平高低的标准。恩格尔系数越小表明生活越富裕,越大则说明生活水平越低。企业从恩格尔系数可以了解市场的消费水平和变化趋势。

知识延展 2.1

什么是恩格尔系数?

德国统计学家恩斯特·恩格尔(Ernst Engel)在 1853 年到 1880 年间对比利时不同收入水平的家庭进行调查,于 1895 年提出了著名的恩格尔定律。目前,该定律已成为分析消费者结构的重要工具。该定律指出:随着家庭收入的增加,用于购买食品的支出占家庭收入的比重就会下降;用于住房和家庭日常开支的费用比例保持不变;而用于服装、娱乐、保健和教育等其他方面及储蓄的支出比重会上升。反映这一定律的系数被称作恩格尔系数。其公式可表示为

恩格尔系数=食品支出/家庭总收入×100%

联合国粮食及农业组织提出的标准如下:恩格尔系数在 0.59 以上为贫困;0.5~0.59 为温饱;0.4~0.5 为小康;0.3~0.4 为富裕;低于 0.3 为最富裕。

3. 储蓄与信贷

储蓄量的大小受很多因素的影响,其中收入水平的高低是首要因素。只有当收入超过一定的支出水平时,消费者才有能力进行储蓄。近年来,我国居民的储蓄倾向仍然十分强烈,企业若能调动消费者的潜在需求,就可开发新的目标市场。

信贷是消费者预先支出未来的收入提前消费。消费者信贷可以直接创造新的购买力。目前,我国消费者信贷有所发展,主要表现在分期付款、信用卡消费和其他周转限额贷款等方面。

2.2.3 科学技术环境

科学技术是"创造性的毁灭力量",是最强大的社会生产力和最活跃的营销因素。作为汽车营销环境的一部分,科学技术环境直接影响汽车企业的生产和经营。从汽车营销的角度来看,科学技术环境的影响表现在以下几个方面:

一是科学技术的应用,使得汽车产品生命周期缩短,更新换代的速度越来越快。

二是科学技术水平的整体进步有利于汽车厂商赢得更多的营销机会。掌握和应用了先进科学成果的汽车厂商,必然会在产品成本、产品质量、产品性能等方面赢得竞争优势,从而掌握汽车营销的主动权。

三是科技进步促进了汽车营销手段的现代化，提高了营销效率。如现代设计技术、测试技术等加快了汽车新产品开发的步伐；现代通信技术、办公自动化技术等提高了市场营销的工作效率和效果；市场营销信息系统、环境监测系统等的应用，提高了汽车企业把握市场变化的能力。

四是科学技术改变了人们的生活方式、消费模式、消费结构与消费习惯，影响了汽车市场的供求关系。

世界汽车技术竞争的历史显示：20 世纪 60 年代以前是汽车制造竞争阶段，企业以提高效率和降低成本为目的；20 世纪 70 年代是汽车性能竞争阶段，企业以降低汽车振动、减小噪声和提高汽车使用寿命为目的；20 世纪 80 年代是汽车造型竞争阶段，企业以虚拟成型技术、柔性生产技术为特征；20 世纪 90 年代以后，汽车技术的竞争进入到了汽车仿真设计竞争阶段，以汽车车型的快速更新作为占领市场的重要手段。

2.2.4　政治法律环境

政治与法律是影响企业营销重要的宏观环境因素。政治因素像一只无形之手，调节着企业营销活动的方向，法律则为企业规定了商贸活动的行为准则。从这一意义上来说，市场经济就是政治法律经济。

1. 政治环境

国家的汽车政策主要包括汽车产业政策、汽车企业政策、汽车产品政策和汽车消费政策四个方面。

> **同步思考 2.4**
> 我国出台了哪些与汽车发展有关的政策？

一般来说，国家的汽车产业政策可分为促进产业发展的政策和抑制产业发展的政策。我国的汽车产业政策带有从计划经济到市场经济的显著特点。加入世界贸易组织（World Trade Organization，WTO）以后，国家的产业政策、税收政策和进出口管理政策发生了重大调整。到 2006 年，我国汽车整车的进口关税降至 25%，汽车零部件的平均进口关税降至 10%，取消了汽车进口配额。

目前，税费政策仍然是我国轿车市场进一步扩展的制约因素。我国针对汽车产品征收及对用户负担较大的税费项目设有特别消费税。该税种是在对货物普遍征收增值税的基础上，选择少数消费品再征收的一道消费税，目的在于调节产品结构，引导消费方向。

2. 法律环境

法律环境包括中央政府和地方政府颁布的政府令、暂行条例、管理办法及实施意见等。各种行政法规，不仅包括鼓励性政策和限制性政策、经济性政策和非经济性政策，还包括产品的技术法规、技术标准及商业惯例等。如我国从 1980 年开始实施全国性的汽车使用年限、汽车报废制度。1985 年，我国政府正式出台汽车报废标准。此后关于国内汽车报废标准经过多次调整和修改，并对营运车辆和非营运车辆分别作出明确规定。2013 年，根据《机动车强制报废标准规定》，小、微型非营运载客汽车无使用年限限制。

法律法规是企业营销活动的准则。法律对于企业有双重作用，即保护企业权益和制约企业行为。企业从事市场营销活动，既要有良好的职业道德，又要有强烈的法治意识。汽车企业的经营活动应符合法律法规的规定，并注意把握其倾向性、稳定性和连续性。

案例讨论 2.1

《新能源汽车产业发展规划(2021—2035年)》

2020年1月2日下午，国务院办公厅正式发布《新能源汽车产业发展规划(2021—2035年)》(以下简称《规划》)。

《规划》指出，要以习近平新时代中国特色社会主义思想为指引，坚持新发展理念，以深化供给侧结构性改革为主线，坚持电动化、网联化、智能化发展方向，以融合创新为重点，突破关键核心技术，优化产业发展环境，推动我国新能源汽车产业高质量可持续发展，加快建设汽车强国。

《规划》提出，到2025年，纯电动乘用车新车平均电耗降至每千米0.12千瓦时，新能源汽车新车销售量达到汽车新车销售总量的20%左右，高度自动驾驶汽车实现限定区域和特定场景的商业化应用。到2035年，纯电动汽车成为新销售车辆的主流，公共领域用车全面电动化，燃料电池汽车实现商业化应用，高度自动驾驶汽车实现规模化应用，有效促进了节能减排水平和社会运行效率的提升。

此次《规划》的发布，表明了我国发展新能源汽车产业和建设汽车强国的决心。未来我国将会继续优化新能源汽车产业的奖补政策，加大企业的科技创新力度，着力打造国家新能源汽车行业的国家战略科力量，为我国新能源汽车发展创造良好的配套条件。

问题：结合国内新能源市场发展现状，请说明《规划》对汽车产业影响的具体表现。

2.2.5 自然环境

自然环境是指影响社会生产的自然因素，是企业开展营销活动的场所和物质基础，主要包括资源环境、土地环境、地理环境、生态环境和能源环境等因素。营销活动在受到自然环境影响和制约的同时，也对自然环境产生一定的影响。

1. 资源环境

汽车的大量生产和使用，需要消耗大量的自然资源，如钢铁、有色金属、橡胶、石化、木材、水资源等。汽车工业越发达，汽车普及程度越高，汽车生产消耗的自然资源也就越多。而自然资源是不可再生资源，因此，自然资源将对汽车厂商构成一个长期的营销约束条件。

为了减少资源约束对汽车营销的不利影响，汽车企业应依靠科技力量，努力减少资源消耗，提高原材料的综合利用率，积极开发新型材料和待用材料。第二次世界大战以后，汽车生产大量采用轻质材料和新型材料，每辆汽车消耗的钢材量平均下降超过10%，自重减轻达40%，为节约钢铁资源作出了巨大的贡献。

2. 土地环境

土地资源是否丰富，直接关系到道路交通条件和城市交通条件的好坏，如公路、城市道路、停车场、加油站、维修站的建设，都需要占用必要的土地资源，因此土地是汽车产业发展非常重要的环境条件。

3. 地理环境

自然地理条件对道路交通具有决定性影响,从而对汽车产品的性能有着不同的要求。因此汽车厂商应针对不同的地区推出性能不同的汽车产品。

地理环境还常常决定着一个地区的自然气候条件,包括温度、湿度、降雨、降雪、降雾、风沙等情况以及这些因素的季节性变化。自然气候对汽车的冷却、润滑、启动、充气效率、功率、制动性能以及汽车机件的正常工作和使用寿命等,均会产生直接影响。对驾驶员的工作条件也会有实质性的影响。因而,汽车厂商在市场营销的过程中,应向目标市场推出适合当地气候特点的汽车产品,并做好相应的技术服务。

> **同步思考 2.5**
> 我国南北方地区气候差异较大,南北方人群倾向于选择哪些类型的车辆呢?

4. 生态环境

随着人类社会物质文明的发展,生态环境遭到严重破坏,个别地方甚至出现了毁灭性破坏。传统石油燃料的大量使用,会明显增加空气污染,对人类的生存环境造成很大的压力,这已成为传统汽车的诟病。

为了应对日趋恶化的生态环境,汽车生产大国以及汽车厂商纷纷投入巨资,加强对汽车节能减排技术的研究,积极开发新型动力和新能源汽车。现在采用的汽车电子燃油喷射系统、废气再循环系统、三元催化净化器等降低排放污染的技术,就是汽车工业为适应环境保护的产物。未来的汽车将采用更多的新材料和新技术,并且将大大减少对环境造成的污染。

5. 能源环境

目前汽车产品广泛利用的能源是石油、石油液化气、天然气等,部分特定场合下还包括电能、氢能、生物能等。

从营销的角度来看,能源的形式、能源供给是否充足及能源供给的结构比例,直接影响用户对汽车产品的选购。传统石油虽然增加了环境污染,但仍然是目前理想的汽车燃料,因此石油资源成为国家能源安全的重要因素。另外,为了减少传统石油对环境的污染,提高能源的战略安全和综合利用,各国政府及其汽车厂商均投入巨资开发汽车节能技术、寻找替代能源和生产新能源汽车,以应对能源危机。

> **同步思考 2.6**
> 根据我国自然环境的特点,你认为我国汽车企业面临的市场机会有哪些?

2.2.6 社会文化环境

社会文化是指在一种社会形态下已经形成的价值观念、宗教信仰、伦理道德、审美观念以及风俗习惯等。社会文化强烈影响着消费者的购买行为,使生活在同一社会文化范围内的各成员的购买行为具有习惯性和相对稳定性。当前,各种文化具有融合的倾向,且亚文化日益受到尊重。企业的市场营销人员应分析、研究和了解社会文化环境,并针对不同的文化环境制定不同的营销策略。

1. 价值观念

价值观念是指人们对社会生活中各种事物的态度和看法。消费者由于价值观念相差较大,对商品的需求和购买行为亦不相同。有的人喜欢提前消费,不崇尚储蓄,偏爱产品的新颖性和时尚性。有的人喜欢存钱,消费观念偏于传统,偏爱商品的耐久实用。现在也出现大量新潮的青、中年消费群体,他们崇尚个性,形成了新的消费风尚。

> **同步思考 2.7**
> 以下哪种观念会影响汽车消费心理?
> 1. 富时不忘贫;
> 2. 买大不买小;
> 3. 买涨不买跌。

2. 风俗习惯

风俗习惯是指不同文化环境中的人们,自然环境和生活方式迥异,世代相传形成人们的行为和思维习惯的不成文规范。主要是在饮食、服饰、居住、婚丧、信仰等方面形成独特的心理特征。

企业应充分了解目标市场上消费者的禁忌、习俗。例如,美国通用公司曾生产以 NOVA 命名的汽车,含义为"神枪手",但在拉丁美洲的语言里其意是"跑不动",所以该车型无法在拉丁美洲打开销路。

3. 审美观念

审美观念是指人们对商品的好与坏、美与丑、喜欢与嫌恶的不同评价。不同国家、地区、民族、宗教、阶层、年龄的个人,常常具有不同的审美标准。而人们的审美观念也会随着时间的变化而变化。对于企业而言,生产大批量的雷同产品不能满足不同的市场需求,必须根据不同社会文化背景下的消费者审美观念及其趋势来开发产品,制定市场营销策略。

2.3 汽车市场营销的微观环境

2.3.1 汽车企业

企业是组织生产和经营的经济单位,是一个复杂的整体,包含各职能部门,如高层管理部、营销部、财务部、技术开发部、采购部、生产部等,各部门相互联系。因此,营销部在制定和实施营销计划时,必须获得高层管理部的批准和支持,并考虑与其他部门的协调合作。

企业文化同样对企业营销产生重要影响。企业文化的核心是确立共同的价值观念,企业在满足员工物质需求的同时,优秀的企业文化会给员工带来满足感、成就感和荣誉感,使员工的精神需求得到满足,从而产生激励作用。

2.3.2 供应商

供应商是向汽车企业提供生产经营所需资源的企业或个人,包括提供原材料、零部件、设备、能源、劳务及其他用品等。供应商对企业营销业务有着实质性的影响,其所供应的原材料数量和质量将直接影响产品的数量和质量;所提供的资源价格会直接影响产品成本、价格和利润。供应商对企业的营销活动的影响主要表现在以下三个方面:

① 供应的可靠性,即资源供应的可靠程度,它直接影响汽车企业的交货期。
② 资源供应的价格及其变动趋势,这将影响汽车企业的生产成本。
③ 供应资源的质量水平,这将直接影响汽车企业提供的产品质量。

对汽车企业而言,零部件(配套协作件)供应商尤为重要。据统计,现在汽车厂商自己生产的零部件比重只占整车价值的25%,其余全部是购买的零部件。选择供应商的基本原则是:一个零部件至少要有两家供应商。这样做一是可以保持他们的竞争地位,二是当一方发生不可预测的事件时,不影响生产。同时,切记避免过度依赖于一家供应商。现代企业管理非常强调供应链管理,汽车制造企业应认真规划自己的供应链体系,将供应商视为战略伙伴,按"双赢"的原则实现共同发展。

案例讨论2.2

汽车产业为何一"芯"难求?

2020年底,许多车主在购车时发现,很多车型无法按时交车,甚至有提车时需要加价的情形,了解后才知道是因为芯片短缺。

随着汽车电动化、智能化、网联化发展,汽车芯片市场的需求将不断增加。一场突如其来的缺芯潮,给众多产业带来了不小的冲击,多家车企因缺芯而不得不停产。据了解,福特去年减少了约125万辆的销售量。大众比计划产量少了约115万辆,通用和丰田减产了约110万辆,而斯泰兰蒂斯减少了约100万辆。

为解除缺芯的困扰,大批量整车厂商选择直接与芯片厂商合作,而整车厂商的管理模式也由线性管理模式向多线并行管理模式转变:汽车厂商与芯片厂商直接合作,意味着汽车厂商对供应链的管理模式将更加下沉,对每一级供应商都将进行管理,形成多线条的并行管理模式。

2022年全球汽车芯片依然会保持紧缺状态,未来汽车芯片市场如何发展,对于芯片厂商来说,既是一次机遇又是一次挑战。

(资料来源:舒超.安徽省解决汽车芯片短缺问题的对策研究[J].中国工程咨询,2021(12):26-30.)

问题:芯片短缺对汽车销售量有什么影响?

2.3.3 营销中介

营销中介是协助企业市场营销的组织与个人,包括中间商、实体分配公司、营销服务机构及金融机构等。

1. 中间商

中间商是联系生产商和消费者的桥梁,他们直接和消费者打交道,协助生产商寻找消费者并进行交易。汽车中间商包括经销商、批发商等。选择中间商不是一件简单的事,需要一套完整的评估指标。具体在项目5中进行讲解。

2. 实体分配公司

主要指协助企业储存货物并把货物运送至目的地的仓储、运输公司。

3. 营销服务机构

协助企业开拓市场与销售推广的各种服务公司,如广告公司、调研公司、策划公司等。

4. 金融机构

协助企业融资或分担货物购销储运风险的机构,如银行、信贷公司、保险公司等。

> **同步思考 2.8**
> 请你根据所在地区的实际情况,说出本地都有哪些汽车营销机构?

2.3.4 顾客

顾客既是企业的目标市场和企业服务的对象,也是营销活动的出发点和归宿。企业的一切经营活动都应以顾客的需求为中心。因此,顾客是企业最重要的环境因素。

2.3.5 竞争者

企业无法独占市场,都会面对形形色色的竞争者。企业要成功,必须在满足消费者需求和欲望方面比竞争者做得更好。企业的营销系统总是被一群竞争对手包围和影响着,企业只有识别和战胜竞争者,才能在消费者心中强有力地确定所提供产品的地位,以获取战略优势。

2.3.6 公众

每个企业的周围都有七类公众:政府公众、媒介公众、金融公众、社团公众、地方公众、企业内部公众和一般公众(表2.2)。

表 2.2 七类公众的类型及含义

类 型	含 义
政府公众	负责管理企业业务经营活动的有关政府机构
媒介公众	主要指报纸、杂志、广播电台、电视台等大众传媒机构
金融公众	影响企业融资能力的金融机构,如银行、投资证券公司、保险公司等
社团公众	各种消费者保护组织、环境保护组织、少数民族组织等
地方公众	企业附近的居民群众
企业内部公众	包括股东、董事、经理、员工等
一般公众	除上述以外的社会公众

公众对企业市场营销的活动规范、企业及其产品的信念等有实质性的影响;金融机构影响一个公司获得资金的能力;新闻媒体对消费者具有导向作用;政府机关决定有关政策的动态;一般公众的态度会影响消费者对企业产品的信念等。现代市场营销理论要求企业采取有效措施与公众保持良好的关系、树立良好的企业形象。为此,企业应开展正确的公共关系活动。

2.4 汽车市场营销环境分析

2.4.1 市场机会与威胁分析

1. 市场机会

市场机会是指某种特定的营销环境条件,在该营销环境条件下企业可以通过一定的营销活动创造利益。市场机会可以为企业赢得的利益的大小表明了市场机会的价值,市场机会的价值越大,对企业利益需求的满足程度越高。市场机会的产生来自营销环境的变化,如新市场的开发、竞争者的失误以及新产品和新工艺的采用等,都可能产生新的待满足的需求,从而为企业提供市场机会。

2. 市场威胁

市场威胁是指对企业营销活动不利或限制企业营销活动发展的因素。这种威胁,主要来自两个方面:一方面,市场环境直接制约着企业的营销活动,如政府颁布《环境保护法》,它对造成环境污染的企业来说,是一种制约;另一方面,企业的某些目标、任务与国家政策可能产生矛盾。

3. 市场机会与市场威胁综合分析

在企业实际面临的客观环境中,单纯的市场机会和市场威胁是少有的。一般情况下,企业面临的都是市场机会与市场威胁并存、利益与风险同时存在的局面。根据市场威胁水平和市场机会水平的不同,可以分为四种情况,具体如图2.3所示。

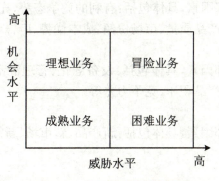

图 2.3 市场机会与威胁图

(1)理想业务

理想业务是机会水平高、威胁水平低、利益大于风险的业务类型。对于理想业务,企业应该抓住不放,立即制定发展计划并付诸行动,因为理想业务来之不易,机不可失,时不再来,如果错过机会,就很难弥补。

（2）冒险业务

冒险业务是收益高但风险大的业务,如一些高新技术产业领域的业务。面对此类业务,企业应审时度势,慎重决策,要对客观环境和企业自身的条件进行全面分析之后再作决策。此种决策是企业决策类型中最难的一种,既可能丢失很好的机会,也可能要冒极大的风险。所以,企业容易犯两种错误:一种是丢弃的错误,即面对机会,由于害怕风险,从而将机会失去;另一种是冒进的错误,即对可能出现的风险考虑不足,结果或是大败而归,或是骑虎难下。

（3）成熟业务

成熟业务是比较平稳的,市场机会与市场威胁都处于较低的水平,企业若经营得法,一般可以获得平均利润。该类业务可作为企业的常规经营业务,利用它来维持企业的正常运转,可为理想业务和冒险业务提供资金。

（4）困难业务

如果企业已经有了困难的业务,那么可以考虑以下对策：

一是设法扭转。如果困难业务是由企业的某些工作不力或失误造成的,那么可以通过一些对策进行扭转。

二是立即撤出。对于大势所趋、无法扭转的困难业务,企业应该及时采取果断的决策,从该环境中撤出经营,另谋发展。

2.4.2　SWOT 分析法

市场营销环境分析最常用的方法是 SWOT 分析法。SWOT 分析法又称为态势分析法,于 20 世纪 80 年代初由美国旧金山大学管理学教授韦里克提出,常用于企业战略制定、竞争者分析。

1. 构建 SWOT 矩阵

SWOT 分析法中的 S(Strengths)代表企业内部优势,W(Weaknesses)代表企业内部劣势,O(Opportunities)代表企业外部机会,T(Threats)代表企业面临的外部威胁。

（1）优势

优势是组织机构的内部因素,具体包括:有利的竞争态势,充足的财政来源,良好的企业形象、技术力量、规模经济、产品质量、市场份额、成本优势、广告攻势等。

（2）劣势

劣势是组织机构的内部因素,具体包括:设备老化、管理混乱、关键技术缺乏、研究开发落后、资金短缺、经营不善、产品积压、竞争力差等。

（3）机会

机会是组织机构的外部因素,具体包括:新产品、新市场、新需求、外国市场壁垒解除、竞争者失误等。

（4）威胁

威胁是组织机构的外部因素,具体包括:新的竞争者、替代产品增多、市场紧缩、行业政策变化、经济衰退、客户偏好改变、突发事件等。

企业决策的原则是:发挥优势,抓住机会,克服劣势,规避威胁。利用 SWOT 分析法,能全面分析企业的状况,有效制定营销策略。在使用SWOT分析法时,要首先找出企业的内部优势和劣势,再将外部机会和威胁列举出来。SWOT矩阵图如图2.4所示。

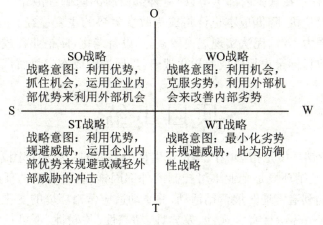

图 2.4　SWOT 矩阵图

2. 制定策略

在构建SWOT矩阵后,便可以制定相应的策略,以发挥优势因素,克服劣势因素,利用机遇因素,化解威胁因素。

SWOT分析有四种不同的类型组合,能帮助企业制定四种战略:SO战略(优势-机会战略)、WO战略(劣势-机会战略)、ST战略(优势-威胁战略)和WT战略(劣势-威胁战略)。具体见表2.3。

表 2.3　SWOT 分析战略组合

内部能力	外部因素	
	机会(O)	威胁(T)
优势(S)	SO 战略	ST 战略
劣势(W)	WO 战略	WT 战略

（1）SO 战略

SO战略指一种发展企业内部优势与利用外部机会的战略,是一种理想的战略模式。当企业具有特定方面的优势,而外部环境又为发挥这种优势提供有利机会时,可以采用该战略。

（2）WO 战略

WO战略指利用外部机会来弥补内部劣势,使企业摆脱劣势获取优势的战略。虽然存在外部机会,但由于企业存在一些内部劣势而妨碍其利用机会,可采取措施先消除内部劣势。

（3）ST 战略

ST战略指企业利用自身优势,回避或减轻外部威胁所造成的影响的战略。如果竞争者利用新技术大幅降低成本,给企业造成较大的成本压力,同时企业又遇到材料供应紧张、价格上涨,那么会导致企业的成本状况进一步恶化,使之在竞争中处于非常不利的地位。但若企业拥有充足的资金、技术娴熟的工人和较强的产品开发能力,则可利用这些优势开发新工艺,简化生产工艺过程,提高原材料利用率,从而降低材料消耗和生产成本。

(4) WT 战略

WT 战略指一种旨在减少内部劣势,回避外部威胁的防御性战略。当企业存在内忧外患时,往往面临生存危机,降低成本也许将成为改变劣势的主要途径。当企业成本恶化、原材料供应不足、生产力不够、无法实现规模效益,且设备老化,使企业在成本方面难以有大的作为时,企业应采取目标聚集战略或差异化战略,以回避因成本劣势而带来的威胁。

项目小结

1. 汽车市场营销环境是指影响汽车企业生存与发展的所有外部因素的总和,包括宏观环境和微观环境。营销环境是企业不可控制的外部因素,企业营销的任务是及时了解营销环境的变化趋势,趋利避害地开展营销活动,并主动适应营销环境的变化。

2. 汽车市场营销环境具有客观性、差异性、动态性、关联性、不可控性的特点。通过对营销环境的分析研究,可以及时把握汽车市场营销环境变化的趋势,运用企业可以控制的营销手段,及时调整市场营销策略,以适应外部环境因素的变化,提高市场应变能力。企业应时刻关注市场机会和市场威胁,把握时机,创造更大的利润。

3. 汽车营销宏观环境是指间接影响企业生存与发展的因素,包括人口环境、经济环境、科学技术环境、政治法律环境、自然环境和社会文化环境等六个方面。宏观环境具有强制性、不确定性和不可控性等特点。

3. 汽车营销微观环境是直接影响企业经营活动的因素,包括汽车企业、供应商、营销中介、顾客、竞争者和公众。分析微观环境的目的是更好地协调企业与这些相关群体的关系,促进企业营销目标的实现。

4. 汽车企业必须研究营销环境,以寻找机遇,规避威胁。营销环境分析最常用的方法是 SWOT 分析法,通过 SWOT 矩阵图,列举出企业的内部优势和劣势,制定四种战略,从而利用机遇、化解威胁。

知识巩固

单选题

1. 老年汽车市场的繁荣,是(　　)的变化给企业带来的机会。
  A. 人口环境   B. 经济环境   C. 文化环境   D. 科学技术环境

2. 消费者支出模式主要受(　　)的影响。
  A. 消费者的收入   B. 消费者的文化素养
  C. 消费者的家庭生命周期   D. 消费者的宗教信仰

3. 向企业提供原材料、零部件、能源、劳动力等资源的企业和组织称为(　　)。
  A. 代理商   B. 辅助商   C. 零售商   D. 供应商

4. "家庭收入越低,人们用于饮食的支出在家庭收入中的比重越大;而随着家庭收入增加,人们用于饮食支出的比重降低……"是德国统计学家(　　)的研究发现。

A. 科特勒　　　B. 麦卡锡　　　C. 恩格尔　　　D. 鲍敦

5. 下列不属于汽车营销微观环境的是(　　)。
   A. 供应商　　　B. 营销中介　　　C. 政治法律　　　D. 公众
6. 道路条件差的地区适合开越野车,这属于(　　)因素对车型的影响。
   A. 地理环境　　　B. 社会文化　　　C. 人口环境　　　D. 政策
7. 影响国际市场营销环境的社会文化环境不包括(　　)。
   A. 风俗习惯　　　B. 语言文字　　　C. 宗教信仰　　　D. 价值观念
8. 我国汽车市场总体呈现出的特点是(　　)。
   A. 市场总需求快速增长,商用车尤为突出
   B. 自主开发能力强,国内市场日趋国际化
   C. 市场秩序不规范
   D. 汽车交易和消费行为趋于理性化

多选题

1. 根据营销环境中各种力量对企业市场营销的影响,可以把市场营销环境分为(　　)。
   A. 微观环境　　　B. 内部环境　　　C. 宏观环境
   D. 外部环境　　　E. 社会环境
2. 汽车营销宏观环境包括(　　)。
   A. 竞争环境　　　B. 社会文化环境　　　C. 政治法律环境
   D. 经济环境　　　E. 科技技术环境
3. 直接影响汽车营销活动的微观环境因素包括(　　)。
   A. 公众　　　B. 竞争者　　　C. 顾客
   D. 科学技术　　　E. 宗教信仰
4. 汽车市场营销环境的特点包括(　　)。
   A. 可控性　　　B. 多变性　　　C. 相关性　　　D. 异性　　　E. 客观性
5. SWOT分析法中的S、W、O、T是指(　　)。
   A. 优势　　　B. 劣势　　　C. 机会　　　D. 威胁　　　E. 顾客

判断题

1. 环境是可控的,但又是不可控的,主要看企业如何把握。(　　)
2. 营销部门在制定和实施营销规划时,不必考虑其他部门的意见。(　　)
3. 新技术的出现给企业带来机会而没有威胁。(　　)
4. 企业要想成功,关键是要适应不断变化的市场营销环境。(　　)
5. 面对市场威胁,企业只有转移才能发展。(　　)

(扫一扫,答案在这里!)

综合案例

芯片国产,需全供应链共同发力

自2020年下半年以来,全球芯片产能持续紧张,出现了涨价、囤货、炒货、抢货等情况,甚至直接导致车企停产。2021年,受芯片短缺影响,豪华品牌和主流合资品牌的不少畅销车型在终端长期处于供不应求的状态,新车成交价格也有所增长。此外,随着汽车产业智能化升级、自动驾驶普及,技术含量更高、产业链价值更大、先进制程的高算力人工智能芯片逐渐处于竞争前沿。在如此巨大的市场需求下,目前我国芯片的对外依存度依然较高,汽车芯片的供应由国外厂商占据主体。我国自主汽车芯片规模仅占全球的4.5%,汽车芯片对外依赖度高达90%。

目前,国产高算力芯片宣布定点量产的,除了英伟达之外就只有地平线。据了解,这两年,在高算力AI芯片领域,还杀入了一批国产新玩家,包括后摩智能、及云智能、奕行智能等。高算力车规级芯片的研发是出了名的"三高"——高门槛、高投入、高试错成本,但在国产替代的趋势下,在政策和资本的推波助澜下,或许将迎来一波新浪潮。

在此背景下,对于我国芯片行业来说,也许是一个契机。我国企业上下游响应非常快,特别是这几年,国内很多企业开始陆续进入汽车芯片产业。据了解,汽车芯片市场作为新的风口赛道,目前我国已经涌现了像黑芝麻、地平线、亿咖通等一批芯片企业。2021年4月,国产芯片厂商黑芝麻发布华山二号A1000 Pro,算力最高可达196 TOPS;2021年7月,地平线宣布推出征程5,单颗芯片的AI算力最高可达128 TOPS;2021年12月,亿咖通、芯擎科技与行业领先的汽车零部件生态伙伴德赛西威、东软集团、北斗智联分别签署战略合作协议。各方将围绕龙鹰一号智能座舱芯片和ECARX Automotive Service Core通用操作系统级软件框架共创领先的高端数字座舱平台,共建先进的座舱行业生态。其他国产芯片厂商,如华为、寒武纪行歌、芯驰的高算力车规级芯片量产计划也呼之欲出。

(资料来源:尤尔阳.2022汽车芯片供应链的"不安"与"确定"[EB/OL].(2022-05-09)[2022-10-15]. https://www.qczd5.com/know/34245.htm.)

问题:
1. 全球缺芯对汽车行业会产生怎样的影响?
2. 在缺芯的全球背景下,我国汽车市场表现如何?
3. 面对全球供应链的影响,我国本土汽车品牌该如何应对?

项目工单

任务：安徽省本土汽车品牌汽车市场宏观环境调查分析。	姓名：	指导教师：
	班级：	组别：

1. 目的与要求
实训目的：
(1) 培养分析汽车市场宏观环境对汽车营销活动影响的能力；
(2) 培养收集资料的能力；
(3) 培养团队合作精神，锻炼灵活运用计算机知识的能力。
实训要求：
(1) 实训以小组为单位完成，每个组自选一个汽车品牌；
(2) 各小组按照 SWOT 分析法，结合宏观环境类型，认真完成宏观环境分析；
(3) 各小组将分析结果以 PPT 的方式呈现，小组成员共同制作 PPT。

2. 组织与计划

3. 任务实施

4. 归纳总结

5. 评价(优秀、良好、合格、不合格)

自我评价：	小组评价：

教师评价：

项目 2 汽车市场营销环境分析

项目 3

汽车市场调查与预测

学习目标

1. 知识目标

(1) 了解汽车市场调查的含义和作用；
(2) 了解汽车市场调查的类型；
(3) 掌握汽车市场调查的内容；
(4) 熟悉汽车市场调查的程序；
(5) 掌握汽车调查问卷的设计原则和基本结构；
(6) 了解汽车市场预测的概念；
(7) 掌握汽车市场预测的步骤。

2. 能力目标

(1) 能够熟练运用汽车市场调查的方法，对市场进行科学合理的调查；
(2) 能够科学设计调查问卷，进行相关问卷的调查分析；
(3) 能够运用汽车市场预测方法进行市场需求预测。

3. 素养目标

通过本项目的学习，掌握市场调查的程序与方法，深刻认识市场调查的意义，使学生具有实事求是的思想观念，坚持从实际出发、科学作出决策的职业习惯。

思维导图

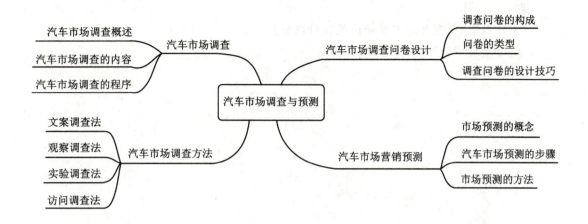

开篇案例

涨价、提车难！微/小型电动车市场调查

"电动车都在涨价""低配车已经不生产了""不能保证交车时间"……这些问题近期在10万元以下的微/小型电动车市场屡见不鲜,等车周期长、涨价幅度大已成为目前新能源圈热议的话题。那么,微/小型电动车现在是否值得入手？接下来会不会继续涨价？等车周期会不会缩短？带着这些用户关心的问题,我们对市场进行了调查。

1. 直接涨价类

事实上,这一轮"涨价潮"是从2021年底刮起来的。特斯拉是较早一批宣布涨价的车企:Model 3后轮驱动版涨价1万元,而Model Y后轮驱动版则不再享受补贴,涨幅更是达到了2.1088万元。官方给出的解释是:"此次涨价受原材料价格大幅上涨及新能源购车补贴退坡等影响。"

2. 迂回涨价类

直接涨价或多或少会影响消费者的购车决策,还有很多车企"另辟蹊径",通过改款、配置调整等方式进行变相涨价。零跑T03就通过年度改款,取消了入门版车型,同时对全系配置和价格进行了调整,调整后零跑T03的起售价从之前的5.98万元提升到6.89万元,同时续航里程也降为301千米(此前为403千米)。

3. 停止接单类

除了直接涨价、换代涨价外,还有一些车企采用停止接单的策略。2022年2月14日,欧拉官方表示由于面临巨额亏损,将对黑猫、白猫车型停止接单。据了解,目前这两款车型还有2万订单没有交付,预计将在2022年10月前交付完。

总的来说,2022年以来,市面上大多数新能源车企已经完成涨价,其中包括长安、飞凡、福特、广汽埃安、哪吒、上汽通用五菱、上汽荣威等。整体来看，最低涨幅为1000元，最高则超过了2万元，粗略计算这一轮平均涨价在5000元。

（资料来源：侯明浩. 涨价、提车难！微/小型电动车市场调查[EB/OL].（2022-03-13）[2022-10-16]. https://www.autohome.com.cn/news/202203/1239871.html.）

问题：
1. 为什么微/小型电动车市场出现涨价现象？
2. 通过市场调查可以得出哪些结论？

3.1 汽车市场调查

3.1.1 汽车市场调查概述

1. 汽车市场调查的含义

市场调查是指运用科学的方法，有目的、系统地收集、记录和整理市场信息，了解市场变化的过程。

汽车市场调查是指对汽车用户及其购买能力、购买动机、购买习惯、未来购买动向和同行业的竞争情况等方面进行了解的过程。具体来说，汽车市场调查，就是以汽车消费群体为特定的调查对象，发现汽车企业营销中存在的问题，用科学的方法、客观的态度对相关信息与资料进行系统的收集、记录、整理和分析，从而掌握市场的现状及其发展趋势的一种经营活动。

2. 汽车市场调查的特点

市场调查的特点包括调查目标的明确性、调查方法的科学性、资料收集的经济性、调查内容和结果的保密性和市场调查结果的多样性等。

（1）调查目标的明确性

在市场调查中只有目标明确，才可以确定调查的方向，用科学的方法，有目的、系统地收集、记录、整理和分析市场情况，了解市场的现状及其发展趋势，为企业的决策者制定政策、进行市场预测、作出经营决策、制定计划提供客观且正确的依据。

（2）调查方法的科学性

市场调查需要多门学科的配合，如经济学、统计学、社会学、社会心理学等，市场调查人员要善于运用综合技术，将各学科的理论创造性地应用到市场营销中。

（3）资料收集的经济性

市场调查中资料的收集需要人力、财力、时间等多方面成本的支出，企业应根据市场调查的目标、范围等，有针对性地选择合适的调查方法。企业还应根据实际情况，在保证完成调查任务、实现调查目标的同时，最大限度地降低成本，保证市场调查的经济性。

（4）调查内容和结果的保密性

无论是企业本身对市场进行调查还是委托第三方机构对市场进行调查，其市场调查结果都可为市场的发展提供决策依据，因此调查内容具有商业价值，在未经授权的情况下不能

公开调查结果。

（5）市场调查结果的多样性

市场调查由于受到调查方法、调查范围、调查目的等多种因素的影响,其结果会呈现多样性。此外,市场本身就是一个动态的变量,无时无刻不在发生变化,因此市场调查结果也不尽相同。由于调查工作本身存在的问题,如调查问卷过于简单、调查样本太少、调查人员缺乏训练等,均会影响调查结果的准确性。因此,对于决策者来说,市场调查不是万能的,它只是决策的必要条件,而非充分条件,它只能作为决策的参考依据,而不能代替企业决策。

3. 汽车市场调查的作用

汽车市场调查的主要任务是了解汽车企业生存与发展的市场运行特征、规律、动向,汽车产品在市场上的产、供、销状况及其有关的影响因素和影响程度。汽车市场调查是汽车企业科学预测与决策的基础,是汽车企业营销活动的出发点,具有十分重要的作用,这些作用可以概括如下:

（1）有利于企业科学地制定营销策略

只有通过市场调查了解市场、分析市场,才能根据市场需求及其变化、市场规模与竞争格局、消费者意见与购买行为、营销环境的基本特征等内容科学地制定和调整企业营销策略。

（2）有利于优化营销组合

企业根据市场调查的结果分析研究产品的生命周期,开发新产品,并制定产品在生命周期各阶段的营销组合策略。例如,根据消费者对现有产品的接受程度和对产品及服务的偏好来改进现有产品,开发产品的新用途或进行新的产品开发和设计;根据消费者对产品价格变动的反应,分析竞争者的价格策略,以确定产品合适的价格上限;综合运用各种营销手段,加强促销活动、广告宣传和售后服务,提高产品知名度和顾客满意度等。

（3）有利于开拓新市场

通过市场调查,企业可以发现消费者尚未被满足的需求并衡量市场上现有产品满足消费者需求的程度,从而不断开拓新市场。营销环境的变化往往会影响和改变消费者的购买动机和购买行为,给企业带来新的机会和挑战,企业可据此确定和调整发展方向。

> **同步思考 3.1**
> 你知道市场调查与社会调查的区别吗?

当今是科学技术飞速发展的时代,市场调查可以让我们及时掌握汽车企业相关领域的新产品和新技术的发展状况,为采用新技术和新设备创造良好的条件。只有不断采用新技术和新设计的汽车企业,才能超越其他同类汽车企业,保持自己的竞争优势。同时,高新技术又需要新的管理方式和经营观念,它们之间相辅相成,促使汽车企业不断改善管理水平,以达到高产值、低消耗、多销售和少支出的目的。在我国的汽车市场营销实践中,市场调查是一个比较薄弱的环节,各企业应当注重加强市场调查的力度,并竭力提高市场调查结果的准确度。

3.1.2　汽车市场调查的内容

汽车市场调查的内容取决于市场预测的目标和经营决策的需要,涉及营销活动过程的各个方面。市场调查的内容是很广泛的,凡是有关市场营销的问题,只要进行系统的资料收集、整理、分析和预测,就属于市场调查的范畴。一般来说,汽车市场调查的内容涉及以下几个方面:营销环境调查、市场需求调查、市场竞争调查、汽车企业营销组合要素调查。

1. 营销环境调查

汽车营销环境调查是指对汽车市场营销的微观环境和宏观环境进行调查,以掌握环境变化对市场营销活动的影响,从而指导整个营销活动的组织、实施和调整。这里的营销环境调查以宏观环境因素为主,主要是从政治法律环境、经济环境、科学技术环境、社会文化环境、人口环境及自然环境六个方面进行调查(表 3.1)。任何市场都处于营销大环境中,这些环境是企业不能够改变的,只能适应。各个因素并不以汽车企业的意志而转移,因此首先要对汽车所处的环境进行调查,以便对这些不可控因素的特征有充分的了解,从而避免在经营中出现与周围环境相冲突的情况,并尽量利用环境中有利于汽车企业发展的因素,保证经营活动顺利进行。

表 3.1 汽车营销环境调查的主要内容

环境调研要素	说　明
政治法律环境	1. 调查政府有关汽车方面的方针、政策和各种法令、条例等可能影响汽车企业的诸多因素,如汽车价格政策、汽车税收政策等 2. 调查有关部门及其领导人、关键人的情况,对于公司开辟市场需要打交道的政府职能部门和单位,要通过调查找出各单位、各部门的关键人员
经济环境	1. 调查国家、地区或城市的经济特性,包括经济发展规模、趋势、速度和效益等 2. 调查所在地区的经济结构、人口及其就业状况、交通条件、基础设施情况、同行业竞争情况等 3. 调查一般利率水平、获取贷款的可能性以及预期的通货膨胀率等 4. 调查国民经济产业结构和主导产业的情况 5. 调查居民的收入水平、消费结构和消费水平等 6. 调查特定汽车类型的相关因素
科学技术环境	调查国内外新技术、新车型的发展速度、变化趋势、应用和推广等情况
社会文化环境	1. 调查当地社会的文化、风气、时尚、爱好、习俗、宗教等 2. 调查当地人普遍的文化水平 3. 调查当地的民族特点 4. 调查当地的风俗习惯
人口环境	1. 调查家庭结构、规模 2. 调查所在市场人口的性别、年龄等情况 3. 调查人口总量对汽车产品销售量的影响等
自然环境	1. 调查资源环境 2. 调查生态环境 3. 调查能源环境

2. 市场需求调查

汽车市场需求调查的目的在于了解消费者在一定时间内,对某种车型的需求量、需求时间以及市场占有面的宽窄,从而决定采取何种措施进入市场,或稳固已有的市场占有率,或进一步扩大市场占有率。汽车市场需求调查是汽车市场调查的最主要内容,其核心内容是调查汽车消费者的情况,主要包括汽车消费需求量调查、汽车消费结构调查、汽车消费者行为调查和潜在汽车市场调查。

(1) 汽车消费需求量调查

消费需求量直接决定市场规模的大小,影响需求量的因素有货币收入和产品是否适合目标消费群体两个方面。当估计汽车市场需求量时,要将人口数量和货币收入结合起来考虑。

(2) 汽车消费结构调查

消费结构是消费者将货币收入用于不同商品的比例,它决定了消费者的消费取向。对汽车消费结构的调查包括人口构成、家庭规模、收入增长状况、汽车供应状况以及价格的变化。

(3) 汽车消费者行为调查

通过调查来了解消费者的行为,使销售人员以积极主动的方法去影响消费者消费。

(4) 潜在汽车市场调查

通过调查来发现潜在汽车市场。调查渠道有驾驶学校、已有用户、目标群体、汽车修理场所、网络平台的统计数据等。

3. 市场竞争调查

汽车企业要想在激烈的市场竞争中处于有利地位,就要做到"知己知彼",就要对竞争者进行调查,一方面可以借鉴竞争者的长处和经验;另一方面又可以以此为依据确定企业的竞争策略,以达到"以己之长,克人之短"的功效。竞争者调查包括对某类汽车参与竞争企业的数量、规模、形象、市场占有率、经营管理水平、经营战略和竞争对策等的调研。一般来说,企业需要了解关于竞争者的五个方面的问题:

① 谁是我们主要的竞争者?
② 竞争者的主要战略是什么?
③ 竞争者的主要目标是什么?
④ 竞争者的优势和劣势是什么?
⑤ 竞争者的反应对策是什么?

4. 汽车企业营销组合要素调查

营销组合要素调查是汽车企业的周期性调查项目,由汽车产品调研、汽车价格调研、汽车分销渠道调研和汽车促销方式调研四个方面组成。

(1) 汽车产品调研

汽车产品调研包括对汽车新产品的设计、开发和试销,对现有汽车产品进行改良,对目标消费者在产品款式、性能、质量、包装等方面的偏好趋势进行预测。此外,定价是产品销售的必要因素,需要对供求形势及影响价格的其他因素的变化趋势进行调查。

(2) 汽车价格调研

汽车价格调研包括对汽车市场供求情况的变化趋势、汽车价格变动的因素及汽车价格的变动趋势进行预测,并对汽车企业各种不同的价格策略和定价方法对汽车价格的影响及价格变动后消费者的反应进行判断。

（3）汽车分销渠道调研

汽车分销渠道调研包括分销渠道的选择、控制与调整情况。

（4）汽车促销方式调研

汽车促销方式调研包括广告效果测定、公关活动及营业推广活动的市场绩效等。

在进行实际的市场调研过程中，汽车企业应该根据调研的主要目标选择其中的相关内容进行重点的、详细的调研。

3.1.3 汽车市场调查的程序

汽车市场调查一般可分为调查准备、调查实施和分析总结三个阶段，每个阶段又可分为若干个具体步骤。其主要程序如图 3.1 所示。

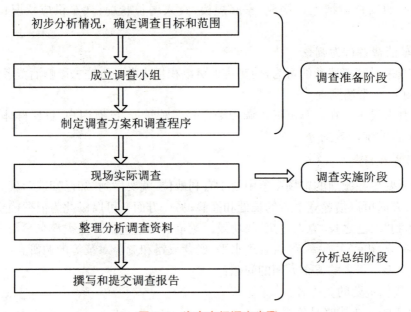

图 3.1　汽车市场调查步骤

1. 调查准备阶段

市场调查工作的前期准备阶段非常重要，准备工作的充分与否直接关系到整个调查工作的成败。

（1）初步分析情况，确定调查目标和范围

汽车市场调查的目的在于帮助汽车企业准确地制定经营战略，作出营销决策。在进行市场调查之前，企业应首先分析初步情况，明确调查目标，确定指导思想，限定调查范围。调查目标一般由企业营销综合职能部门提出，主管领导批准。调查目标和指导思想一经确立，在以后的调查活动中应始终围绕本次调查的总体目标和指导思想进行工作。

（2）成立调查小组

为了使调查工作有计划、有组织地进行，成立调查小组是必要的。其组成人员包括市场营销、规划、技术研究、经营管理、财务或投资等多个方面的人员。

（3）制定调查方案和调查程序

调查小组应根据调查的总体目标进行目标分解，做好系统设计，制定调查方案，确定调查方法与形式,并制定实施计划和阶段目标。制定实施计划是整个汽车市场调查过程中最复杂的阶段。它主要包括调查项目、调查方法、调查人员、调查费用、调查工作日程安排及监督检查、调查人员的工作考核等方面的内容。

2. 调查实施阶段

进行现场实际调查是市场调查的正式实施步骤。现场实际调查即按计划通过各种方式到调查现场获取一手资料。现场实际调查工作的好坏将直接影响调查结果的准确性。为了保证调查工作按计划顺利进行,并获得比较可靠的信息,企业必须重视现场调查人员的选拔与培训工作,而且要充分估计出调查过程中可能出现的问题,并建立报告制度,对问题及时予以妥善解决。

3. 分析总结阶段

(1) 整理分析调查资料

首先应对资料进行校核,剔除不必要的、不可靠的资料,以保证资料的可靠性和准确性。然后市场调查人员运用统计学方法对整理好的资料进行必要的分析,系统地制成各种计算表、统计表、统计图等,以便提供给有关人员作为参考。整理分析调查资料是一项繁琐而艰巨的工作,需要调查人员具备高度的责任心和耐心。现在可以采用计算机等先进手段来辅助信息处理。

(2) 撰写和提交调查报告

撰写和提交调查报告是整个调查工作的最后一个环节。调查报告可以体现市场调查的最终结果。因为调查报告通常是评价整个调查工作好坏的唯一标准,所以企业决策者通常会根据调查报告的结果来作出企业的经营决策。因此,要十分重视调查报告的撰写,必须写出准确、真实的调查报告,并能及时提交。在撰写调查报告时,要注意紧扣调查主题,力求客观、简单扼要并突出重点,使企业决策者一目了然。

3.2 汽车市场调查方法

3.2.1 文案调查法

文案调查法又叫间接调查法,是指通过收集各种历史和现实的动态统计资料(第二手资料),从中摘取与市场调查主题有关的情报,在办公室内进行统计分析的调查方法。在这种方法中,调查人员通常向有关方面索取资料,或从网络中搜寻资料,或通过简报、摘录等方式获得资料。其特点是花费时间少、费用低,但难以得到第一手资料,且资料有一定的滞后性。

文案调查应围绕调查主题,收集一切可以利用的现有资料。从一般线索到特殊资料,这是每个调查人员收集情报的必由之路。当正式着手调查时,调查人员寻找的第一类资料是提供总体概况的资料,包括基本特征、一般结构、发展趋势等。随着调查的深入,资料的选择性会越来越多,资料也会越来越详细,这个原则也适用于寻找具体事实的调研活动。

文案调查要求调查人员有较扎实的理论知识、较深的专业技能,否则在工作中将力不从心。此外,由于文案调查所收集的文案的准确度较难把握,有些资料是由专业水平较高的人员采用科学的方法收集和加工的,准确度较高,而有的资料只是估算和推测出来的,准确度较低。因此,应明确资料的来源并加以说明。

知识延展 3.1

二手资料的主要来源

你知道二手资料的主要来源吗?
1. 企业内部积累的各种资料,如业务记录、统计报表、工作总结等。
2. 国家机关公布的国民经济发展计划、统计资料、政策法规、内部文件等。
3. 各行业协会、联合会提供的资料。
4. 国内外公开的出版物,如报纸、杂志、书籍及新闻报道、消息评论、调研报告等。
5. 各研究单位、学会、专业情报机构和咨询机构提供的市场情报和研究成果。
6. 企业之间交流的有关资料等。

(资料来源:杜淑琳.市场营销模块化教程[M].合肥:中国科学技术大学出版社,2010.)

3.2.2 观察调查法

观察调查法是由调查人员到各种现场进行观察和记录的一种市场调查方法。在观察时,调查人员既可以耳闻目睹现场情况,也可以利用照相机、录音机、摄像机等设备对现场情况进行间接观察,以获取真实的信息。观察法的主要优点是因被调查者没有意识到自己正在接受调查,一切动作均极其自然,准确性较高;其主要缺点是观察不到内在的因素,有时需要进行长时间的观察方能得到结果。

与被访问者面谈调查不同的是,观察调查法主要观察人们的行为、态度和情感。它是一个不通过提问或者交流而系统地记录人、物体或者事件的行为模式的过程。当事件发生时,运用观察技巧的调查人员应见证并记录信息,或者根据以前的记录编辑、整理证据。成功使用观察调查法,并使其成为市场调查中数据收集的工具,必须具备如下条件:一是所需要的信息必须是能观察到并能够从观察的行为中推断出来的;二是所观察的行为必须是重复的、频繁的或可预测的;三是被调查的行为是短期的,并可获得结果的。

3.2.3 实验调查法

实验调查法是指先在一定的小范围内进行实验,然后再研究是否大规模推广的市场调查方法。汽车商品在改变品质、设计、价格和广告等因素时,可应用此调查法,先作一个小规模的实验性改变,以调查消费者的反应。这种调查方法的优点是使用的方法科学,具有客观性;缺点是实验时间过长,成本较高。

3.2.4 访问调查法

访问调查法是对所要调查的事项,以一定的方式向被调查者提出询问,以获取所需资料的调查方法。根据调查人员与被调查者的接触方式不同,访问调查法又分为问卷调查法、面谈调查法、电话调查法和网上调查法四种。访问调查法是被广泛使用的一种直接调查方法。

1. 问卷调查法

问卷调查法是目前最常使用的、最灵活的一种调查方法。它是根据事先准备好的问卷向被调查者进行调查的一种方法。问卷调查又分为现场问卷调查、邮寄问卷调查和留置问卷调查三种形式。邮寄问卷调查是将预先设计好的询问表格邮寄给被调查者,请他们按表格要求填写后寄回;留置问卷调查是由调查人员将问卷交给被调查者自行填写,然后由调查人员定期收回。调查问卷是问卷调查的重要工具,问卷的设计是问卷调查的关键,它有一定的要求和基本格式。

> **同步思考 3.2**
> 上述汽车市场调查方法你认为哪种方法最常用?哪种方法最有效?

2. 面谈调查法

面谈调查法指调查人员与被调查者面对面地询问有关问题,从而取得第一手资料的调查方法。这种方法具有回收率高、信息真实性强、收集资料全面的优点,但所需费用高,调查结果易受调查人员业务水平和态度的影响。面谈调查法按被调查者人数的多少又分为个人访问和集体座谈两种形式。对于个人访问,又按照访问的地点和形式不同,分为入户访问和拦截访问。

3. 电话调查法

电话调查法是指使用电话进行询问的调查方法。调查人员事先准备一份问卷,在电话访问的过程中用铅笔随时记下答案。这种调查方法的优点是可在短时间内调查多数样本,成本较低;缺点是不易获得对方的合作,不能询问较为复杂的内容。

4. 网上调查法

网上调查法是指在互联网上针对特定的营销问题进行调查设计、收集资料和初步分析的市场调查方法。利用互联网进行市场调查有两种方式:一是利用互联网直接进行问卷调查等收集第一手资料;另一种方式是利用互联网的媒体功能,从互联网上收集第二手资料。这里的网上调查指的是第一种形式,其优点是组织简单、费用低廉、不受时空限制,且可使用便捷的、多样化的多媒体问卷;缺点是样本缺乏代表性,存在安全性问题,互联网存在无限制样本的问题,即无法限制被调查者重复填写问卷。

以上几种市场调查方法的比较说明见表 3.2。

表 3.2 以上几种市场调查方法的比较说明

汽车市场调查方法	优 缺 点		来 源	备 注
	优 点	缺 点		
文案调查法	不受时间和空间的限制,不受主观因素干扰,信息客观、真实。花费时间少、费用低	时效性差,资料分析处理的难度较大。真实性难以判断,难以得到第一手资料	企业内部资料:会计数据、进货统计、销售报告等;外部资料:政府机构、行业协会等的统计资料	辅助调查方法

续表

汽车市场调查方法	优缺点		来源	备注
	优 点	缺 点		
观察调查法	被调查者行为真实，所得资料反映实际	不容易观察到被调查者的内心世界，用时较长	调查现场	一般应用于车型保有量、汽车营销展厅现场、车辆库存等方面的调查
实验调查法	比较科学，具有客观性	实验时间较长，条件受限，成本高	在市场实验过程中收集的数据	改变产品的品质、设计、价格、陈列方式等因素
访问调查法	灵活性及针对性强	范围小，受局限，样本选择影响大	调查问卷、面谈、电话访谈、网上资料	目前应用最为广泛

> **同步思考 3.3**
> 说一说大数据时代下的市场调查方法。

3.3 汽车市场调查问卷设计

无论使用何种市场调查方法，问卷是常采用的方式之一。调查问卷设计又称调查表的设计，是通过精心设计的一组问题来征求被调查者的答案，并从中筛选出调查人员想了解的问题及答案。问卷中的问题设计、提问方式、问卷形式等，都直接关系到能否达到市场调查的目标。

> **同步思考 3.4**
> 你有做过调查问卷的经历吗？你知道调查问卷由几部分构成吗？

问卷调查是目前广泛采用的调查方式，即首先由调查机构根据调查目的设计各类调查问卷，然后采取抽样的方式(随机抽样或整群抽样)确定调查样本，通过调查人员对样本的访问，完成事先设计的调查项目，最后由统计分析得出调查结果的一种方式。它严格遵循概率与统计原理，因而，调查方式具有较强的科学性，同时也便于操作。这一方式对调查结果的影响，除了样本选择、调查人员素质、统计手段等因素外，问卷设计水平也是其中一个前提条件。为了设计一份受欢迎的调查表，设计者不仅要懂得市场营销的基本原理和技巧，还要具备社会学、心理学等知识。

3.3.1 调查问卷的构成

不同的调查问卷在基本结构、题型、措辞和版式等方面的设计上会有所不同，但总的来说，一份完整的调查问卷一般由开头、正文和结尾三个部分组成。

1. 调查问卷的开头

调查问卷的开头主要包括问候语、填表说明和问卷编号。问候语应亲切、诚恳、有礼貌，并说明调查目的、调查人员身份、保密原则以及奖励措施，以消除被调查者的疑虑，调动他们的参与热情。

2. 调查问卷的正文

这一部分是调查问卷的核心部分，也是调查问卷中最重要的部分。它包括所要调查的全部问题，主要是以提问的形式提供给被调查者，这部分内容设计得好坏，直接影响整个调查的价值。

（1）收集资料部分

收集资料部分是调查问卷的主体，也是使用调查问卷的目的所在。其内容主要包括调查所要了解的问题和备选答案。显然，这部分内容是问卷设计的重点。

（2）被调查者的有关背景资料

被调查者的有关背景资料是问卷正文的重要内容之一。被调查者往往对这部分问题比较敏感，但这些问题与研究目的密切相关，必不可少，如个人的年龄、性别、文化程度、职业、职务、收入等，家庭的类型、人口数、经济情况等，单位的性质、规模、行业、所在地等，具体的内容要依据调查人员先期的分析设计而定。

3. 调查问卷的结尾

调查问卷的结尾可以设置开放题，征询被调查者的意见、感受，或是记录调查情况，也可以是感谢语及其他补充说明。

3.3.2　问卷的类型

问卷的类型可以从不同的角度进行划分。如按问题答案划分，可分为结构式、半结构式、开放式；如按调查方式划分，可分为自填问卷和访问问卷；如按问卷用途划分，可分为甄别问卷、调查问卷和回访问卷等。下面将介绍前两种划分方式。

1. 按问题答案划分

问卷可分为结构式、半结构式、开放式三种基本类型。

（1）结构式

结构式通常也称为封闭式或闭口式。这种问卷的答案是调查人员在问卷上早已确定的，由被调查者认真选择一个答案画上圈或打上钩就可以了。

（2）半结构式

半结构式问卷介于结构式和开放式两者之间，问题的答案既有固定的、标准的，也有让被调查者自由发挥的，吸取了两者的长处。这类问卷在实际调查中运用得比较广泛。

（3）开放式

开放式问卷也称开口式问卷。这种问卷不设置固定的答案，让被调查者自由发挥。

2. 按调查方式划分

问卷可分为自填问卷和访问问卷。

自填问卷是由被调查者自己填答的问卷。访问问卷是访问员通过拜访被调查者，由访问员填答的问卷。

自填问卷由于发送方式的不同又可分为发送问卷和邮寄问卷两类。发送问卷是由调查人员直接将问卷送到被调查者手中,并由调查人员直接回收的调查形式。而邮寄问卷是由调查单位直接将问卷邮寄给被调查者,被调查者自己填答后,再邮寄回调查单位的调查形式。

这几种调查形式的特点是:访问问卷的回收率最高,填答的结果也最可靠,但是成本高、费时长,这种问卷的回收率一般要求在90%以上;邮寄问卷回收率低,调查过程不能控制,因此可信性与有效性都较低。而且由于回收率低,会导致样本出现偏差,影响样本对总体的判断。一般来讲,邮寄问卷的回收率在50%左右就可以了。

3.3.3　调查问卷的设计技巧

1. 调查问卷设计的基本原则

① 紧扣调查主题。
② 上下连贯,各问题间要有一定的逻辑性。
③ 设计被调查者愿意回答的问题。
④ 被调查的问题要方便回答。
⑤ 问题要有普遍性。
⑥ 问题界定要准确。
⑦ 问题不应带有引导性。
⑧ 便于整理统计与分析。

2. 调查问卷设计的注意事项

在设计调查问卷时,设计者应该注意以下要求:
① 问卷不宜过长,问题不能过多,一般控制在20分钟左右回答完毕。
② 要能够得到被调查者的密切合作,充分考虑被调查者的身份背景,不要提被调查者不感兴趣的问题。
③ 要有利于使被调查者作出真实的选择,因此答案切忌模棱两可,使被调查者难以选择。
④ 不能使用专业术语,也不能将两个问题合并为一个,以免得不到明确的答案。
⑤ 问题的排列顺序要合理,一般先提出概括性的问题,逐步启发被调查者,做到循序渐进。
⑥ 应将比较难回答的问题和涉及被调查者个人隐私的问题放在最后。
⑦ 提问时不能有任何暗示,措辞要恰当。
⑧ 为了有利于数据统计和处理,调查问卷最好能直接被计算机读入,以节省时间和提高统计的准确性。

3. 调查问卷的提问技术

(1) 封闭式提问

封闭式提问是指在调查问卷中已拟定了各种可能的答案,被调查者只能从中选择。这种提问方式的优点是被调查者回答容易,所得资料较为准确,因而成为目前问卷调查中提问的主要方式。封闭式问题的常用词汇包括:有没有、对不对、是不是、会不会、可不可以等。

例如：您是否已经购车？（两个选项中选一个回答）

（2）开放式提问

开放式提问是指调查的问题不列出答案，由被调查者根据自己的体会或看法随意填写。其优点是设计问题容易，如"您对纯电动汽车有何看法？"这种提问方法可以得到被调查者建设性的意见。缺点也非常明显，被调查者不易回答，而且还受被调查者的文化水平、态度等的影响，有可能得不到准确的信息。

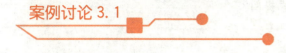

案例讨论 3.1

顾客购车因素调查问卷

尊敬的顾客朋友，您好！

我们是上海大众服务有限公司。为了更好地为您服务，我们十分想听听您在购车时考虑的因素，感谢您在百忙中予以配合。祝您新春愉快，万事如意！谢谢您的支持！

填写说明：请在选项上打钩。

1. 若您购车，考虑的价格是多少？
   A. 6万元以下   B. 6万元左右   C. 8万元左右   D. 10万元左右
   E. 15万元左右   F. 20万元左右   G. 20万元以上

2. 您喜欢的轿车的颜色是什么？
   A. 红色   B. 黄色   C. 蓝色   D. 黑色   E. 绿色   F. 橙色
   G. 棕色   H. 灰色   I. 紫色   J. 白色   K. 其他

3. 您喜欢的车型是什么？
   A. 三厢轿车   B. 两厢轿车   C. 旅行车   D. 四驱车
   E. 微型车   F. 经济型MPV车

4. 您对整车长度的要求是什么？
   A. 3.8米以内   B. 4米以内   C. 4.2米左右
   D. 4.4米左右   E. 4.8米以内

5. 您喜欢的配置是什么？
   A. 带ABS和双气囊   B. 带ABS，无气囊   C. 有气囊，无ABS
   D. 无气囊，无ABS   E. 更好的配置

6. 您的个人及家庭情况：
   （1）性别：□男　□女
   （2）联系方式（发奖的依据）：
   （3）所在地区：　　　　　　　邮编：
   （4）联系地址：
   （5）电子邮箱：　　　　　　　固定电话（写明区号，没有可不填）：
   （6）您的年龄：□25岁以下　□25～30岁　□31～40岁　□41～50岁
               □51～60岁　□60岁以上
   （7）您的学历：□硕士及以上　□大学本科　□大专　□中专及高中　□高中以下

(8) 您的家庭年收入：□20000 元以下　□20000～50000 元　□50000～100000 元
　　　　　　　　　□100000～200000 元　□200000～400000 元　□400000 元以上
(9) 您所从事的职业：
(10) 您所在单位的性质：□国有企业　□国有事业单位　□外企独资　□中外合资
　　　　　　　　　　　□私人企业　□股份公司　□自由职业者　□其他

（资料来源：宋润生，韩承伟.汽车营销基础与实务[M].北京：机械工业出版社，2017.）

问题：
1. 此调查问卷属于开放式提问还是封闭式提问？
2. 调查问卷设计中的注意事项有哪些？

3.4　汽车市场营销预测

3.4.1　市场预测的概念

预测是对某一事物未来发展趋势的预计与推测。具体地说，就是根据事物过去和现在的资料，运用一定的科学方法和逻辑推理，对其未来的发展趋势进行预计和推测，定性或定量地预测事物发展的规律，并对此作出评价，以指导或调节人们未来的行动和方向。市场预测是在市场调查的基础上，运用科学的方法，推测未来一定时期内市场供求变化影响市场营销的因素，从而为营销决策提供科学的依据。

市场预测是企业进行经营决策的重要前提条件，是企业制定经营计划的重要依据。市场预测可以使企业更好地适应市场的变化，提高企业的竞争能力，可为市场营销指明方向。市场预测的意义还可以用图形象地表达（图 3.2）。

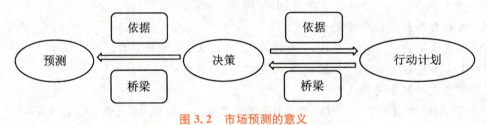

图 3.2　市场预测的意义

3.4.2　汽车市场预测的步骤

汽车市场预测的步骤如图 3.3 所示。

图 3.3　汽车市场预测的步骤

1. 确定预测目标

在预测之前首先要明确预测什么，通过预测要解决什么问题，进而明确预测目标。同时还应规定预测的期限和进程、划定预测的范围等。

2. 收集、分析、整理资料

收集、分析和整理资料是指围绕预测目标收集相关资料，然后对资料进行有效的分析整理。预测所需资料包括与预测对象有关的各种因素的历史统计数据资料和反映市场动态的现实资料。其中，市场调查资料是一个重要的信息来源。收集、分析和整理资料是预测工作的重要一环，因为只有正确、充分地"总结过去"，才能正确地"推测未来"。相关资料的收集要注意广泛性、适用性和可靠性。

3. 选择预测方法

市场预测应根据预测目标和占有的资料选择适当的预测方法。预测的方法与模型有很多，各有其预测的对象、范围和条件，应根据预测的问题的性质、占有资料的多少、预测成本的高低，选择一种或几种方法。

4. 进行预测，写出预测报告

运用选定的预测方法进行预测，得出预测结果，并要及时地将预测结果写成预测报告。报告中，表述预测结果应简单、明确，对结果应作解释性说明和充分论证，包括对预测目标、预测方法、资料来源、预测过程的说明，以及预测检验过程和计算过程。

5. 分析误差并追踪检查

预测是对未来事件的预计与推测，很难与实际情况完全吻合，因此要对预测结果进行判断、评价，并且要进行误差分析，找出误差原因并判断误差的大小，若预测模型得出的预测数量结果误差较大，则可考虑其他更适合的预测方法，以得到较准确的预测值。

3.4.3 市场预测的方法

迄今为止，预测理论产生了很多预测方法，目前有近400种，但常用的方法并不多。预测方法大体可分为两大类：一类是定性预测方法，即质的预测方法；另一类是定量预测方法，即量的预测方法。前者容易把握事物的发展方向，对数字的要求不高，能节省时间，费用少，便于推广，但往往带有主观片面性，数量不明确；后者则相反。人们在实际预测活动中往往将两种方法结合起来，且定量预测的结论必须接受定性分析的指导。唯有如此，才能更好地把握汽车市场的变动趋势。

1. 定性预测方法

定性预测方法又称判断分析预测法，是一种由预测者根据已有的历史资料和现实资料，依据个人经验、知识和综合分析能力，对未来的市场发展趋势作出估计和测算的方法。从本质上看，它属于质的预测方法。定性预测方法比较适合用来对预测对象未来的性质、发展趋势和发展转折点进行预测，适于数据缺乏的预测场合，如技术发展预测、处于萌芽阶段的产业预测、长期预测等。定性预测的方法易学易用，便于普及推广，但它依赖于预测人员本身的经验、知识和技能素质。不同的预测人员对同一问题的预测结论往往会有较大差别。常见的定性预测方法如下：

(1) 德尔菲法

德尔菲法是20世纪40年代末由美国兰德公司首创并使用的，是一种在西方发达国家广泛盛行的预测方法。如今，这种方法已经成为国内外广泛应用的预测方法，它可以用于技术预测和经济预测、短期预测和长期预测。对于缺乏统计数据而又需要对很多相关因素的影响作出判断的领域，更适合用德尔菲法进行预测。其大致流程为：在对所要预测的问题征得各位专家的意见之后，进行第二次整理、归纳、统计，再匿名反馈给各位专家，再次征求意见，再集中，再反馈……如此循环往复，经过几轮预测后，各位专家的意见便趋于一致，或者更为集中，组织者便以此作为预测结果。由于这种方法能使参与预测的各位专家能够"背靠背"地充分发表自己的看法，不受权威人士态度的影响，因而保证了预测活动的民主性和科学性。在采用德尔菲法进行预测的过程中，选择专家与设计意见征询表是两个重要的环节，它们是德尔菲法成败的关键。

(2) 集合意见法

集合意见法就是集合企业内部经营人员、业务人员等的意见，凭他们的经验和判断共同讨论市场趋势而进行市场预算的方法。由于经营管理人员、业务人员等对市场的需求和变化较为熟悉，因而他们的判断往往能反映市场的真实趋势。该种方法首先由预测的组织者根据企业经营管理的要求，向研究问题的有关人员提出预测项目和预测期限的要求，并尽可能提供有关资料。其次，有关人员根据预测的要求及所掌握的资料，凭个人经验和分析判断能力，提出各自的预测方案。再次，预测的组织者计算有关人员预测方案的方案预测值，并将参与预测的有关人员进行分类，计算各类综合期望值。最后，确定最终的预测值。

(3) 转导法

转导法也称经济指标法。它是根据政府公布或调查所得的经济预测指标，转导推算出预测结果的市场预测方法。这种方法以某种经济指标为基础进行预测，不需要复杂的数学计算，因而是一种简便易行的方法，可得出一个比较统一的预测结果供决策者参考。

(4) 类推法

类推法指应用相似性原理，把预测目标同其他类似的事物加以对比分析，推断其未来发展趋势的一种定性预测方法。它一般适用于开拓市场，预测潜在购买力和需求量以及处于增长期的商品销售量等，适合于较长期的预测。

定性预测方法还有社会（用户）调查法（即面向社会公众或用户展开调查）、小组讨论法（会议座谈的形式）、单独预测集中法（先由预测专家独立提出预测看法，再由预测人员予以综合）、领先指标法（利用与预测对象关系甚密的某个指标变化对预测对象进行预测，如通过对投资规模的监控来预测汽车需求量及需求结构）、主观概率法（预测人员对预测对象未来变化的各种情况作出主观概率估计）等。

总之，随着社会经济及科学技术的发展，预测方法也在不断发展和完善，汽车市场营销的预测人员应不断加强理论学习，并通过预测总结出一些实用的方法。

2. 定量预测方法

定量预测方法又称统计预测法，是一种根据掌握的大量数据资料，运用统计方法和数学模型近似地揭示预测对象的数量变化程度及其结构关系，并据此对预测目标作出量的测算的方法。在使用定量预测方法时，要与定性预测方法结合起来，才能取得良好的效果。汽车市场的定量预测方法一般有：

(1) 时间序列预测法

时间序列是指某种社会经济统计指标下同一变量的一组观察数值按时间先后顺序排列而成的数列。根据时间序列分析社会经济现象发展变化过程的规律,测定其发展变化的趋势和程度,运用一定的数学方法构建预测模型,并据此确定市场预测值的方法,称为时间序列预测法。它具有以下特点:

① 假定事物的过去会同样延续到未来。
② 时间序列的数据变动同时存在着规律性和不规律性。
③ 不考虑市场发展的因果关系。

为确保对经济现象发展过程及其规律性进行动态分析的正确性,保证时间序列中各数值之间具有可比性是十分重要的。因此,在编制时间序列的过程中,应尽量做到总体范围、时间单位、指标的经济内容、指标的计算方法和计算单位等一致。

时间序列预测模型有很多种,较常用的有简单平均法、移动平均法和指数平滑法。

(2) 因果预测法

因果预测法是利用经济现象之间的内在联系和相互关系来推算未来的变化,根据历史资料的变化趋势配合直线或曲线,用来代表相关现象之间的一般数量关系的分析预测方法。它用数学模型来表达预测因素与其他因素之间的关系,是一种比较复杂的预测技术,理论性较强,预测结果比较可靠。因果预测法中最常用的有回归预测模型和经济计量预测模型。

项目小结

1. 汽车市场调查是指对汽车用户及其购买能力、购买动机、购买习惯、未来购买动向和同行业竞争情况等方面进行了解的过程。具体来说,汽车市场调查,就是以汽车消费群体为特定的调查对象,发现汽车企业营销中存在的问题,用科学的方法、客观的态度对相关信息与资料进行系统的收集、记录、整理和分析,从而掌握市场的发展现状及其发展趋势的一种经营活动。

2. 汽车市场调查的特点:调查目标的明确性、调查方法的科学性、资料收集的经济性;调查内容和结果的保密性、市场调查结果的多样性。

3. 汽车市场调查的主要内容包括营销环境调查、市场需求调查、市场竞争调查、汽车企业营销组合要素调查。

4. 汽车市场的调查程序一般可分为调查准备、调查实施和分析总结三个阶段。

5. 汽车市场调查的四种方法:文案调查法、观察调查法、实验调查法、访问调查法。

6. 不同的问卷在基本结构、题型、措辞和版式等方面的设计上会有所不同,但总的来说,一份完整的问卷一般由开头、正文和结尾三个部分组成。

7. 市场预测是在市场调查的基础上,运用科学的方法,推测未来一定时期内市场供求变化影响市场营销的因素,从而为营销决策提供科学依据。定性预测方法包括德尔菲法、集合意见法、转导法和类推法;定量预测方法包括时间序列预测法和因果预测法。

知识巩固

单选题

1. 对目标顾客在汽车款式、性能、配置等方面的偏好趋势进行调研,这属于(　　)。
   A. 市场需求调研　　　　　　　　B. 汽车产品调研
   C. 营销活动调研　　　　　　　　D. 竞争者调研
2. 市场调查是企业市场营销活动的(　　)。
   A. 起点　　　　B. 终点　　　　C. 中间环节　　　　D. 边缘工作
3. 对产品使用对象按其具有同类性进行划分,确定若干细分市场,然后对各个细分市场根据主要影响因素,建立需求预测模型的预测方法是(　　)。
   A. 定量预测方法　　　　　　　　B. 时间序列法
   C. 因果预测法　　　　　　　　　D. 市场细分预测法
4. 网络调查的优点包括组织简单方便、(　　)、匿名性好、不受时空限制。
   A. 费用比较低廉　　　　　　　　B. 费用昂贵
   C. 数据质量较低　　　　　　　　D. 速度慢
5. 德尔菲法预测的关键环节是(　　)。
   A. 组织严密　　　　　　　　　　B. 轮询次数的多少
   C. 选择合适的专家　　　　　　　D. 专家的独立性和保密性
6. 大数据主要是指(　　)。
   A. 数据的体积较大　　　　　　　B. 数据的来源多样、数量与形式庞杂
   C. 大写的数据　　　　　　　　　D. 许多企业的数据
7. 市场调查的出现与(　　)有密切关系。
   A. 市场经济的发展　　　　　　　B. 计划经济的发展
   C. 政府推动　　　　　　　　　　D. 企业自发行动
8. 从市场调查工作流程的规范性与业务的专业性来讲,(　　)显然要优于企业内部的市场研究部门。
   A. 社会专业市场调查公司　　　　B. 政府部门
   C. 大学校园　　　　　　　　　　D. 企业市场部

多选题

1. 汽车市场调查的内容主要包括(　　)。
   A. 市场环境调查　　B. 市场需求调查　　C. 市场营销活动调查
   D. 竞争者调查　　　E. 营销人员调查
2. 按调查性质分,市场调查的类型有(　　)。
   A. 探索性调查　　　B. 描述性调查　　　C. 因果关系调查
   D. 预测性调查　　　E. 系统性调查
3. 市场调查过程可分为(　　)。
   A. 调查准备　　　　B. 调查实施　　　　C. 资料整理

D. 调查报告　　　　　E. 总结汇报

4. 市场预测的特点包括(　　)。

A. 科学性　　　　B. 近似性　　　　C. 服务性

D. 局限性　　　　E. 可靠性

5. 下列属于定性预测法的有(　　)。

A. 集合意见法　　　B. 专家意见法　　　C. 指标法

D. 时间序列预测法　　E. 加权算术平均法

判断题

1. 汽车市场调查的核心问题是发现消费者的需求。(　　)

2. 为了追求形式美观,市场调查方案可以牺牲一些实用性。(　　)

3. 从市场调查工作流程的规范性与专业性来讲,企业内部的市场研究部门要优于社会上的专业市场调查公司。(　　)

4. 定量预测要比定性预测更科学、精确。(　　)

5. 定性预测方法比定量预测方法更容易掌握,且不需预测者较系统地掌握数理和统计分析方面的学科知识和技能。(　　)

(扫一扫,答案在这里!)

综合案例

福特"野马"成功之道

1964年,福特汽车公司推出的新产品"野马"轿车,取得了轰动一时的成功,两年内为福特公司创造了11亿美元的纯利润。这与其独特周密的营销策划是分不开的。福特汽车公司分部总经理李·艾柯卡在仔细分析了市场状况之后,制定了一整套推出野马汽车的营销策略,令人瞩目的销售业绩使他也获得了"野马之父"的称号。

福特汽车公司首先做的是市场调查并选择目标市场。1962年,李·艾柯卡就任福特汽车公司分部总经理后,对整个汽车市场营销环境进行了充分的调查与研究。

第二次世界大战以后,生育率激增,此后十年的人口平均年龄急剧下降,20~24岁年龄组人口增长50%,购买新车的18~34岁的年轻人占到一半。根据这一信息,李·艾柯卡预见到今后十年的汽车销售量将会大幅度增长,而对象就是年轻人。

随着人们受教育程度的提高,消费模式也在改变。妇女和单身顾客的数量增加,拥有两辆汽车的家庭也越来越多,人们愿意把更多的钱花在娱乐上。人们正在追求一种样式新颖的轻型豪华车。

李·艾柯卡在欧洲了解了当时福特汽车公司的汽车销售情况后，根据市场调查信息提出了一个新的目标市场，适合这个市场的车应当是：车型要独树一帜，容易辨认；为便于妇女和新学驾驶汽车的人购买，要容易操纵；为便于外出旅行，要有行李箱；为吸引年轻人，外形要像跑车，而且要胜过跑车。

福特汽车公司根据其目标市场进行产品设计。通过以上调查，福特汽车公司的设计专家们开始行动。李·艾柯卡授意车型经理和生产经理进行车型设计，指出这种新车一定要兼具样式好、性能强、价格低三大特色。这种车应当是小型的，但又不能太小，必须能容下4个人；它必须是轻型的，重量不能超过2500磅；价钱方面，要带有全套自选设备而不能超过2500美元。新车命名为"野马"，这是一个激动人心的地道的美国名字。美国人对第二次世界大战中野马式战斗机的名字印象极为深刻，用"野马"作为新型车的名字，不仅能显示出车的性能和速度，而且很符合美国人的个性。

福特汽车公司下一步的工作是为"野马"车制定价格。新车试制小组在底特律选了52对中等收入的青年夫妇，请他们到福特展厅来品评新车。白领夫妇对新车的造型表示满意，蓝领夫妇则把"野马"看作他们追求的地位和权势的象征。李·艾柯卡请他们为新车估价，几乎所有人都估计约10000美元，并表示家中已有车，将不再购买这种车。当李·艾柯卡宣布车价在2500美元以内时，他们十分惊讶，都表示将购买这种能显示身份和地位的新车。在研究了消费者的心理之后，李·艾柯卡把车价定在2368美元，并开始制定下一步的营销策略，为打开"野马"车的销路作精心的策划。

接下来，福特汽车公司开始进行新车上市的促销活动。福特汽车公司在正式推出"野马"车之时，采用了多种多样具有轰动效应的促销手段，真可谓奇招迭出。在"野马"车正式投放市场的前四天，福特汽车公司邀请了报界100多名新闻记者参加从纽约到墨尔本的70辆"野马"车大赛，这些车飞驰1000多千米无一发生故障，证实了"野马"车的可靠性。

"野马"车之所以成功，关键就在于其符合市场需求。其成功就在于公司决策者能正确地在市场调查的基础上进行市场细分，并在细分的基础上找准了目标市场，最后能针对目标市场的特殊性进行产品定位和价格定位。有需求才有市场，但现代市场上的需求已不同于以前，需求的层次性已越来越明显，因此，正确运用STP(S为Segmenting，代表市场细分；T为Targeting，代表目标市场；P为Positioning代表市场定位)营销策略已成为现代市场营销取得成功的关键，这也是"野马"车营销成功带给我们的启发。成功的STP营销策略也离不开市场调查及其他市场组合策略的相互呼应。

（资料来源：吴常红.汽车营销基础与实务[M].北京：北京邮电大学出版社，2016.）

问题：
1. 根据案例说一说什么是市场调查？
2. 为什么要进行市场调查？
3. 试分析案例中的市场调查对企业的重要作用。

项目工单

任务: 汽车品牌客户满意度调查。	姓名:	指导教师:
	班级:	组别:

1. 目的与要求

实训目的:

(1) 走出课堂,了解汽车各品牌的市场营销情况;

(2) 学会运用网络和实地调查的方法调研、收集某品牌轿车的相关资料,对当地某个品牌轿车的销售情况进行分析,并发表自己的观点;

(3) 培养团队合作精神,锻炼灵活运用知识的能力。

实训要求:

(1) 实训以小组为单位完成,每个小组选定一个汽车品牌;

(2) 各小组制定调查方案(确定调查目标、制定调查计划)、设计问卷、发放问卷、整理与分析问卷、拟定调查报告;

(3) 各小组将调查结果以 PPT 的方式呈现,小组成员共同制作 PPT。

2. 组织与计划

3. 任务实施

4. 归纳总结

5. 评价(优秀、良好、合格、不合格)

自我评价:	小组评价:

教师评价:

项目 4

汽车市场购买行为分析

学习目标

1. 知识目标

（1）掌握汽车市场的分类及特点；
（2）熟悉汽车消费者购买行为的类型；
（3）掌握汽车消费者购买决策的内容和过程；
（4）掌握影响消费者购买行为的因素；
（5）熟悉不同汽车消费者的购买行为；
（6）了解汽车组织市场的分类及特点；
（7）掌握汽车组织用户的购买决策行为与过程；
（8）掌握影响汽车组织市场购买行为的因素。

2. 能力目标

（1）能够熟练鉴别客户购买类型，迅速掌握客户心理，指导汽车消费者和组织汽车用户的购买行为顺利完成；
（2）能够根据市场购买决策过程及影响因素，结合营销其他相关理论，制定并实施相应的营销策略。

3. 素养目标

通过本项目的学习，掌握影响汽车消费者市场购买行为的文化因素，深度了解我国传统文化元素在自主汽车品牌中的运用，进一步增强学生对中国传统文化的自信。

思维导图

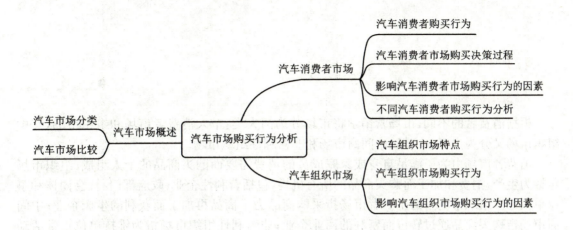

开篇案例

乔·吉拉德的故事

一天,一位中年妇女从对面的福特汽车销售商行走进了乔·吉拉德的汽车展销大厅。

她说自己很想买一辆白色的福特车,就像她表姐开的那辆,但是福特汽车销售行的经销商让她过一个小时之后再去,所以先到这儿来瞧一瞧。

"夫人,欢迎您来看我的车。"乔·吉拉德微笑着说。

妇女兴奋地告诉他:"今天是我55岁的生日,想买一辆白色的福特车送给自己作为生日礼物。"

"夫人,祝您生日快乐!"乔·吉拉德热情地祝贺道。随后,他轻声地向身边的助手交代了几句。

乔·吉拉德领着夫人从一辆辆新车前慢慢走过,边看边介绍。在来到一辆雪佛莱车前时,他说:"夫人,您对白色情有独钟,瞧这辆双门式轿车,也是白色的。"

就在这时,助手走了进来,把一束玫瑰花交给了乔·吉拉德。他把这束漂亮的花送给了夫人,并再次对她的生日表示祝贺。

那位夫人感动得热泪盈眶,非常激动地说:"先生,太感谢您了,已经很久没有人给我送过礼物了。刚才那位福特汽车的推销商看到我开着一辆旧车,一定以为我买不起新车,所以在我提出要看一看车时,他就推辞说需要出去收一笔钱,我只好上您这儿来等他。现在想一想,也不一定非要买福特汽车不可。"

后来,这位妇女在乔·吉拉德那儿买了一辆白色的雪佛兰轿车。

问题:

1. 请问这位妇女属于什么购买类型的客户?
2. 影响这位妇女购买汽车的主要因素有哪些?
3. 根据案例说一说女性消费者购买汽车的行为特征。

4.1 汽车市场概述

4.1.1 汽车市场分类

1. 市场分类

根据消费者的不同,市场营销学将市场分为两大类:个人消费者市场和组织市场,其中组织市场又分为生产者市场、中间商市场和非营利性组织市场。

消费者市场由为了满足自身或家庭成员的消费需要而购买商品的个人组成;组织市场包括为生产、消费和加工而购买商品的所有机构,包括营利性企业、政府部门、社会团体和事业单位等。组织市场中的生产者市场指采购商品为了商品再加工而获利的生产企业;中间商市场指购买商品通过转售而营利的商业企业;非营利性组织市场指为维持单位正常活动而购买商品的政府机构、事业单位和社会团体。

> **同步思考 4.1**
> 你知道消费者市场与组织市场有何关联吗?

2. 汽车市场分类

汽车市场的分类与市场的分类一致,分为汽车消费者市场和汽车组织市场。汽车组织市场又分为汽车生产者市场、汽车中间商市场和非营利性组织市场。

汽车消费者市场主要指购买汽车的个人和家庭;汽车生产者市场指购买汽车零部件的汽车制造企业;汽车中间商市场指销售汽车成品、二手车、汽车零部件的汽车贸易公司、汽车维修公司等;汽车非营利性组织市场主要指购买汽车的政府机构、事业单位和社会团体。

4.1.2 汽车市场比较

汽车消费者市场与汽车组织市场,它们在以下几个方面有显著的不同(表 4.1)。

表 4.1 汽车消费者市场与汽车组织市场的比较

特 点	市 场 类 型	
	汽车消费者市场	汽车组织市场
购买目的	使用,生活消费	营利,经营活动
购买环节	最终环节	中间环节
购买者	非专业	专业采购,组织购买
购买行为	一次购买量少,购买频率低	一次购买量大,购买频率高
购买方式	货比三家、讨价还价	采购、招投标
购买决策	个人或家庭决策	集体决策
影响购买的因素	个人、心理、社会文化、国家政策等	组织因素

1. 购买目的不同

汽车消费者市场购买汽车的目的是"使用",是生活消费;而汽车组织市场中的汽车生产者市场和汽车中间商市场购买汽车的目的是营利,是企业经营活动。

2. 购买环节不同

汽车消费者市场购买汽车是商品流通的最终环节,汽车消费者市场也叫最终产品市场;而汽车组织市场中的汽车生产者市场和汽车中间商市场购买汽车是商品流通的中间环节。

3. 购买者不同

汽车消费者市场的购买者是个人或家庭成员,他们大多数是非专业的,购买者差异大、人数众多;而汽车组织市场一般由专业的采购部门有组织地购买,相对于汽车消费者市场,汽车组织市场的购买者较少,且相对集中。

4. 购买行为不同

汽车消费者市场的购买者一次购买量少,购买汽车大多只买一辆,由于汽车是耐用品,购买的频率也低,正常个人或家庭几年购买一次。而汽车组织市场一次购买的量较大,且购买频率高。

5. 购买方式不同

汽车消费者市场一般通过货比三家、讨价还价等消费者常用的购买方式购车,注重商家优惠活动;但汽车组织市场一般通过谈判、招标等方式购车。

6. 购买决策不同

汽车消费者市场的购买决策相对简单,主要是个人购买决策;但汽车组织市场一般由集体决策,流程较为复杂。

7. 影响购买的因素不同

影响汽车消费者市场的主要因素是个人、心理和社会文化、国家政策等,但影响汽车组织市场的因素较为复杂,与企业组织、财政预算等有关。

下面将分别阐述汽车消费者市场和汽车组织市场,重点分析购买行为类型、购买决策过程和影响购买行为的因素。

4.2 汽车消费者市场

4.2.1 汽车消费者购买行为

购买行为是指消费者为了满足某种需求,在购买动机的驱使下选择、获取、使用、评价和处置某种商品或服务的活动过程。汽车消费者购买行为是指消费者在汽车型号、品牌、配置、价格、服务等方面进行选择、评估、购买的过程。汽车消费者由于性别、年龄、职业、收入、地位、个性、受教育程度及所处环境的不同而存在不同的购买心理,表现出不同的购买行为。

知识延展 4.1

消费者购买行为类型

根据消费者在购买过程中的介入程度(或参与程度)和品牌间的差异程度,消费者购买行为分为四种类型,如图 4.1 所示。

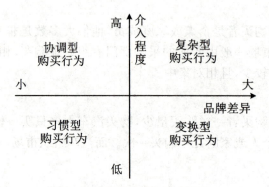

图 4.1 消费者购买行为类型

1. 习惯型购买行为

它是一种对于价格低廉、经常购买、品牌差异小的产品,不需花时间进行选择,也无须进行信息收集、产品评价就能进行购买的最简单的购买行为类型。消费者只是被动地接收信息,出于熟悉而购买,也不一定进行购后评价。企业可以用价格优惠、电视广告、独特包装、销售促进等方式鼓励消费者试用、购买和再购买其产品。

2. 变换型购买行为

它是一种对于品牌差异大的产品,不愿花长时间来选择和估价而不断变换所购产品品牌的购买行为类型。消费者这样做并不是因为对产品不满意,而是为了寻求更多的尝试、比较、体验和评价。针对这种购买行为类型,企业可采用销售促进和占据有利货架位置等办法保障供应,鼓励消费者购买。

3. 协调型购买行为

它是一种对于品牌差异小而购买风险大的产品,需花费大量时间和精力去选购,购后又出现不满意、不平衡的心理,为寻求平衡而在使用过程中继续收集产品信息的购买行为类型。有些产品品牌差异不大,消费者不经常购买,而购买时又有一定的风险,所以,消费者一般会比较产品,只要价格公道、购买方便、机会合适,就会决定购买。购买以后,消费者也许会心理不平衡或不够满意,在使用过程中,会了解更多情况,并寻求种种理由来减轻、缓解这种失衡感,以证明自己的购买行为是正确、明智的。经过由不协调到协调的过程,消费者会有一系列的心理变化。针对这种购买行为类型,企业应注意运用定价策略和人员推销策略,选择最佳的销售地点,并向消费者提供有关产品评价的充分信息,使其在购买后坚信自己作出了正确的决定。

4. 复杂型购买行为

它是一种对于品牌差异大的产品,广泛收集相关信息,慎重选择,仔细比较后才购买,以求降低风险的购买行为类型。当消费者购买一件贵重、不常买、有风险又非常有意义的产品时,由于产品品牌差异大,消费者对产品缺乏了解,因而需要有一个学习过程,以广泛了解产品性能、特点,从而对产品作出某种评价,最后决定购买。对于这种复杂型购买行为,企业应采取有效的措施帮助消费者了解产品性能及其相对重要性,并介绍产品优势及其给消费者带来的利益,从而影响消费者的最终选择。

(资料来源:杜淑琳.市场营销模块化教程[M].合肥:中国科学技术大学出版社,2010.)

1. 按购买目标的确定程度分类

根据消费者购买目标的明确程度,可分为全明确型、半明确型和不明确型三种购买行为(表4.2)。

表 4.2　购买行为类型及营销策略

购买类型	消费需求	要求或标准	营销重点
全明确型	有	有或清晰	满足消费者需求,促成交易;若不能满足消费者需求,则试图调整其购买标准
半明确型	有	无或模糊	充当"销售顾问"的角色,为消费者建立清晰的购买标准
不明确型	无或有潜在需求	无	创造需求,或变潜在需求为现实需求、变微弱需求为强烈需求

(1) 全明确型

此类购买行为是指消费者在购买汽车前已有明确的购买目标,对汽车品牌、型号、规格、款式、颜色、配置及价格等都有明确的要求。走进汽车展厅的全明确型消费者,目标明确,他们会主动向汽车营销人员提出需购汽车的型号及对汽车的各种要求,一旦遇到符合其要求的汽车会毫不犹豫地购买。

> **同步思考 4.2**
> 按照消费者购买过程的介入程度和品牌间的差异程度,你认为购买汽车属于什么购买行为?

(2) 半明确型

此类购买行为是指消费者在购买汽车前已有大致的购买目标,但具体要求还不甚明确。即已决定购买汽车,但具体购买什么型号、品牌、款式、规格、颜色、价格的汽车还不明晰,需要比较、权衡、商量才能确定。持这种购买行为的客户走进汽车展厅,不能说出具体所需汽车的各项要求,他们一般向汽车营销人员提一些具体的问题,并认真倾听汽车营销人员的介绍说明。

(3) 不明确型

此类购买行为是指消费者在购买汽车前没有明确的购买目标,可买可不买,或只有购买汽车的想法但没有明确的购买需求。他们走进销售展厅主要是参观,一般是漫无目的地观看或随便了解一些汽车信息。随着汽车家庭化普及,这类消费者也越来越多。

针对以上三种类型的消费者,营销人员应采取不同的营销对策,做到有的放矢。首先通过观察他们的言谈举止大概判断属于哪一类型,然后根据不同的购买类型采取合适的营销策略。全明确型消费者,重点是通过提问和倾听了解其具体要求,然后推荐符合其要求的汽车;如果没有完全符合消费者要求的汽车,则要试图改变消费者的心理要求。半明确型消费者,营销人员应充当他们的知心朋友、顾问,从专业的角度为他们建立清晰的购买目标,帮助他们选购汽车。不明确型客户,最重要的是创造其需求,或通过现场促销将其潜在需求变为现实需求、微弱需求变为强烈需求。

2. 按购买行为的态度倾向分类

态度是心理学范畴的概念,即个体对一定的客体所产生的相对稳定的心理反应倾向。态度指导着个体的行为。按消费者购买汽车的态度倾向可将其购买行为分为以下几种类型:

(1) 习惯型

这类汽车消费者可能有过使用某种品牌汽车的经验,形成了固定的品牌偏好,使其养成了某种习惯的购买行为。当他们在购买汽车时,习惯按照自己的想法进行购买,较少受广告宣传和现场销售人员的影响,也不到处寻找、收集有关汽车产品的信息,而是按习惯重复购买同一品牌的汽车。

对习惯型购买行为的主要营销策略是:一是利用汽车的价格与营销手段吸引消费者;二是开展大量重复性广告加深消费者印象;三是增加汽车消费者的购买介入程度。

(2) 理智型

这类消费者善于观察、分析和比较,他们思维冷静、购买理智、目标明确。在购买前,他们进行了广泛的信息收集与比较,充分地了解和学习与汽车相关的知识,并通过网络、媒体、熟人或者销售人员等多种渠道对不同品牌的汽车及品种进行充分的调查和评估。在实际购买时,他们表现得理智和谨慎,不容易受到销售人员和商家广告的影响;在挑选汽车的时,他们仔细认真,经常对比多个品牌和经销商,非常有耐心。

对于这类消费者,营销人员可制定相关的营销策略,帮助消费者了解更多有关汽车方面的知识和信息,借助各种渠道宣传其产品,采取多种营销手段使消费者简化购买过程。

(3) 感情型

这类消费者感情丰富,想象力也比较丰富,容易兴奋。持这类购买态度的消费者的情感体验较为深刻,购买时容易受感情支配,容易受促销宣传和情感的诱导,对适合的车型、色彩及品牌都极为敏感,他们多将汽车是否符合个人的情感需要作为购买决策的标准。

(4) 冲动型

这类消费者对外界刺激很敏感,心理反应活跃。在购买时,他们一般不会进行具体的比较,而是依靠直觉作出购买行为。年轻、时尚且资金实力较强的消费者容易表现出这种购买态度,他们在购买时常常受到汽车广告、媒体推荐、推销员介绍、朋友的影响。

对于这类购买行为,汽车企业应提供完善的售后服务,并通过各种途径经常向消费者提供有关企业和产品的信息,使消费者相信自己的购买行为是正确的。

(5) 经济型

这类消费者对汽车的价格非常敏感。具有这类购买态度的消费者,往往将汽车价格作为决定购买决策的首要标准。

以价格高低评价商品的消费者一般有两种不同的类型,一种是选高价行为,消费者往往认为价格高的商品质量高,价格越高越积极购买,比如高档、豪华轿车的消费者多具有这种购买行为;另一种是选低价行为,即消费者更注重选择价格低廉的汽车,以经济、节约成本为主要出发点。这类消费者的购买力较低,对购买行为约束较大。

3. 按购买现场的情绪反应分类

不同气质类型的消费者在购买现场表现出来的情绪反应也不同(表4.3)。

表4.3 气质类型与购买行为的对应关系

气质类型	灵活性	平衡性	购买类型
胆汁质/兴奋型	灵活	不平衡(兴奋)	激动型
多血质/活泼型	灵活	平衡	健谈型
黏液质/安静型	不灵活	平衡	沉着型
抑郁质/抑制型	不灵活	不平衡(抑制)	反感型

(1)激动型

激动型也称傲慢型,有的人由于具有强烈的兴奋情绪和较弱的抑制力,因而情绪易于激动,在言谈举止和表情神态上有急躁的表现。此类消费者选购汽车时在言语表达上显得傲气十足,甚至会用命令的口气提出要求,对汽车质量和服务要求极高,稍有不合意就会发生争吵。

(2)健谈型

健谈型也称活泼型,有些人由于神经反应过程平静而灵活性高,能很快地适应环境,但情感易变,兴趣广泛。持这类购买行为的消费者在购买汽车时,能很快地与销售人员接近,愿意交换对汽车的意见,并富有幽默感,爱开玩笑。

(3)沉着型

这种购买行为是指消费者的神经反应过程平静而灵活性低,反应缓慢而沉着,因此环境变化刺激对他们影响不大。有这种购买行为的消费者在购买活动中往往沉默寡言,情感不外露,举动不明显,购买态度不明朗,不愿谈与汽车无关的话题,也不爱听幽默或玩笑式的语言。

(4)反感型

此类消费者在个性心理特征上具有高度的情绪易感性,对于外界环境的细小变化有所警觉,显得多愁善感。在购买过程中,他们往往不能忍受别人的多嘴多舌,对销售人员的介绍异常警觉,抱有不信任的态度,甚至露出讥讽性的神态。

> **同步思考4.3**
> 你知道四种典型气质类型的主要特点吗?

4. 按购买动机分类

购买动机是直接驱使消费者进行某项购买活动的内在推动力,有什么样的购买动机就有什么样的购买行为。

(1)求实型

这种购买类型的消费者追求汽车的使用价值、内在质量和效用,注重实用性,对汽车造型、外观、品牌、服务等不过分要求。一般上班人群及中年人群居多。面对这类消费者,营销人员需强调汽车的性价比,着重介绍汽车的性能,如介绍发动机、底盘等基本构件。

(2) 求廉型

这种购买类型的消费者重视汽车的价格,追求价格低廉的汽车,对旧车型、二手车和参加促销活动的汽车感兴趣,汽车质量、品牌、服务、配置等不是购买的重要参考指标。面对这类消费者,营销人员应首推价格低廉的汽车或正在做促销活动的汽车,重点强调汽车的价格。

(3) 求新型

这种购买类型的消费者追求汽车造型的新颖和别致,对刚上市的新款汽车情有独钟,不太在乎汽车的价格与性能。年轻人多属于这种购买类型。

(4) 求名型

这种购买类型的消费者追求汽车的档次,注重品牌和产地,其他关注较少。有一定经济收入和社会地位的人多属于这种类型,他们认为汽车不仅是代步的工具,更是一种身份、地位和财富的象征。

(5) 求同型

这种购买类型的消费者对汽车本身不太关注,更在乎相关群体的汽车档次或类型,如朋友圈、生意圈和同事、同学等。别人买什么,他就买什么,追求大众化。

消费者购买行为模式

1. S-O-R 模式

S-O-R 模式又叫刺激-反应模式或黑箱理论。消费者的购买行为源自其内在心理活动(消费者的内在心理活动由于看不见故称"黑箱"),而心理活动变化又是由外在的一系列刺激导致的。S-O-R 模式为营销人员促成消费者的购买行为建立了基本的思维路径。

2. AIDA 模式

AIDA 模式又叫埃达模式,由世界著名的推销专家海因兹·姆·戈德曼提出,是西方推销学的经典模式之一。它从消费者心理活动的角度研究消费者购买商品的过程。埃达模式的具体内容是引起注意(Attention)、诱发兴趣(Interest)、刺激购买欲望(Desire)和促成购买行动(Action)。

3. DIPADA 模式

DIPADA 模式又叫迪伯达模式,其具体内容是发现(Definition)、结合(Identification)、证实(Proof)、接受(Acceptance)、欲望(Desire)、行动(Action)。

4. IDEPA 模式

IDEPA 模式又叫埃德帕模式,其具体内容是结合(Identification)、示范(Demonstration)、淘汰(Elimination)、证实(Proof)、接受(Acceptance)。

5. FABE 模式

FABE 模式又叫费比模式,其具体内容是特征(Feature)、优点(Advantage)、利益(Benefit)、证据(Evidence)。

6. GEM 模式

GEM 模式又叫吉姆模式,其具体内容是相信产品(Good)、相信公司(Establishment)、相信自己(Man)。

(资料来源:朱华锋.销售业务类型与技能[M].合肥:中国科学技术大学出版社,2017.)

4.2.2 汽车消费者市场购买决策过程

1. 购买决策的内容

消费者购买决策的内容就是通常所说的"5W1H"——Who、What、Why、Where、When、How。即谁去购买、购买什么、为什么购买、在哪里购买、什么时候购买以及怎么购买。

(1) Who——谁去购买

从营销学的角度来看,Who 不仅是产品的购买者或使用者,还包括那些对购买决策有影响的人。汽车作为高端消费品,购买过程复杂,参与购买的人有很多,包括发起者、影响者、决策者、购买者和使用者(表 4.4)。

表 4.4 消费者在购买时的角色

角色	描述
发起者	首先提出购买汽车的人
影响者	对最终购买汽车有直接或间接影响的人
决策者	对整个或部分购买决策有最后决定权的人
购买者	实际执行购买的人
使用者	实际驾驶汽车的人

(2) What——购买什么

购买什么是购买决策的核心问题。消费者购买什么汽车,既包括购买什么品牌、型号、款式、颜色、价格、服务、配置的车,也包括购买新车还是二手车等。企业只有明白消费者要购买什么,才会明确自己要做什么,即研发、生产、销售什么。

(3) Why——为什么购买

为什么购买是消费者的购买目的或动机。即使同一款汽车,不同消费者的购买动机也可能不同。消费者的购买目的不会轻易流露出来,需要销售人员仔细观察,认真揣摩。

(4) Where——在哪里购买

在哪里购买不仅表现在地理位置的选择上,更表现为对经销商和销售模式的选择。如今的汽车购买地点有汽车 4S 店、汽车超市、汽车工业园、二手车交易中心、拍卖会、私人会所和网上商城等。

(5) When——什么时候购买

购买时间的决策一般与消费者的职业和生活习惯密切相关,此外,商品的季节性和时令性密切影响着购买时间。消费者的闲暇时间、消费者的购买力、商家的促销活动、消费者需要的迫切性等也会影响购买时间。

(6) How——怎么购买

消费者在购买产品时要事先决定采用何种购买方式,是只身一人到经销店购买还是请朋友或家人协助,是亲自购买还是通过招标的方式购买,是一次性付款还是分期付款,是转账支付还是银行卡支付等。

"5W1H"是从消费者的角度探索他们的购买心理和购买行为的过程。从企业的角度来分析消费者的购买行为,则是6个"O",即与购买有关的人(Occupants)、购买对象(Objects)、购买目的(Objectives)、购买时间(Occasions)、购买地点(Outlets)和购买方式(Operations)。它们之间存在一定的对应关系,具体见表4.5。

表4.5 消费者市场"5W1H"和"6O"的对应关系

消费者购买决策内容"5W1H"	经营者的思考"6O"
谁去购买(Who)	与购买有关的人(Occupants)
购买什么(What)	购买对象(Objects)
为什么购买(Why)	购买目的(Objectives)
什么时候购买(When)	购买时间(Occasions)
在哪里购买(Where)	购买地点(Outlets)
怎么购买(How)	购买方式(Operations)

2. 购买决策的过程

消费者作出购买决策的过程是消费者在购买商品时所经历的过程。一般而言,消费者作出购买决策要经历五个步骤,即确认需求、收集信息、方案评估、购买决策、购后行为,如图4.2所示。不是所有的购买都必须经历这五个步骤,由于汽车属于复杂型购买,这五个步骤都要经历。

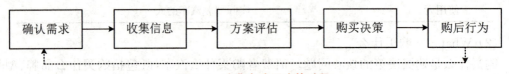

图4.2 消费者购买决策过程

(1)确认需求

需求是消费者购买的前提,确认需求是购买决策的起点。消费者由于生理或心理的某种缺失导致的一种不平衡的心理状态叫作需要,当内在需要在外界刺激下就有可能产生购买动机,动机则可能产生购买行为。购买需求、购买动机和购买行为三者间的关系如图4.3所示。

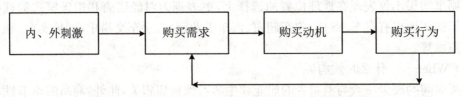

图4.3 购买需求、购买动机、购买行为三者间的关系

(2)收集信息

全明确型购买行为的消费者对所购汽车的型号、品牌、规格、价格等信息已经十分清楚,不需要收集更多的信息。其余消费者在确定自己的需求之后,便开始广泛寻找有关汽车的信息,以便找到满足自己的消费需求的最佳目标对象。消费者信息来源的途径主要有以下四种(图4.4):

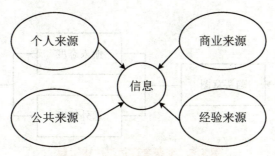

图 4.4 汽车消费者的信息来源

① 个人来源

又称私人来源。指从家庭成员、亲戚朋友、同学同事和邻居熟人等处获得的产品或商家信息。

② 商业来源

由企业商业广告、营销人员、经销商、汽车展销会等提供的信息。

③ 公共来源

指新闻媒体、政府机构和其他有关大众传播的信息,如第三方机构发布的信息等。

④ 经验来源

自己对汽车的了解、使用的经验等。

不同来源的信息对消费者的影响不同,经验来源和个人来源的信息信任度最高,其次是公共来源,最后是商业信息。一般来说,汽车消费者从商业来源获取的信息最多。因此,此阶段营销人员应采取顾问式销售方式,以专家顾问的身份为消费者提供全面的商业信息,增加可信度。

(3) 方案评估

在经过大量的信息收集之后,消费者对方案进行分析评估,选择适合自己的汽车。对消费者而言,汽车没有好坏之分,只有适合与不适合之别,适合的就是好的。而适合与不适合因人而异,同样一款汽车可能适合甲,但不适合乙。判别适合与否,是将汽车客观指标与消费者心理期望标准进行比较,越靠近心理期望标准的就越适合,选择购买的可能性也就越大。

在消费者对备选方案进行评估与选择的过程中,有以下几点值得营销人员注意:

① 如果是全明确型消费者,了解其心理期望标准或具体要求。

② 如果是半明确型消费者,掌握消费者的特征,结合汽车属性为其建立评估标准。

③ 了解不同汽车的目标消费者及卖点,成为汽车产品专家。

(4) 购买决策

消费者在信息收集和方案评估的基础上,最终作出购买决策作为方案评估阶段的结果。从方案评估到作出购买决策的过程中,消费者会产生购买意图。

消费者的购买决策与购买意图并不是一回事。在一般情况下,消费者会作出购买决策并实施购买行为。但从购买意图到决定购买还受到两个因素的影响,如图 4.5 所示。

① 他人态度

汽车作为一个特殊的选购品,消费者在购买时往往会征求他人的意见,如亲朋好友。一般而言,他人的反对态度越强烈,或持反对态度者与购买者的关系越密切,消费者改变购买决策的可能性就越大。

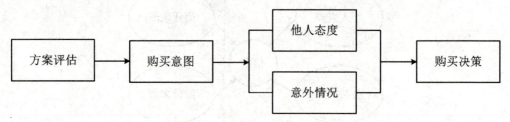

图 4.5　消费者评估与决策过程

② 意外情况

意外情况也会影响消费者的购买决策,如预期收入减少、大笔额外支出、工作受挫,或新款汽车出现、某汽车降价、某汽车商家促销等,这很可能会使消费者改变原有的购买意图。

（5）购后行为

消费者在完成购买行为之后,就进入了购后行为过程。这一过程主要包括购后的使用、处置和评价,具体如图 4.6 所示。

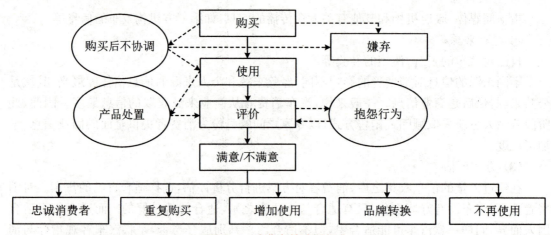

图 4.6　消费者的购后行为

消费者购后的评价,即满意程度。满意是一种感觉状态,其取决于消费者对汽车的期望值与汽车使用中的实际值的比较,具体如图 4.7 所示。

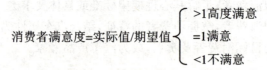

图 4.7　顾客满意度度公式

在购后阶段,汽车企业的营销任务与策略如下：

① 以恰当的方式进行售后回访,与消费者建立长期、有效的沟通机制。

② 用科学的方法提升消费者满意度。

③ 企业应采取有效的措施减少或消除消费者的购后失调感。

4.2.3 影响汽车消费者市场购买行为的因素

影响汽车消费者市场购买行为的主要因素有文化因素、社会因素、个人因素和心理因素等,具体如图4.8所示。

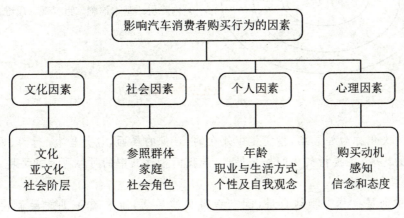

图4.8 影响汽车消费者购买行为的因素

1. 文化因素

文化因素主要包括文化、亚文化和社会阶层。

(1) 文化

文化无处不在,学术界对于文化的定义有广义和狭义之分。广义的文化指人类创造的物质财富和精神财富的总和。狭义的文化仅指无形的精神财富,指在一种社会形态下形成的价值观念、宗教信仰、风俗习惯、道德规范等。

① 价值观念

对生活中各种客观事物的一贯态度和普遍看法,即什么是好的、积极的、有意义的、值得追求的,什么是坏的、消极的、无意义的、摒弃的。

② 宗教信仰

属于一种特殊的社会意识形态和文化现象,基督教、伊斯兰教、佛教并称世界三大宗教。

③ 风俗习惯

在一定的社会物质生产条件下长期形成的世代相传的约束人们思想、行为的规范。不同地区的人们在饮食、服饰、居住、婚丧、信仰、节日、人际交往等方面都表现出独特的风俗习惯。

④ 道德规范

道德规范是群体所共享的关于个体行为的规范和标准,如什么是对的、什么是错的、什么是应该做的、什么是不应该做的。

知识延展 4.3

文化三层次理论

文化包含外显层、中间层和内隐层,如图4.9所示。

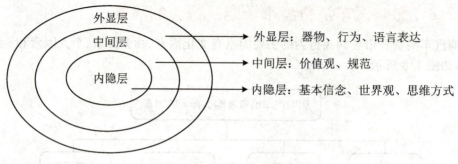

图 4.9 文化三层次理论

1. 外显层

最表层的文化称为外显层,指文化中外在的、可见的层面,包括器物、行为、语言表达等。"文化是水"的比喻,主要指文化的外显层,它是我们生存其中的可触可感的环境。

2. 中间层

文化的中间层也称心物结合层,既有看得见的层面,也有看不见的层面,主要包括价值观和规范。"文化是心灵的地图"的比喻,就体现了价值观和规范对人类行为的引导作用。

3. 内隐层

文化的内隐层,也称核心层,是最内核的部分,包括文化中关于人类存在的最基本的信念、世界观和思维方式。内隐层涉及文化最核心的底层理念,是人们心中根深蒂固、难以动摇的基本原则。"文化是操作系统"的比喻,体现的就是文化内隐层的影响。

(资料来源:周欣悦.消费者行为学[M].2版.北京:机械工业出版社,2021.)

(2) 亚文化

一种文化会因为各种因素的影响,使价值观、风俗习惯及审美观等表现出不同的特征,从而形成亚文化。亚文化主要表现为以下几个方面:

① 民族亚文化

各个民族在宗教信仰、节日、崇尚爱好、图腾禁忌和生活习惯等方面有其独特之处,并对消费行为产生深远的影响。

> **同步思考 4.4**
> 你知道国际上将社会阶层分为哪几层吗?

② 种族亚文化

种族亚文化指人类在一定的区域内,在体质上具有某些共同遗传性状的人群,主要有黄种人、白种人、黑种人和棕种人。不同种族有其独特的审美观与价值观。

③ 宗教亚文化

不同的宗教有不同的文化倾向和戒律,影响人们认识事物的方式、对客观生活的态度、行为准则和价值观,从而影响消费行为。

④ 地理亚文化

不同的地区有不同的风俗习惯和爱好,使消费行为带有鲜明的地方色彩。

(3) 社会阶层

社会阶层是指一个社会按照某种依据划分的,由具有相同或相似社会地位的成员组成的、相对稳定的群体。不同的社会形态,划分社会阶层的依据不同。一般认为,受教育水平、从事职业的威望、收入水平和财富状况会综合决定一个人的社会阶层。对于汽车消费,位于不同社会阶层的人,选择汽车的品牌、价格、档次存在明显差异。

2. 社会因素

社会因素主要包括参照群体、家庭和社会角色。

> **同步思考 4.5**
> 你知道家庭生命周期吗?

(1) 参照群体

参照群体又叫相关群体,是指个人在形成购买决策时用以参照、比较的个人或集体。参照群体能够直接或间接地影响消费者的购买行为,主要有以下三种形式:

① 主要群体

主要群体包括家庭成员、亲朋好友和同窗同事。主要群体对消费者的购买行为产生直接和主要的影响。

② 次要群体

次要群体即消费者所参加的工会、职业协会等社会团体和业余组织。这个群体对消费者的购买行为会产生间接的影响。

③ 期望群体

消费者虽不属于这一群体,但这一群体的态度、行为对消费者有着很大的影响。

随着信息与网络技术的发展,社会中出现了一个新的群体——虚拟群体,其主要基于虚拟社区,如微信群、抖音、小红书、快手、网红、粉丝等。

(2) 家庭

家庭是指以婚姻关系、血缘关系及收养关系为纽带的共同生活体。家庭及其成员是影响消费行为最大的主要参考群体。每个人所经历的家庭可分为:出生的家庭,包括父母,每个人从双亲那里,都养成了许多倾向性;自己组成的家庭,即配偶和子女。自己组成的家庭对购买行为产生更直接的影响,并形成一个消费者的"购买组织"。我国不少人购买汽车以家庭为单位,兼顾家庭主要成员的需要与喜好。

(3) 社会角色

社会角色是指个体在群体、组织或社会中的地位与作用。消费者社会角色的差异对其购买决策有着重要影响,消费者往往购买与社会身份相符的产品,这对于汽车消费者来说尤为突出。

3. 个人因素

(1) 年龄

不同年龄的消费者的欲望、兴趣和爱好不同,审美观和价值观也不同,从而消费需求和购买行为也有区别。

(2) 职业与生活方式

一个人所从事的职业在一定程度上代表着他的社会地位,并直接影响他的生活方式和消费行为。汽车企业在制定营销计划时,必须分析营销所面对的私人购买者的职业和生活方式,开发适合其特定职业需求并满足其生活方式的汽车产品。

(3) 个性及自我观念

个性是指一个人独特的心理特征(如气质、性格、能力、兴趣等)。消费者因为个性上的差异,使其对汽车广告的反应、对新的汽车产品的态度以及在挑选商品时的行为等方面会有所不同。自我概念是与个性相关的一种概念,是关于"我是谁"和"我是怎样的人"一类的问题。对于企业营销来说,了解私人购买者的这些个性特征,可以帮助企业确定正确的符合目标消费者个性特征的产品品牌形象。

4. 心理因素

(1) 购买动机

购买动机是在需要的基础上引发购买行为的推动力。购买动机包括以下几种:

① 社会动机

由社会因素引发的动机称为社会动机。比如,一批同时来到一个城市的人,大部分人都买了车,而一小部分没有买车的人就会感到没面子,会想方设法去购买,甚至要超过一般水平,否则大家聚会或见面时就会感到不太体面,在这种心理的驱使下,于是产生了购买动机。

② 心理动机

由消费者的认识、情感和意志等心理活动引起的行为动机,称为心理动机。例如,我国的消费者在选择车辆颜色时,比较钟情于银灰、黑色、白色、红色等,而不太愿意选择黄色等。

(2) 感知

感觉是消费者对汽车个别属性的主观反应,知觉是在感觉的基础上对汽车的整体反应。感觉和知觉是消费者认识汽车的初始阶段,通常叫作感知,它是消费者购买行为的重要基础。

同步思考 4.6
  你知道汽车经销店如何提高消费者的感知吗?

---

(3) 信念和态度

消费者信念是指消费者持有的关于事物的属性及其利益的知识,态度则是指人们对事物的看法,它体现着一个人对某一事物的喜好与厌恶的倾向。不同的消费者对同一事物可能拥有不同的信念,而这种信念又会影响消费者的态度。如名牌产品会使消费者争相选购,而新品牌则往往会遭到消费者怀疑。一般来说,改变消费者的态度是较为困难的,因而汽车企业应通过广告、促销活动及诚信服务等来树立消费者对其产品和品牌的信念,给消费者留下深刻的印象。

4.2.4 不同汽车消费者购买行为分析

1. 不同年龄汽车消费者购买行为

(1) 青年消费者购买行为(18~35 岁)

① 追求时尚

年轻消费者思维敏捷、思想活跃、勇于创新、追求新潮。这些心理特征都反映在购车动机上,表现为求新求美、追求时尚、愿意接受新鲜事物,喜欢购买时尚、潮流、款式另类的车。对汽车的外形、款式和颜色等要求较高。

② 突出个性

青年消费者个性张扬、崇尚自由、自我意识强,喜欢具有个性的汽车,力图在消费中表现自我。

③ 购买冲动

青年消费者一般反应敏捷、行动果决、较易感情冲动,容易受到外界的影响。

青年消费者一方面崇尚时尚、个性,另一方面他们还不具备较高的社会地位和较为稳定的经济收入,因此其购买动机常常为:经济收入一般的青年消费者大多具有求新动机和求廉动机;经济收入较高的青年消费者大多具有求异动机和求名动机。

青年消费者一般喜欢的车型有:上海大众保罗、高尔夫、甲壳虫;奇瑞QQ;丰田花冠;本田思域等。

案例讨论 4.1

奇瑞小蚂蚁引领汽车行业新发展

奇瑞小蚂蚁是由奇瑞新能源生产的一款小型纯电车,传承了"技术奇瑞"的基因,基于LFS纯电平台打造。从2017年第一代产品横空出世至2021年6月28日,奇瑞新能源全新升级的小蚂蚁20万蚁粉款上市,历经多次迭代进化,短短4年坐拥百万用户信赖口碑,产销量一举突破20万辆,成为6万元级微型纯电车累计销售量冠军。

在外观上,小蚂蚁承袭高颜值基因,微笑前脸镶嵌天使眼大灯;动感腰搭配双色悬浮车顶;搭载航空级全铝车身骨架加高分子复合材料外覆盖件;整车框架加一体式电池包框架,双重盔甲防护防磕碰;具有C-ESC车身电子稳定系统等主被动安全配置;拥有维C黄、胭脂红、古得白、酷盖灰、流樱粉、乐予绿、轻盈青七色车身,搭配薄荷绿、阳光橙、流樱粉、荔枝白、柠檬黄五色内饰。官方外覆盖件、车贴等个性定制服务,满足了年轻人对个性出行的期待。在续航里程上,小蚂蚁20万蚁粉款新增NEDC续航408千米车型,并且同时提供三种充电方式,充电更自由。

奇瑞新能源将继续打造一系列满足不同消费者在不同场景需求下的A00级新能源场景化精品车型产品,为消费者提供更诚挚、及时、个性化的服务,并期待引领汽车行业向多行业、多领域、多场景发展。

(资料来源:编者整理)

问题:奇瑞小蚂蚁抓住了年轻消费群体的哪些购买心理?

(2) 中年消费者购买行为(36~55岁)

① 具有较强的理智性和稳定性

中年消费者生活阅历丰富,消费心理比较成熟,购车时注重车辆的内在质量和性能,不易受外界影响,常常在全面评价、综合分析不同汽车的优缺点后,再决定购买。

② 注重汽车品牌、强调汽车安全性

中年消费者一般有了较为稳定的收入,也有一定的社会地位。他们购买汽车往往彰显其身份、职务、地位等。

③ 追求实用性与舒适便捷

中年消费者倾向于在汽车 4S 店购车,目的是能够享受优质的售后服务。同时在车型、排量、配置等方面要求较高,希望排量大、宽敞、舒适、实用。

中年消费者喜欢的车型有丰田佳美、北京现代、别克君威、大众帕萨特、福特蒙迪欧及进口轿车等。

(3) 老年消费者购买行为(56～75 岁)

我国逐渐进入老龄化社会,老年消费者将成为未来汽车消费的新力量。随着居民文化层次和收入的不断提高,时下的老人不再是一个暮气沉沉的群体,来购车的老年消费者越来越多。老年消费者的购车行为主要包括:

① 注重售后服务

老年消费者要求具有完善的售后服务,买车方便,养车安心。

② 强调安全性和舒适度

由于老年消费者的身体原因,购车时特别强调汽车的安全性及舒适度。一般选择排气量在 1.6 左右的车型。安全性体现在安全气囊和 ABS 等配置上,还体现在高精度的装配质量上。

③ 关注操控性

老年消费者反应比较慢,且动作没年轻消费者那么迅速,购车时还会关注适合老人特点的操纵系统和驾驶座椅。最好选择有宽大座椅的车辆,并可以任意调节高度,操纵系统简单、易掌握,最好是自动变速的车型。

④ 选择中高档轿车

能购车的老年消费者一方面说明其经济条件很好、汽车是其生活的一部分;另一方面说明其心态年轻,敢于追求新鲜事物。因此他们选购的汽车以中高档轿车为主。

适合老年消费者的车型有北京现代伊兰特、一汽丰田皇冠、别克凯越、一汽马自达及进口轿车等。

2. 不同性别消费者购买行为

(1) 男性消费者购买行为

① 购车行为果决迅速,具有较强的自信

男性比女性更加果断,一旦有购买需求,能迅速转变为购买动机,进而产生购买行为。即使在比较复杂的情况下,也能迅速作出购买决策。

② 购买行为理性,目的性强

男性善于控制自己的情绪,能够冷静权衡利弊,在购买过程中不容易受感情因素和外界刺激的影响。

③ 购买过程独立,缺乏耐心

男性具有较强的独立性和自尊心,不喜欢受他人干涉,不太愿意听从他人的见解和意见。缺乏耐心表现在对汽车挑选不仔细,也不过多进行讨价还价,很少在不同汽车店商之间反复比较等。

④ 注重汽车的内在品质

男性更加注重汽车的品牌、质量、配置、排量、售后服务、使用效果、驾驶的乐趣等。

(2) 女性消费者购买行为

① 购车行为受外界影响大

女性在选购汽车时往往表现出不够自信,容易受到亲朋好友及购车氛围、销售人员、广告促销等的影响,购买时表现出更多的灵活性与波动性。

② 带有浓厚的感情色彩

女性感情丰富细腻,富有想象力,在购车时往往表现得不够理智,喜欢凭感觉、感情作出决定。比如可能因为某款车的外形喜欢就决定购买,或因为高兴就购买等。

③ 倾向个性化

当今女性越来越多地关注自己的社会形象,希望自己与众不同。在选购汽车时,希望汽车与她的气质个性吻合、与她的职业职务匹配、与她的家庭背景相当。汽车对于她来说,不仅是代步工具,也是提升其品位与内涵的工具。

④ 注重汽车的外观、颜色、内饰等外在特征

女性选购汽车不太注重汽车的内在品质,如发动机功率、ABS系统、安全气囊等。她们很感性,对她们看得见的外在东西,如汽车外部造型、颜色、内饰等十分关注。她们往往根据汽车的外在特征来决定是否购买。

案例讨论 4.2

黑猫萌、白猫酷,女性消费者更偏爱欧拉的哪只猫呢?

随着新能源技术的进步,微型电动车市场涌入了很多有实力的对手,竞争变得异常激烈,最重视女性消费群体的品牌,恐怕非欧拉莫属,它致力于成为"全球最爱女人的汽车品牌",旗下的猫系家族在女性消费者中非常受欢迎,所以欧拉黑猫与白猫格外受人关注。

黑猫圆滚滚的造型是它的卖点之一。但内饰的风格却有着很大的突破,蓝橙色的撞色效果让内饰的氛围更加活跃,座椅中还增加了"猫头"的设计,平添了几分可爱。除了在设计上的改动外,黑猫还增添了一系列功能,包括大尺寸中控屏、辅助驾驶功能等,大大提升了驾驶体验。

相比黑猫的时尚,新款白猫更多的是潮酷。特别是小野猫版车型,它的外观进行了较为运动化的调整,无论是前后保险杠还是新增的尾翼,都显得运动感十足。如此一来,不仅女性消费者会喜欢这款车,恐怕很多男性消费者也对它爱不释手。车内采用大面积的轻奢鹿皮,以及新增定速巡航、座椅加热、座椅扶手等诸多配置,给予消费者更多关怀。

黑猫和白猫定位明显,一款偏时尚,另一款偏运动,消费者可以轻松地选到自己想要的那一只"猫"。新款黑猫与白猫无疑更懂女性消费者,这源于欧拉品牌对女性消费群体的了解,与它展开的一系列以女性为中心的营销活动有着很深的关系,更爱女人已经成为欧拉品牌的标签。

(资料来源:青岛鑫牛畅想文化传媒有限公司.黑猫萌、白猫酷,女性消费者更想撸欧拉的哪只猫呢? [EB/OL].(2022-02-16)[2022-10-29]. https://www.sohu.com/a/482023837_124877.)

问题:欧拉黑猫、白猫抓住了女性消费群体的哪些购买心理?

3. 不同收入消费者购买行为

收入是影响消费者购买行为的一个很重要的因素。以我国为例,依照购买力可以将汽

车消费者分为九个层次,每个层次大概占总人口的比例及购买汽车的关注点具体见表 4.6。

表 4.6 汽车消费者层次一览表

典型成员	占人口比例	关 注 点
社会名流	0.05%	品牌
企业 CEO	0.5%	品牌、服务
民营企业主	4.45%	品牌、效应、质量
专家学者	5%	文化、服务
白领雇员	9.5%	服务、款式
公务员	15.5%	服务、价格
个体商贩	17%	价格、实用性
蓝领雇员	18%	价格
低收入者	30%	价格

(1) 较高收入消费者购买行为

他们具有相当的社会地位和背景,关心社会的尊重与自我价值的实现,购车时有求异心理和炫耀心理,注重汽车的品牌。他们有的不只购买一辆车,可能同时拥有多辆不同功能的汽车。汽车更换较快,不会购买普通轿车。

(2) 中等收入消费者购买行为

中等收入消费者有一定的社会地位,是家用轿车的核心消费群体。他们关心社会的认可和尊重,购买时主要表现出求同从众心理和求美心理,注重汽车的质量、款式、品牌效应和售后服务,价位一般在 20 万元以下。

(3) 低收入消费者购买行为

低收入、只能满足温饱的人士,他们购车时首选实用性的客货两用车与低档轿车,用于出租、营运,价位一般不会超过 10 万元。这类消费者主要是求廉心理。

4.3 汽车组织市场

4.3.1 汽车组织市场特点

1. 产业用户购买特点

(1) 客户数量少、购买数量大

相对于个人消费者,产业用户数量要少得多,但其购买的数量大。如出租车公司可能会一次性购买很大数量的汽车。

(2) 购买专业性强

产业用户大多对汽车有特殊要求,且采购过程复杂,涉及的金额更大,所以通常由专业人士负责采购,很少有冲动购买的现象。因此,汽车厂商应多从产品功能、技术和服务等方面介绍自身的优势,尽量提供详细的技术资料和特殊服务。

(3) 供购双方关系密切

为了达成双赢的局面,供购双方密切合作。消费者总是希望供应商按照自己的要求提供产品,而供应方则更会想方设法地接近并维持好与消费者的关系。

(4) 理性购买

组织购买是在一定的计划和研究下进行的,不像私人购买有时因一时冲动而作出购买决策。

(5) 购买方式不同

根据我国相关法律法规的要求,组织购买往往采取招投标的方式进行,比一般私人购买要复杂得多。

(6) 租赁

租赁作为企业融资的一种方式,越来越受到企业的重视。一些组织机构会选择租赁而非采购的方式,如某家公司短期内用车需求量增大,该公司管理层会考虑向租赁公司租用几辆车,而非购买。

2. 政府机构和非营利性组织采购特点

(1) 受到公众监督

政府机构和非营利性组织的采购决策会受到公众的评论和监督,所以它们要做大量的文书工作,在批量采购之前,必须填写并签署相关内容详尽的表格。

(2) 采用竞价投标方式

政府机构和非营利性组织通常采用供应商竞价投标的方式进行采购。多数情况下它们选择报价最低者,有时也选择那些能提供优质产品或具有及时履约信誉的供应商。

(3) 关注国家利益

政府机构和非营利性组织往往倾向于照顾本国汽车公司或本地汽车公司,以扶持本土产业的发展。

(4) 营销活动的方式受到限制

政府机构和非营利性组织在采购政策中一般强调价格标准,产品的各项特征也被严格设定,因而市场营销活动受到限制,如广告和人员推销起不了太大作用。

> **同步思考 4.7**
> 你知道政府购车需要考虑哪些因素吗?

4.3.2 汽车组织市场购买行为

1. 组织市场购买行为类型

组织市场购买行为分为三种类型:直接重购、修订重购和全新购买。

(1) 直接重购

直接重购指直接按过去的订货单再次购买。主要发生在买方对过去购买的产品比较满意且自身需求变化不大的情况下,这是卖方企业最欢迎的情况,也是令卖方企业竞争者最无奈的情况。

(2) 修订重购

修订重购指购买者就产品规格、价格、交货条款中的某个方面进行修正后再购买。通常有更多人参与决策，要收集更多的信息。这给原供货企业施加了压力，迫使其全力以赴保住客户，对原供货企业的竞争者来说则是一个获取新订单的好机会。

(3) 全新采购

全新采购指第一次购买某种产品或服务。所购产品的成本越高，风险越大，参与决策的人越多，所需信息量越大，决策越复杂。这对所有可能的供货企业是一个平等的竞争机会，也是最有力的挑战。为此，许多供货企业都派出阵容最强的营销队伍参与。

2. 组织用户购买方式

(1) 公开招标选购

组织用户采购部门通过一定的媒体发布广告或发出信函，说明拟采购的产品、规格、数量和有关要求，邀请供应商投标。招标单位在规定的日期开标，选择报价较低且其他方面合乎要求的供应商作为中标单位。在这种购买方式中，组织用户处于主动地位，供应商之间会产生激烈的竞争。

(2) 议价合约选购

组织用户采购部门同时和若干供应商就某一采购项目的价格和有关交易条件展开谈判，最后与符合要求的供应商签订合同，达成交易。

3. 组织用户购买决策过程

组织用户购买决策过程较私人消费者复杂得多，大多数组织用户的采购过程包括八个步骤，具体如图 4.10 所示。

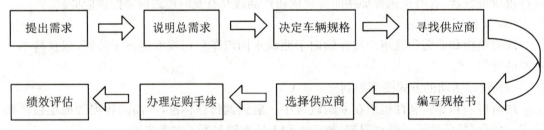

图 4.10　组织用户购买决策过程

(1) 提出需求

组织用户为解决某一问题而提出采购需求。如某出租车公司为了扩大业务，需要购进一批轿车投放市场；或企业规模扩大，员工增多，需要增加汽车；或单位搬迁距离市区较远，为方便员工上下班，需增加大客车等。

(2) 说明总需求

当新的需求提出之后，采购人员需要确定所需项目的数量和特点，并加以汇总。

(3) 决定车辆规格

拟定所需汽车的技术指标和规格指标。例如，所需购买车辆的种类、价格范围、性能等。

(4) 寻找供应商

寻找供应商就是寻找符合标准的可能供货的企业和商家。

(5) 编写规格书

采购人员编写相应的规格书，以供供应商参考，供应商也以建议书或数据表作为回复。

（6）选择供应商

对供应商的选择，购买者往往会考察供应商的各方面属性，其首选的主要条件是：交货速度、产品质量、产品价格、企业信誉、产品品种、技术能力和生产设备、维修服务、付款结算方式、财务状况、地理位置。在对上述诸因素进行全面的考察和评估的基础上，选择其中的最优者为合作对象。组织用户在最后确定供应商之前，往往要和供应商面谈，以争取更优惠的条件。

（7）办理定购手续

组织用户在确定了供应商之后，通常情况下，都要与之签订供应合同。这是因为组织用户对购买汽车产品的质量规格、供应时间、供应量等都有明确的要求，加之需求量大，涉及价格高，组织用户需要用合同的形式将双方的关系确定下来，以保证企业的生产经营需要并防止对企业利益造成损害的事件发生。

（8）评估绩效

组织用户在购买汽车后，都会及时向使用者了解其对产品的评价，考查供应商的履约情况，对产品及供应商的服务水平进行评价，并根据了解和考查的结果，决定今后是否继续采购该供应商的产品。为此，供应商在产品销售出去以后，要加强追踪调查和售后服务，以赢得组织用户的信任，保持长久的供求关系。

> **同步思考 4.8**
> 你认为所有购买都必须经历这八个步骤吗？

4.3.3 影响汽车组织市场购买行为的因素

组织用户在作出购买决策时会受到一些因素的影响。一般来说，影响组织用户购买的因素分为环境因素、组织因素、人际因素和个人因素，如图 4.11 所示。

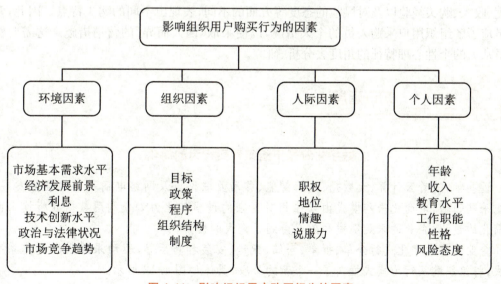

图 4.11 影响组织用户购买行为的因素

1. 环境因素

影响组织用户购买行为的环境因素有经济因素、政治法律因素、市场因素和技术因素等。在影响购买行为的诸多环境因素中,经济环境是最主要的。当经济不景气或前景不佳时,组织用户就会减少采购。同时,国家出台了相关的政策,如国家限制私人购车的政策、减排等环境保护政策及国家公务人员用车标准等,这些直接影响了组织用户购买汽车的行为。

2. 组织因素

组织用户因其需求量大、购买行为稳定成为汽车企业争取的主要目标客户,特别是对于生产重型车和小型车的企业来说,争取到组织用户,就等于争取到了大部分市场用户。因此,汽车企业需要对组织用户着重予以研究,以提高营销效果。

每个组织用户的采购部门都会有自己的目标、政策、工作程序和组织结构。营销人员应了解采购部门在该企业里处于什么地位,是一般的参谋部门,还是专业职能部门。它们的购买决策权是集中决定还是分散决定;在决定购买的过程中,哪些人参与最后的决策等。只有对这些问题做到心中有数,才能使自己的营销有的放矢。

3. 人际因素

人际因素是指组织用户内部各不同机构的人员之间的关系。组织用户的采购工作通常由许多人员组成,如质量管理者、采购申请者、财务主管、工程技术人员等。他们的地位、权力、说服力不同,对汽车采购决定所起的作用也不同,因而在购买决定上呈现出较复杂的人际关系。对于营销人员而言,应当充分了解组织用户的人际关系状况,确定每个人在购买决策中扮演的角色及其影响力的大小、决策成员间相互影响的程度等,以便采取有效的营销措施,并利用这些因素促成交易。

4. 个人因素

组织用户的购买行为属于理性活动,但参加采购决策的这些人由于年龄、个性、受教育程度、收入、购买经验以及对风险的态度等方面的不同,表现出不同的购买特点。因此,营销人员应了解组织用户采购人员的个人情况,以便采取"因人而异"的营销措施。这需要营销人员从人的个性心理特征的角度去分析、研究。

知识延展 4.4

数字化背景下组织购买行为的简化

近些年,随着云计算、大数据、人工智能、移动互联网以及网络电商平台的强势发展,在组织采购领域,电商化采购模式由以往相对复杂的过程转化为如今利用数据分析技术而较为简化的过程,企业的采购规模和效率得到了大大的提升。

企业依靠数字化进行分单、拆单、仓储、配送、安装和售后等,驱动采购供应链体系高度集成,将组织购买行为模式推向了一个新的阶段,具体如图 4.12 所示。

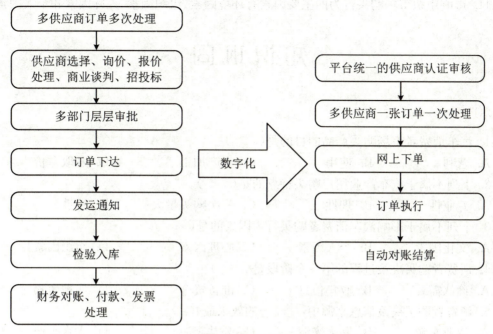

图 4.12　数字化驱动下的采购供应链体系

(资料来源:王永贵.市场营销[M].北京:中国人民大学出版社,2019.)

项目小结

1. 汽车市场分为汽车消费者市场和汽车组织市场。汽车组织市场又分为汽车生产者市场、汽车中间商市场和非营利性组织市场。

2. 汽车消费者市场与汽车组织市场在购买目的、购买环节、购买者、购买行为、购买方式、购买决策及影响购买的因素等方面有着明显的不同。

3. 汽车消费者的购买行为类型按购买目标的确定程度分为全明确型、半明确型和不明确型三种;按购买行为的态度倾向分为习惯型、理智型、感情型、冲动型和经济型等;按购买现场的情绪反应分为激动型、健谈型、沉着型和反感型;按购买动机分为求实型、求廉型、求新型、求名型和求同型等。

4. 消费者购买决策的内容是"5W1H"——Who、What、Why、Where、When、How。

5. 消费者的购买决策过程包括确认需求、收集信息、方案评估、购买决策和购后行为五个阶段。

6. 不同年龄、性别、收入的个人汽车消费者的购买行为有一定差别。

7. 影响汽车消费者购买行为的主要因素有文化因素、社会因素、个人因素和心理因素。

8. 汽车组织市场购买行为的特点包括购买者少、购买量大、理性购买、供购双方关系密切、专业性强、购买方式不同等。

9. 汽车组织市场的购买行为分为直接重购、修订重购和全新采购。

10. 汽车组织用户的购买决策过程包括八个阶段:提出需求、说明总需求、决定产品规格、寻求供应商、编写规格书、选择供应商、办理定购手续、评估绩效。

11. 影响组织市场购买行为的主要因素有环境因素、组织因素、人际因素和个人因素。

知识巩固

单选题

1. 汽车消费者市场购买产品的目的是（　　）。
   A. 营利　　　　　B. 使用　　　　　C. 生产加工　　　　D. 赚取差价
2. 下列不属于汽车产业用户购买特点的是（　　）。
   A. 专业性　　　　B. 理性　　　　　C. 一次购买量大　　D. 感性
3. 下列不属于影响汽车消费者购买行为因素的是（　　）。
   A. 文化因素　　　B. 个人因素　　　C. 心理因素　　　　D. 组织因素
4. 消费者购买决策过程的第一个阶段是（　　）。
   A. 确认需要　　　B. 收集信息　　　C. 准备资金　　　　D. 实地考察
5. 消费者购买决策信息来源中，（　　）的效果最好。
   A. 商业来源　　　B. 私人来源　　　C. 公共来源　　　　D. 大众来源
6. 下列属于多血质气质类型特点的是（　　）。
   A. 直率热情　　　B. 沉稳踏实　　　C. 机智灵活　　　　D. 敏感细腻
7. 中年汽车消费者最典型的购买动机为（　　）。
   A. 求美动机　　　B. 求新动机　　　C. 求实动机　　　　D. 求廉动机
8. 大多数工薪阶层购买汽车属于（　　）购买行为。
   A. 习惯型　　　　B. 协调型　　　　C. 变换型　　　　　D. 复杂型
9. 价值观属于文化（　　）。
   A. 外显层　　　　B. 中间层　　　　C. 内核层　　　　　D. 内隐层
10. 职权地位属于影响组织购买行为的（　　）。
    A. 环境因素　　　B. 组织因素　　　C. 人际因素　　　　D. 个人因素

多选题

1. 汽车市场分为（　　）。
   A. 汽车消费者市场　　　　B. 汽车生产者市场　　　　C. 汽车商业市场
   D. 汽车组织市场　　　　　E. 汽车中间商市场
2. 汽车组织市场分为（　　）。
   A. 汽车营利性组织市场　　B. 汽车非营利性组织市场　C. 汽车商业市场
   D. 汽车生产者市场　　　　E. 汽车中间商市场
3. 下列属于汽车消费者市场特点的是（　　）。
   A. 专业购买　　　　　　　B. 非专业购买　　　　　　C. 终端购买
   D. 中间环节购买　　　　　E. 少量购买
4. 影响汽车消费者购买的社会因素包括（　　）。
   A. 文化与亚文化　　　　　B. 社会阶层　　　　　　　C. 生活方式

D. 家庭　　　　　　　　E. 相关群体
5. 影响社会阶层的主要因素有（　　）。
  A. 受教育程度　　　　B. 职业　　　　　　　C. 收入
  D. 家庭　　　　　　　E. 财富
6. 组织市场购买行为包括（　　）。
  A. 全新采购　　　　　B. 直接重购　　　　　C. 修订重购
  D. 习惯购买　　　　　E. 选择购买
7. 影响汽车消费者购买行为的主要因素有（　　）。
  A. 社会文化因素　　　B. 个人因素　　　　　C. 心理因素
  D. 组织因素　　　　　E. 人际因素

判断题

1. 消费者购买决策内容中的"Who"是指产品的购买者或使用者。（　　）
2. 消费者购买行为一定是在购买需求的基础上产生的。（　　）
3. 在众多信息来源中,亲朋好友提供的信息对消费者购买行为影响最大。（　　）
4. 私人汽车消费者相对组织用户的最大特点是购买数量大和非专业采购。（　　）
5. 组织用户的购买方式有公开招标选购和议价合约选购。（　　）

(扫一扫,答案在这里!)

综合案例

国民代步车是这样炼成的

毫无疑问,五菱宏光 mini EV 是中国新能源汽车行业里的一匹黑马。2021年,它五次摘得全球销售量桂冠,达成极具统治力的"五冠王"成就,不仅稳居中国新能源榜首,获得国民代步车的称号,而且让全世界都知道了这款五菱"小神车",提高了中国在新能源汽车市场的知名度。

截至2021年12月31日,五菱宏光 mini EV 整体销售量突破55万,其中2021年全年销售量累计426452辆,成为新能源年度销冠,在2021年12月还以55729辆的销售量再创中国新能源单一车型的纪录,蝉联16个月中国新能源汽车销售冠军。根据官方用户画像,该车超过85%的车主都是"85后",女性用户超六成。这意味着它最先击穿了年轻人和女性这两大消费潜力人群。这款车一经推出便受到了不少人的欢迎,仅用两个月的时间就实现了从零到冠军的突破。

如何做市场低价小电动汽车呢?五菱宏光 mini EV 这辆车凸显了五菱的成本控制能

力。首先它的性能受限很明显，比如续航也就 120～170 千米，没有倒车影像、电池快充和车内空调。其次在用料上，内饰基本都是硬塑料；车窗是电动的，但后视镜、座椅调节都是手动的；音响只有一个喇叭，也不支持蓝牙，普通汽车的遮阳板上都会有一面小镜子，但是五菱宏光 mini EV 的遮阳板上连小镜子也不带。但你真要看见这辆车，又会感觉它不廉价。在安全性能这种不该省的问题上，它一点儿也没省，远程控制功能、ABS＋EBD、铝合金轮圈、标准的儿童安全座椅接口、标准的三点式安全带、胎压监测功能都有。

除了便宜，五菱宏光 mini EV 避开了主流新能源车的产品思路，抓住短途和微型这两个关键词。五菱在各种场合，都在强调，希望大家抛开功率、扭矩、零到一百千米加速时间这些数据，真正地把五菱宏光 mini EV 作为代步车。他们定义这是一辆"人民的代步车"。

什么是人民的代步车？人民可不只是发烧友和互联网精英。人民里还有更广谱的大众。五菱对用户的洞察，与它在柳州的生产基地不无关系。柳州是一个三线城市，这里的居民用车的场景更多是短途，如去学校、超市、医院等。大的燃油车笨重，油费贵，停车也麻烦。而且大车走不了的街巷小车是能走的，大车停不了的车位小车是能停的。同时，大多数的三线城市居民会较一二线城市居民更希望车价便宜，因为代步车用起来不心疼、不麻烦，人民才会真正拿它代步，否则就会选择公共交通工具。

五菱一直在践行"人民需要什么，五菱就制造什么"的理念，所有围绕着五菱产品的营销，基本都是按照以下五个步骤在做：第一，最关键的是跟社会主流情绪共鸣，找到消费者对社会、对品牌共鸣的点；第二，围绕共鸣点梳理目标人群，要打动目标人群，锁定目标人群；第三，围绕目标人群打造适销对路的产品，把产品做到足够好，不能平庸；第四，要整体打造一个系列的产品，颜值要高，否则吸引不了消费者，那么这个产品基本上也是没有前途的；第五，传播要注重效益，要让消费者能够切身参与话题讨论中。

（资料来源：蔡钰．逻辑思维：为什么五菱宏光卖得比特斯拉好？［EB/OL］．（2022-02-16）［2022-10-31］．https://mp.weixin.qq.com/s/H2d9dVStTm6D0C1w12crjQ．）

问题：
1. 五菱宏光 mini EV 的主要消费者群体有哪些？
2. 这群人主要的消费特点是什么？
3. 针对其目标市场，五菱宏光 mini EV 的营销策略有哪些？
4. 请结合案例分析影响消费者购买行为的主要因素。

项目工单

任务： 分析不同类型的汽车消费者购买行为：从个性、年龄、性别、收入等进行分析。	姓名：	指导教师：
	班级：	组别：

1. 目的与要求

实训目的：

(1) 了解全明确型、半明确型和不明确型消费者购买汽车的行为；

(2) 了解不同个性、年龄、性别、收入的消费者购买汽车的行为；

(3) 培养团队合作精神，锻炼灵活运用知识的能力。

实训要求：

(1) 实训以小组为单位完成，每个小组任选一个实训主题。

(2) 各小组认真研究的消费者购买汽车的心理、动机和行为。

(3) 各小组将研究结果以PPT的方式呈现，小组成员共同制作PPT。

2. 组织与计划

3. 任务实施

4. 归纳总结

5. 评价(优秀、良好、合格、不合格)

自我评价：	小组评价：

教师评价：

项目 5

汽车市场营销战略

学习目标

1. 知识目标

(1) 理解市场营销战略与企业总体战略的关系；
(2) 理解汽车市场营销战略的概念；
(3) 掌握三种发展战略及九种具体发展策略；
(4) 掌握三种竞争战略；
(5) 理解汽车品牌的概念与品牌要素；
(6) 掌握汽车品牌设计战略、品牌定位战略和品牌管理战略；

2. 能力目标

(1) 能够根据战略的概念，领悟中国汽车企业市场营销战略的内涵；
(2) 能够根据营销战略理论，分析中国汽车企业的战略现实问题；
(3) 能够掌握汽车市场营销战略规划过程，理解规定企业任务的重要性。

3. 素养目标

通过本项目的学习，理解汽车市场营销战略的意义，了解国外各汽车品牌及我国汽车自主品牌，尤其是我国新能源汽车品牌在竞争中展现出优越性，增强了民族自信，坚定了国家自信。

思维导图

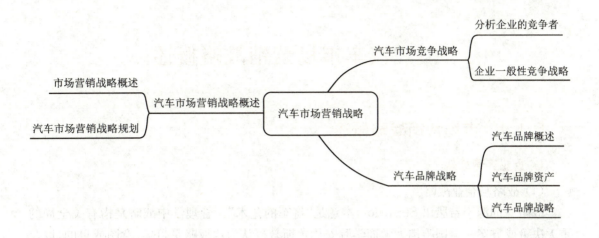

开篇案例

吉利汽车企业的战略转型

随着吉利汽车从价格导向向顾客价值导向进行战略转型,服务品质明显提高,得到了越来越多车主的认可。2009年、2010年吉利连续荣获中国汽车服务金扳手奖、中国最佳服务管理奖等,转型效果可见一斑。据J. D. POWER(君迪)2011年中国售后服务满意度指数排名显示,吉利三个品牌均取得良好成绩。

吉利的战略转型是提升其品牌价值的重要手段。

第一,并购沃尔沃品牌。沃尔沃在全球豪华车品牌中居前四位,在其近百年的历史中,还没有被一个初出市场的小汽车公司掌控过,特别是一个在各个方面都不如自己的公司,但是吉利做到了。

吉利此举,不仅让其品牌知名度提升到了无与伦比的高度,更让其品牌影响力达到了前所未有的高度。有了这两个高度,吉利的品牌提升就变得轻松和容易多了。因为有了沃尔沃的支持,吉利的品牌在无形之中也得到了提升。

第二,品牌策略的转变。此时的吉利已有了明确的品牌管理意识,即不能再沿用过去母子品牌背书的形式做产品了,已到了影响力阶段,吉利采用独立品牌模式:母品牌吉利更多地代表公司品牌,似乎与产品品牌无关,新出台的品牌都与吉利划清界限,以全新的子品牌形式出现。

吉利虽有沃尔沃,但并没有将其中国化。这使得沃尔沃依然发挥着它应有的魅力,并且用不需言说的力量支持着吉利汽车母品牌的发展。毫无疑问,吉利不光要做大,更要做强;不仅要做中国高端汽车品牌,还要做世界高端汽车品牌。

(资料来源:夏志华,张子波.汽车营销实务[M].北京:北京大学出版社,2012.)

问题：
1. 吉利为什么要进行战略转型？
2. 战略转型后，消费者对吉利的印象发生了哪些变化？

5.1 汽车市场营销战略概述

5.1.1 市场营销战略概述

1. 企业经营战略

（1）战略与企业战略

战略一词源于希腊语 Strategos，本意是"将军的艺术"。管理学中战略是指有关全局的重大决策或方案。美国哈佛大学商学院安德鲁斯教授认为："战略是目标、意图或目的，以及达到这些目的而制定的主要方针和计划的一种模式。这种模式界定着企业正在从事的或者应该从事的经营业务，以及界定着企业所属的或应该所属的经营类型。"

战略的本质是企业对未来的选择。企业战略是指企业面对激烈竞争的市场环境，通过对企业过去、现状的分析与对未来的预测而设立的远景目标，并就企业生存与发展所作的长远的、全局性的谋划或方案。企业战略是企业面对激烈变化的环境，为求得生存和发展而进行的总体谋划。它是企业战略思想的集中体现，是企业经营范围的科学规定，是制定各种计划的基础。

企业目标是多层次的，有总体目标、各层次目标、各经营项目目标，以组成完整的目标体系。企业战略不仅要说明企业整体目标以及实现这些目标的方法，而且要说明企业每一层次、每一类业务、每一部分的目标及其实现方法。因此，企业的总部制定总体经营战略，分公司制定经营单位战略，部门制定职能型战略。

企业经营战略通常分为三个层次：企业总体战略、经营单位战略和职能部门战略，如图5.1 所示。

企业总体战略是企业最高层次的战略，主要回答企业应该在哪些领域从事经营活动的问题。其目标是协调企业各个业务单位的关系，合理配置企业资源，实现企业的总体最优目标。

> **同步思考 5.1**
> 战略与战术有何区别？

对于规模较大的企业、集团企业，大多根据经营范围和管理特征设立事业部、子公司；一般性企业也可能设立分部，这都称为独立的战略经营单位（Strategic Business Units，SBU）。所以，经营单位战略就是指各个子公司、事业部、分部的战略。

职能部门战略是企业各个职能部门的战略，从属于所在的经营单位的战略和整个企业的总体战略。具体包括研究开发战略、生产战略、市场营销战略、财务战略、人力资源战略等。

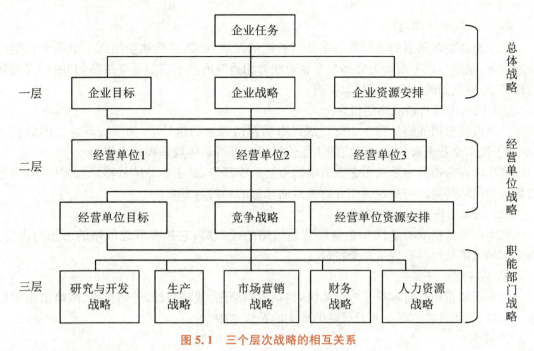

图 5.1　三个层次战略的相互关系

(2) 市场营销战略与企业战略

市场营销战略是企业战略的一部分，是职能战略中的一种。市场营销战略与生产战略、财务战略、人力资源战略的关系变化如图 5.2 所示。随着市场竞争的加剧，市场营销战略在现代企业经营战略中的地位越来越突出，成为经营战略的中心环节和核心部分。在实际工作中，企业经营战略和市场营销战略是密不可分的。

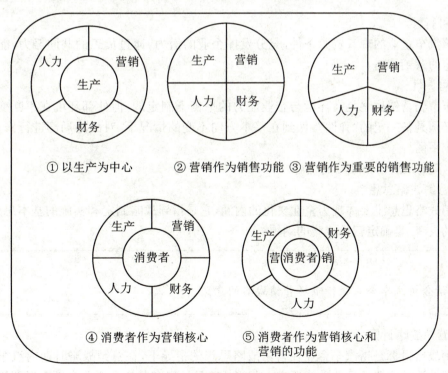

图 5.2　市场营销战略地位的变迁

2. 汽车市场营销战略

汽车企业要在激烈的市场竞争中获得长远的发展,必须正确地预测汽车市场中长期的发展变化,制定与汽车市场走势和汽车企业能力相适应的汽车市场营销战略,并组织实施和管理控制,使规划的战略目标得以实现。

(1) 汽车市场营销战略的概念

汽车市场营销战略是汽车企业在现代市场营销观念的指导下,为了实现企业的经营目标,对于汽车企业未来较长时间内的市场营销策略进行总体设想和综合规划。

汽车市场营销战略是汽车企业战略的重要组成部分,是企业总体战略思想的体现,汽车市场营销战略的制定与规划受企业总体战略思想的制约与影响。

(2) 汽车市场营销战略的特征

汽车市场营销战略是汽车企业经营总战略的子战略,它携带着总战略的思想与内容。汽车市场营销战略具有以下几个特征:

① 系统性

汽车市场营销战略本身是一个系统,包括战略思想、战略目标、战略重点、战略措施等要素。同时,它还处在汽车企业总战略的更大的系统之中。

② 全局性

汽车市场营销战略的全局性包括两层含义:一是指汽车企业对市场营销策略进行整体规划;二是指汽车企业在市场营销中作出事关汽车企业全局发展的关键性决策。

③ 长远性

汽车市场营销战略的长远性是指战略着眼于未来,要指导和影响未来较长时期内的营销活动,是对未来营销工作的通盘筹划。因此,要立足当前,放眼未来,协调好近期和长远的关系。

④ 可行性

按照汽车企业的现有资源条件,充分发挥企业的潜力,通过员工的共同努力,能够落实企业制定的营销策略。

⑤ 可调性

汽车市场营销战略是在环境与企业能力的平衡下制定的,但外部环境在不断变化。企业战略必须具备一定的"弹性",做到在基本方向不变的情况下,对战略局部进行修正,以在变化中求平衡。

(3) 汽车市场营销战略的内容

① 营销战略思想

营销战略思想主要体现为企业文化的内涵,它是指导战略制定和实施的基本思想,是营销战略的灵魂,是确定营销战略的纲领。

> **同步思考 5.2**
>
> 请分析汽车企业执行市场营销战略的意义。

② 营销战略目标

营销战略目标是指汽车企业在营销战略思想的指导下,在营销战略时期内汽车企业全部市场营销活动所要达到的总体要求。营销战略目标规定着汽车企业全部市场营销活动的总任务,决定着汽车企业发展的方向。

③ 营销战略重点

围绕营销战略目标的实现,通过对汽车企业内外部、主客观条件的分析,找出各阶段影响市场营销的重要问题,把它作为营销战略重点。

④ 营销战略措施

营销战略措施是为了实现营销战略目标所采取的具体措施,将总体目标分解到战略的每个阶段,制定相应的战略措施,确保汽车企业战略总体目标的实现。

5.1.2 汽车市场营销战略规划

市场营销战略的制定是一个连续的过程,包括一系列重大步骤,我们称之为市场营销战略规划。其主要内容包括:明确企业任务、确定营销目标、评估目前业务组合和制定新业务发展计划。

1. 明确企业任务

企业任务即确定企业的使命,包含两个方面的内容:企业宗旨和企业观念。企业宗旨指企业类型及企业活动的方向和范围;企业观念指企业经营活动的价值观、信念和行为准则。简单地说,规定企业的任务就是回答有关企业的根本性问题,如"企业是干什么的?""企业是为谁服务的?""企业的业务有哪些?""企业对顾客的价值是什么?"等。

知识延展 5.1

规定企业的任务主要考虑的因素

1. 企业的历史
企业任务很大程度上体现了企业发展的历史特色。
2. 企业高层管理者的个人目标和观念
高层管理者对企业任务的制定有很大的影响。
3. 环境的变化
企业是在环境中生存发展的,任务是否合理取决于是否适应环境。
4. 企业资源状态
任务是否可行,关键在于企业资源是否有能力完成这些任务。
5. 企业的优势
好的任务应能充分发挥企业的优势。

企业任务一般以使命说明书的方式呈现,这是为了让企业的经理、员工和顾客共同负有使命感。一份有效的使命说明书将向企业的每个成员明确阐明企业的目标、方向和机会,引导着广大员工朝着同一组织目标进行工作。使命说明书一般带有纲领性、激励性的语句,它是企业的愿景。

同步思考 5.3

上网搜索中国红旗汽车的企业使命愿景。

2. 确定营销目标

企业任务明确后,要将这些任务具体化为企业的营销目标。企业目标是企业在未来一定时期内要达到的目标或标准,是一个多元化的目标体系,它包括贡献目标、市场目标、发展目标和利益目标等内容。

企业目标的确定应坚持科学性与现实性相结合、总体性与层次性相适应、协调性与灵活性相统一的原则,使企业目标尽可能地与社会利益保持一致。只有一个企业制定出了明确的目标,才可使企业的各项工作在统一目标的指导下得到协调和发展,提高整体经营效果。

3. 评估目前业务组合

波士顿咨询集团法(BCG 模型)是由美国一流管理咨询公司波士顿咨询集团(Boston Consulting Group)首创的一种规划企业产品组合的方法。它使用"市场增长率-相对市场占有率"矩阵,对企业各个战略业务单位加以分类和评估,如图 5.3 所示。

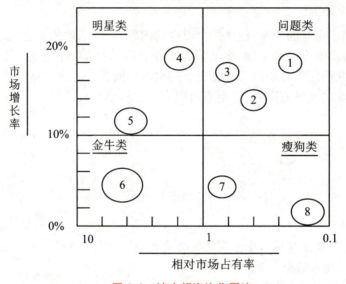

图 5.3　波士顿咨询集团法

知识延展 5.2

市场占有率和相对市场占有率

本企业某种产品绝对市场占有率 = $\dfrac{该产品本企业销售量}{该产品市场销售总量}$

本企业某种产品相对市场占有率 = $\dfrac{该产品本企业市场占有率}{该产品市场占有份额最大者}$

(或特定的竞争者的市场占有率)

图 5.3 中的纵坐标代表市场增长率,即产品销售额的年增长速度,以 10% 为临界线分为高低两个部分;横坐标代表相对市场占有率,以 1 为分界线分为高、低两个部分。图中的圆圈代表各个业务单位,圆圈位置表示该业务单位的市场增长率和相对市场占有率的现状,圆

圈的面积表示该业务单位的销售额大小。

(1) 业务单位类型

图5.3中的四个象限分别代表问题类、明星类、金牛类和瘦狗类等四类不同的业务单位。

① 问题类

市场增长率高但相对市场占有率低的业务单位。大多数业务单位最初都处于这一象限，这一类业务单位需要较多的资源投入，但前途未卜。

② 明星类

问题类业务单位如果经营成功，就会成为明星类。该业务单位的市场增长率和相对市场占有率都较高，因其销售量增长迅速，企业必须大量地投入资源以支持其快速发展。明星类业务单位是企业未来的支柱。

③ 金牛类

市场增长率低，相对市场占有率高的业务单位。因为市场增长率降低，不再需要大量资源投入，又因为相对市场占有率高，产生了较高的收益。金牛类业务是企业的财源。

④ 瘦狗类

市场增长率和相对市场占有率都较低的业务单位。它们一般属于即将淘汰的业务单位。

(2) 战略选择

在对各业务单位进行评估分析之后，企业应着手对投资组合进行调整，通常有四种战略可供选择：

① 发展战略

提高市场占有率，需要追加投资，甚至不时放弃短期利益。

② 维持战略

保持某一战略业务单位的市场份额，不缩减也不扩张。

③ 收缩战略

获取战略业务的短期效益，不作长远的地位考虑。

④ 放弃战略

对该业务进行清理、撤销，以减轻企业的负担，把资源转换到更有利的投资领域。

问题类、明星类、金牛类和瘦狗类四种业务的特点及战略选择见表5.1。

表5.1 四类业务组合的特点与战略选择

业务组合类型	市场增长率	相对市场占有率	特点	战略选择
问题类	高	低	大多数业务单位的最初状态，前途未卜	发展战略、维持战略、放弃战略
明星类	高	高	发展快速，像冉冉升起的璀璨明星	发展战略
金牛类	低	高	产生较高的收益，是企业的财源	维持战略、收缩战略
瘦狗类	低	低	利润少或亏损，如同饥饿或病痛中的瘦狗，奄奄一息	收缩战略、放弃战略

4. 制定新业务发展计划

企业对现有业务进行评估分析以后,需要对未来发展、新增业务作出战略规划。企业发展战略主要有三类,每一类又包含三种具体的策略(表 5.2)。

表 5.2　三种发展战略的九种策略

发展战略	密集式	一体化	多角化
具体策略	市场渗透 市场开发 产品开发	后向一体化 前向一体化 水平一体化	同心多角化 横向多角化 混合多角化

(1) 密集式发展战略

当企业现经营领域还存在发展潜力时,可采用密集式发展战略。其三种形式是市场渗透、市场开发和产品开发,如图 5.4 所示。

	老产品	新产品
老市场	市场渗透	产品开发
新市场	市场开发	多样化战略

图 5.4　密集式发展战略

① 市场渗透

老产品与老市场。即在现有市场上扩大现有产品的销售量。比如设法使现有消费者多次或大量购买本企业的产品,或吸引竞争者的消费者购买本企业的产品,还可通过加大广告宣传、加强促销力度等方式刺激需求,扩大销售量。

② 市场开发

老产品与新市场。即把现有产品投放到新的市场。企业可把产品从一个地区推广到其他地区、全国市场,甚至国际市场,还可以发现新的细分市场,扩大市场范围。

③ 产品开发

新产品与老市场。即向现有市场提供新产品或者改进产品,以满足现有消费者的潜在需求,增加销售量。

(2) 一体化发展战略

企业发展到一定程度,企业所属的行业属于增长潜力大、具有吸引力的行业,在供产、产销方面合并后更有利于企业发展,便可考虑采用一体化增长战略,以增加新业务、提高营利能力。具体形式有三种:后向一体化、前向一体化和水平一体化。

① 后向一体化

企业收购、兼并原材料及零部件供应商,实现产供一体化。

② 前向一体化

企业向前控制分销系统实现产销结合,或上游企业合并下游企业达到一体化。如汽车制造厂建立自己的 4S 销售店。

③ 水平一体化

指企业兼并或控制同行业，以扩大经营范围。

（3）多角化发展战略

指企业尽量增加产品的种类和品种，跨行业生产和经营多种多样的产品和业务，扩大企业的生产和市场范围，以保证企业在竞争激烈的市场上，降低经营风险，使企业得以持续发展。多角化发展战略有同心多角化、横向多角化和复合多角化等三种形式。

① 同心多角化

同心多角化指企业利用原有技术、生产设备和营销渠道等开发新产品和新服务项目，从同一圆心向外扩大经营范围。

② 横向多角化

横向多角化指企业研究开发能满足现有市场顾客需要的新产品，而产品技术与原有企业产品技术没有必然的联系。

③ 复合多角化

复合多角化又称为集团多样化，指企业开发与原有产品的技术无关，同时与原有市场毫无联系的新业务。

案例讨论 5.1

蔚来汽车，心情图书馆

这是一个包括朗诵、阅读、倾听等活动在内的多场景装置项目，你可以选择愉悦、放松和静谧这三种模式，Kindle 会给你推荐最适合你的书单。例如，在阅读区，你可以像在海边拾贝般，从品类丰富的书单中找到自己的最爱。在放松区，你可以捧一本书，以最舒服的坐姿来阅读、正坐、侧躺、斜卧；在"孤独帐篷"里，你可以隔绝外界的嘈杂，静下心来细细感受阅读的美好。

与传统车企不同的是，蔚来汽车不仅提供高性能的智能电动汽车，而且更加注重核心用户的体验，致力于给用户带来全新的体验方式。此次与 Kindle 合作，一方面两个品牌所面对的目标群体十分吻合；另一方面阅读本身也是一种生活方式的体现，将蔚来中心的空间与 Kindle 的阅读体验相结合，能够给用户带来一种更加沉浸式的感受。

（资料来源：SocialBeta. 蔚来汽车打造了一间深海主题的"心情图书馆"[EB/OL]. (2018-09-28)[2022-10-31]. https://socialbeta.com/t/103368.）

问题：这属于什么发展战略？

上述三大类发展战略，企业一般先考虑密集式发展战略，再尝试一体化发展战略，最后选择多角化发展战略。因为后者的风险更大，所需投入及对企业的管理能力要求更高。

5.2 汽车市场竞争战略

5.2.1 分析企业的竞争者

对竞争者的分析可按图 5.5 所示的步骤进行。

图 5.5 竞争者分析的步骤

1. 识别企业的竞争者

识别谁是企业的竞争者看似很容易,但由于需求的复杂多样、技术的快速发展和行业结构的变化,使得企业面临复杂的竞争形势。企业可以从行业和市场两个角度来寻找竞争者。从行业角度来看,将生产同一类型,或功能相近、在使用价值上可以相互替代的同行企业作为竞争者;从市场或消费者的角度来看,凡是满足相同的市场需要或者服务于同一消费群体的企业,无论是否属于同一行业,都可能是企业的竞争者。

根据产品的替代程度,将竞争者分为四种类型(表 5.3)。

表 5.3 四种行业竞争类型

竞争类型	说　明
品牌竞争者	指与本企业相同价位且向同一消费群体提供类似产品的企业,品牌之间的竞争十分激烈,如大众帕萨特和丰田雅阁之间的竞争
行业竞争者	指所有生产同类产品的企业,如福特将所有其他汽车制造企业均视为自己的竞争者
形式竞争者	将所有提供相似产品的企业都看成竞争者,如轿车生产企业不仅将其他汽车生产商作为竞争者,还把摩托车、自行车企业作为竞争者
一般竞争者	将所有为争取相同消费者而竞争的企业看成其竞争者,如一个汽车企业与房地产开发企业因争取消费者的货币支付而进行广泛的竞争

知识延展 5.3

波特五力分析模型

波特五力分析模型,又称波特竞争力模型、波特五力模型,具体如图 5.6 所示。它由迈克尔·波特(Michael Porter)于 20 世纪 80 年代初提出,对企业战略的制定产生全球性的深远影响。该模型用于竞争战略的分析,可以有效地分析竞争环境。五力分别是供应商的讨价还价能力、消费者的讨价还价能力、潜在竞争者进入的能力、替代品的替代能力、行业内部竞争者现在的竞争能力。

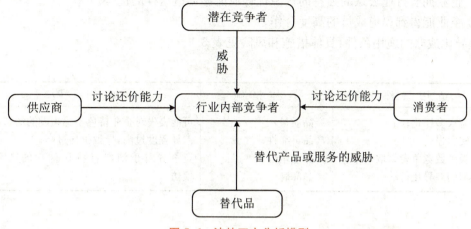

图 5.6　波特五力分析模型

2. 了解竞争者的战略目标

了解企业的竞争者后,还需了解它们在市场上的战略目标是什么,其包括利润目标、销售目标等。企业往往追求的是一组目标,各目标有轻重缓急,各时期侧重不同。

3. 评估竞争者的优势与劣势

竞争者能否有效地实施其战略目标,取决于他们的资源优势。企业可以收集竞争者过去的重要业务数据,或向中间商、消费者了解竞争者等来分析评估其优势与不足。

4. 判断竞争者的反应模式

企业的战略和行动,必将引起竞争者的某种反应。企业只有事先判断竞争者的反应,采取适当的措施,方可保证自身战略目标顺利达成。

5.2.2　企业一般性竞争战略

企业竞争战略的核心是如何战胜竞争者,获取稳固的竞争优势。迈克尔·波特将企业的竞争战略归纳为三种基本模式:低成本战略、差异化战略和集中性战略。

1. 低成本战略

低成本战略的要点是企业尽可能地降低生产和经营成本,通过低成本来获取行业领导地位,吸引对价格敏感的消费者。日本丰田公司采用的是低成本竞争战略,以不断提高自己的市场竞争地位。

2. 差异化战略

差异化战略是指企业与竞争者的产品有明显的差异,形成独特性。企业采取差异化战略需要具备一定的条件:

① 企业拥有强大的生产经营能力。
② 企业具有独特优势的产品加工技术。
③ 企业对创新与创造有一定的接受能力。

④ 企业具有很强的基础研究能力。
⑤ 企业具有良好的声誉。
⑥ 企业拥有行业公认的独特的资源优势或能够创造这样的优势。
⑦ 企业能得到渠道成员的高度合作。

差异化战略的适用条件、具体措施和风险见表5.4。

表 5.4　差异化战略

适用条件	具体措施	风　　险
用户需求多样化； 企业实力强； 只有极少数竞争者采取与本企业类似的差异化行动	产品质量； 产品可靠性； 产品安全性； 产品品牌	可能丧失对企业特色不感兴趣的消费者； 差异程度过高，导致价格过高； 竞争者对于消费者特别喜欢的产品的模仿

案例讨论 5.2

长城高端品牌的 Logo 营销

长城汽车宣布打造高端品牌"WEY"，以其创始人兼董事长魏建军的姓氏为名，打造高端品牌。在广州车展上，长城汽车正式发布其品牌 Logo，并且将展台故意安排在林肯的隔壁，两个非常高挑的 Logo 作为"邻居"，可谓用心良苦。

"WEY"品牌参考全球历史顶级汽车品牌，如奔驰、丰田、福特、宾利，以创始人的名字命名品牌的方式，成功体现了"中国的，就是世界的"的大国品牌气度。实现产品未上市，已成话题的营销效果。可见营销不仅仅是做一些公关活动，从品牌战略角度出发的营销，才是高手的大招。而临台林肯，则是这场营销的战术亮点。

（资料来源：编者整理）

问题："WEY"品牌轿车采用的是什么差异化战略？

3. 集中性战略

集中性战略是指主攻某个特定的消费群体或某个有限的细分市场，使企业有限的资源得到充分发挥，在某一方面超过竞争者，赢得竞争优势。

5.3　汽车品牌战略

5.3.1　汽车品牌概述

1. 品牌与商标的概念

品牌就是商品的商业名称，是由企业独创的、有显著特性的特定名称。著名市场营销专家菲利普·科特勒说："品牌是一种名称、术语、标记、符号或图案，或是它们的相互组合，用以识别某个消费者或某群消费者的产品或服务,并使之与竞争者的产品或服务相区别。"

品牌是用名词、文字、数字、图案或这些因素组合形成的符号,它包括品牌名称和品牌标志。品牌名称是指品牌中可以用语言称呼的部分,如汽车品牌中的"奔驰""奥迪"等。品牌标志是品牌中可以识别、认知,但不能用语言称呼的部分,包括符号、图案、独特的色彩和字体等。奥迪汽车的标志为四个圆环,如图5.7所示。

原Logo

更换后的Logo

扁平化的Logo是为了顺应全球移动互联的趋势

图5.7 奥迪汽车四环标志

商标是经有关政府机关注册登记受法律保护的产品品牌。商标受法律管理和保护,享有专用权,别的企业不得伪造和冒充。而未经注册的产品品牌不是商标,不受法律保护。

汽车品牌是各大汽车企业对其汽车产品设计的特殊名称和符号。按照我国《商标法》规定,产品必须使用注册商标,未经核准注册的,不得在市场销售。现今所有汽车的品牌也都是汽车的商标。

2. 品牌要素

品牌包含一个非常复杂的系统,一个品牌能表达出六层含义。

> **同步思考5.4**
> 你知道商标与品牌的不同吗?

(1)属性

一个品牌可以展现特定的属性。例如,梅赛德斯这个品牌可展现出高贵、制造优良、高声誉、快捷等属性。许多年来,梅赛德斯的广告是:"其工程质量全世界其他汽车无可比拟。"这是为显示该汽车的属性而精心设计的定位纲领。

(2)利益

消费者不是购买属性,他们是购买利益。梅赛德斯的消费利益是:由于其耐用,消费者可以使用很多年;由于高贵,消费者能享受社会的尊重。

(3)价值

品牌体现了制造商的某些价值感。90多年来,劳斯莱斯公司生产的劳斯莱斯和本特利豪华轿车总共有十几万辆,它不仅是一种交通工具,还是英国富豪生活方式的一种标志。

(4) 文化

通过品牌反映产品的文化内涵。劳斯莱斯象征着英国贵族,梅赛德斯则体现了德国文化。

(5) 个性

品牌代表了一定的个性,每个品牌都有自己的个性。梅赛德斯使人想起了一位风度翩翩的老板,或一座质朴的宫殿。

(6) 使用者

品牌还体现了购买或使用这种产品的是哪一类消费者。奔驰属于出入上流社会的成功人士;劳斯莱斯属于身份显赫的贵族;福特属于中产阶级的白领。

> **同步思考5.5**
> 汽车品牌的作用有哪些?

因而,品牌是有灵魂的,是活生生的。一个品牌必须存在于企业中,但又可以独立于它所在的企业之外。例如,劳斯莱斯无论是在被大众并购前或并购后,其核心价值并没有发生改变。

5.3.2 汽车品牌资产

汽车品牌作为一种无形资产,可以给企业带来附加利益,同时对于消费者也具有强大的吸引力和感召力。所以,汽车品牌资产可以说是汽车品牌和消费者之间的某种关系。从关系强弱的角度来看,这种关系可以是短期的吸引,抑或是长期的关注和信赖,这种动态的关系有助于增加消费者对品牌的记忆、印象、偏好,这些都是品牌资产的重要组成部分。

加利福尼亚大学伯克利分校的戴维 A. 艾克(David A. Aaker)在1991年提出品牌资产的"五星"概念模型,即品牌资产是由品牌知名度、品牌美誉度、品牌忠诚度、品牌联想和品牌其他资产组成。

1. 汽车品牌知名度

汽车品牌知名度反映的是某汽车品牌被消费者了解、知晓的程度,它表明品牌被多少或多大比例的消费者知晓,反映的是消费者关系的广度。品牌知名度是评价品牌社会影响力大小的指标。品牌知名度的高低是相对而言的,名牌就是知名度相对较高的品牌。按照品牌知名度的大小,品牌知名度可以分为无知名度、提示知名度、未提示知名度和顶端知名度。

① 无知名度是指消费者对于该品牌没有任何印象,或者听说过但是很容易就被遗忘的品牌,消费者一般不会主动选择此类产品。

② 提示知名度是指需要经过某种提示或者暗示以后才能说出的曾经听说过的品牌。比如国内汽车品牌众多,当问及国内新兴起的智能出行电动汽车的时候,你可能有印象,却说不出来,经过提示后便能作出肯定的回答。

③ 未提示知名度是指能够被消费者正确区分的某品牌,未提示知名度品牌一般较多,如红旗、比亚迪、江淮等。

④ 顶端知名度是指强势品牌所具有的知名度,一个行业领域的佼佼者,如汽车品牌中的奥迪、宝马、大众等。

汽车作为高技术含量的特殊消费品,广大消费者对其了解程度有限。为了降低购买风险,一般情况下消费者会依据汽车品牌的知名度进行筛选,因此具有顶端知名度的强势品牌更有竞争优势。汽车企业品牌管理人员要认识品牌知名度的重要性,重点打造强势品牌,为企业基业长青奠定基础。

2. 汽车品牌美誉度

汽车品牌美誉度是指某汽车品牌获得公众信任、支持和赞许的程度。如果将汽车品牌知名度看成量的指标,那么美誉度则是质的体现,它反映的是某品牌社会影响的好坏。汽车品牌美誉度的资产价值体现在口碑效应上,是消费者对整个汽车品牌的整体评价。良好的美誉度对提升品牌的社会知名度、提高品牌销售量具有重要意义,尤其是汽车作为高技术含量的高价产品,口碑效应尤为明显。因此,汽车企业要重视品牌美誉度的维护和提升。

3. 汽车品牌忠诚度

汽车品牌忠诚度是指消费者在某一段时间或很长一段时间内重复购买某汽车品牌的产品,形成品牌偏好。品牌忠诚度是品牌的核心资产。研究发现,吸引一个新消费者的花费是保持已有消费者的4~6倍,从品牌忠诚者身上获取的利润则是品牌非忠诚者的9倍,所以品牌忠诚的资产价值受到企业的特别重视。

品牌忠诚度的形成对于汽车企业增强市场竞争优势、赚取利润具有重要意义。

① 可以大幅降低企业的销售成本。由于该品牌已经获得高度认可,因此消费者在选择购买汽车产品时,该品牌汽车成为首选,降低了企业的营销成本。

② 较高的品牌忠诚度,意味着消费者会主动担任品牌营销人员,并劝说、鼓励周围的人进行该品牌产品的购买,树立其他消费者对于该品牌产品的信心,促进产品销售。

③ 可以减少企业的竞争威胁。如果该汽车品牌拥有一批忠诚的消费者,他们对原有品牌保有情感眷恋,一般不会轻易更换品牌,当有竞争者进攻该市场时,就会受到市场的阻力,进而削弱竞争者的利润潜力。

4. 汽车品牌联想

汽车品牌联想是指消费者看到某一特定汽车品牌时,从他的记忆中所能引发出的对该品牌的任何想法,包括感觉、经验、评价、品牌定位等,是一种重要的心理现象和心理活动。

汽车品牌联想一般分为汽车品牌属性联想、汽车品牌利益联想和汽车品牌态度。

① 汽车品牌属性联想指有关于汽车产品或服务的描述性特征。根据与产品或服务的关联程度,汽车品牌属性联想可以分为与产品有关的属性和与产品无关的属性。与产品有关的属性联想是指汽车产品的物理特性,直接影响着产品性能的本质和等级,如汽车的安全设备、生产汽车的钢材性能等。与产品无关的属性联想是指不能直接影响汽车的性能,但有可能影响购买决策的属性,如汽车的外形、颜色等。

② 汽车品牌利益联想,即该汽车品牌给消费者带来的价值或意义。如提到劳斯莱斯,该品牌给消费者一种高贵、高品质、身份地位的联想,这是该汽车品牌所赋予的产品或服务的一种附加利益。

③ 汽车品牌态度是消费者对于该品牌汽车产品的整体评价和选择。如消费者对于某汽车产品的态度建立在对产品质量、外观设计、售后服务、金融服务、销售渠道等综合认识的基础上,这就意味着品牌态度是可以改变的。

5. 汽车品牌其他资产

汽车品牌的其他资产是指除了上述资产以外,附于该品牌的其他无形资产,如商标、专利等知识产权。品牌既能够为消费者带来附加价值,如提升满意度、缩短购买决策时间等,也能够为企业提供附加价值,包括品牌溢价等。

5.3.3 汽车品牌战略

1. 汽车品牌设计战略

一个优秀的品牌依赖于品牌的科学命名和品牌标志的精心设计,有远见的汽车企业高层管理者都极其重视品牌的命名和设计。

(1) 汽车品牌的命名

品牌命名是现代企业营销战略的一个重要环节。一个好的品牌名称,不是一个简单的记号,它能强化定位,参与竞争,而且还以其可能隐含的形象价值使某一品牌获得持久的市场优势。一个好的名称应该承载一个品牌的内涵,传达品牌的主张和承诺,能时时唤起人们美好的联想。

案例讨论 5.3

给汽车起个好名字

汽车制造厂商都想为汽车起个好名字。美妙的车名能取悦消费者,为汽车打开销路。德国大众汽车公司生产的桑塔纳高级轿车,是因"旋风"的美誉而得名的。桑塔纳原是美国加利福尼亚一座山谷的名称,当地因生产名贵的葡萄酒而闻名。该山谷中经常刮起一股强劲的旋风,当地人称这种旋风为"桑塔纳"。于是该公司决定以"桑塔纳"为新型轿车的名称,希望它能像桑塔纳旋风一样风靡全球。

汽车的命名也有因疏忽而受到"冷遇"的,往往使其销路大减。20 世纪 60 年代中期,美国通用汽车公司向墨西哥推出新设计的汽车,名为"雪佛莱诺瓦",结果销路极差。后经调查发现,"诺瓦"这个读音,在西班牙语中是"走不动"意思。又如,福特公司曾有一款名为"艾特赛尔"的中型客车,但销路不畅,原因是车名与当地的一种伤风镇咳药(艾特赛尔)读音相似,给人一种"此车有病"的感觉,因此,消费者很少。

更有趣的是,美国一家救护公司成立 30 年来,一直把"态度诚实、可靠服务"作为宗旨,并将这四个词的英文开头字母"AIDS"印在救护车上,生意一直很好。然而,自从艾滋病流行以来,这种车的销售量一落千丈,因为印在救护车的英文字母恰恰与艾滋病的缩写"AIDS"一致,患者认为这是运送艾滋病人的车而拒绝乘坐,行人有时也嘲弄司机。这家公司最终只得更换了 30 多年的老招牌。

(资料来源:杜淑琳,王云霞. 汽车市场营销理论与实务[M]. 合肥:中国科学技术大学出版社,2013.)

问题:联系案例分析品牌名称的重要性。

(2) 汽车品牌命名的原则

① 创新特别

品牌最重要功能是区别于其他品牌,因此商品的品牌名称不可以与别的品牌雷同或相似。

> **同步思考 5.6**
> 收集其他汽车品牌的名称,分析汽车品牌命名的原则。

② 简单记忆

从心理学的角度分析,品牌名称以 2~4 个字最佳,且要简洁、顺口,不要用生僻字或多音字。

③ 美好联想

品牌联想是决定产品能否畅销的很重要的一个环节。好的命名,要给人一种正面的联想,能让消费者迅速产生认同感。

④ 尊重习俗

对于全球一体化的汽车产品,其品牌名称应该考虑不同国家、民族的社会文化和消费习惯。

(3) 汽车企业品牌命名的方法

汽车品牌命名的方法多种多样,但有一个共同点,就是有利于产品在目标市场树立美好的形象。常见的命名方法有:

① 以人名命名

以创始人的名字命名。如德国的奔驰、美国的福特、英国的劳斯莱斯、法国的雪铁龙、日本的丰田以及中国的小鹏汽车,都是以创始人的名字直接命名的。

② 以地名命名

中国本土汽车许多以地名命名,如北京、江淮、中华等。

③ 以体育赛事命名

汽车总是与运动有关,许多汽车品牌以体育赛事命名,如丰田的短跑家等。

④ 以动物命名

如路虎、悍马、宝马、福特野马、捷豹、奇瑞小蚂蚁等。

> **同步思考 5.7**
> 上网搜索,了解比亚迪(BYD)车标的寓意。

⑤ 以时代特征或政治色彩命名

如中国的红旗、解放、东风等。

⑥ 以社会阶层命名

如丰田皇冠和花冠、尼桑总统等。

(4) 汽车品牌标志设计的心理策略

标志对于品牌的意义非同一般。它作为一种特定的符号,实际上已经成为品牌文化、个性、联想等的综合与浓缩。品牌标志如果能够深刻反映品牌的精神,并与消费者的心理重合,产生共鸣,则能够为品牌起到积极的推动作用。车标设计的心理策略有:

① 简洁明了

在物质丰富的社会,品牌多如牛毛,人们不会特意去记某一个品牌,只有那些简单的标志留在了人们的脑海中。

② 设计有美感

造型要优美流畅、富有感染力,保持视觉平衡,使标志既具静态之美,又具动态之美。

③ 准确表达品牌特征

品牌的标志,归根到底是为品牌服务的,要让人们感知这个品牌是干什么的,它能带来什么利益。

④ 字体与色彩运用讲究

字体要体现产品特征、容易辨认、体现个性。在色彩的运用上,首先要明白不同的色彩会有不同的含义,给人不同的联想,适用于不同的产品。其次,相同的颜色也会因为地区、文化、风俗习惯的差异而产生不同的联想。如宝马标志中间的蓝白相间图案,代表蓝天、白云和旋转不停的螺旋桨。

⑤ 遵守法规、兼顾习俗、避免歧义

一般不得使用国徽、国旗或国际组织的徽章等作为品牌标志。由于各国的价值取向、宗教信仰、传统习俗等有所不同,世界各地对文字、图形、色彩、数字的理解也有差别,因此车标的设计应尊重习俗,避免歧义。

2. 汽车品牌定位战略

品牌定位战略是企业根据消费者对产品主要属性的不同要求,确定符合消费者需求的产品的优点和个性的一种策略。品牌定位与产品市场定位相似,主要目的是建立差异性,使本品牌有别于其他品牌。汽车产品品牌定位战略可从以下几个方面考虑:

(1) 产品差别化战略

从一致性质量、特色、耐用性、可靠性、可维修性、风格等方面实现差别。

① 一致性质量

一致性质量是指产品的设计和使用与预定的标准吻合的程度。

② 特色

产品特色是对产品的基本功能的某些增补。例如,对于汽车来说,它的基本功能是作为代步工具和运输工具,汽车产品的特色就是在基本功能上增加其他装置。

③ 耐用性

耐用性是衡量一个产品在自然条件下的预期操作寿命的性能。一般来说,消费者愿意为耐用性较好的产品支付更多的钱。

④ 可靠性

可靠性是指在一定时间内产品将保持正常运转的可能性。消费者愿意为产品的可靠性付出溢价。由于汽车属于耐用产品,因此可靠性和耐用性一样是受到消费者重视的指标。

⑤ 可维修性

可维修性是指一个产品出了故障或损坏后进行维修的难易程度。如果一辆由标准化零件组装起来的汽车容易调换零件,那么其可维修性也高。理想的可维修性是指可以花少量的甚至不花钱或时间,自己动手修复产品。除了汽车设计水平和生产质量决定了该汽车的可维修性之外,为该汽车提供的售后服务也可看作可维修性的衡量标准之一。如果一家汽车制造企业建立大量维修点,可以保证消费者在最短的时间和最短的距离下使汽车获得维修,那么同样可以认为该汽车的可维修性强。

⑥ 风格

风格是产品给予消费者的视觉和感觉效果。许多消费者愿意出高价购买一辆汽车,就是被该汽车的外表所吸引。当人们提到一辆汽车时,眼前最先浮现的通常是该汽车的外观。风格比质量或性能更能给消费者留下印象。同时,风格具有难以效仿的优势。

(2) 服务差别化战略

向目标市场提供与竞争者不同的优质服务的战略。一般企业的竞争能力越强,越能体现在消费者服务水平上,越容易实现市场差别化。如果企业将服务要素融入产品的支撑体系,就可以为竞争者设置"进入障碍",通过服务差别化提高消费者总价值,从而击败竞争者。汽车是技术密集型产品,实行服务差别化战略是非常有效的。服务差别化主要体现在订货方便、客户培训、客户咨询、维修和其他多种服务上。

(3) 人员差别化战略

人员差别化战略是指通过聘用和培训比竞争者更优秀的人员以获取差别优势的战略。实践早已证明,市场竞争归根到底是人才的竞争,一支优秀的队伍不仅能保证产品质量,还能保证服务质量。人员的素质通常包括人员的知识和技能、态度、责任心、反应能力、沟通能力等内容。

(4) 形象差别化战略

形象差别化战略是指在产品的核心部分与竞争者无明显差异的情况下通过塑造不同的产品形象以获取差别的战略。

3. 汽车品牌管理战略

(1) 统一品牌战略

统一品牌是指一个企业的各种产品都以同一品牌推入市场,即家族品牌。采取这种战略不仅可以大大节约促销费用,而且可以利用统一的品牌建立广告传播体系,声势浩大地将企业精神和产品特点传播给消费者,给消费者留下强烈和深刻的印象。此外,可以借助已成功的品牌推出新产品,使产品较快地打开销路。只有家族品牌已在市场上享有盛誉,而且各种产品有相同的质量水平时,该战略才行之有效,否则某一产品的问题会损害整个企业的信誉。

(2) 个别品牌战略

个别品牌是指一个企业的不同产品采用不同的品牌。如德国大众有VW、Audi、Skoda等多个品牌的轿车。这种战略的优点主要在于不会将企业声誉过于紧密地与个别产品相联系,如该产品失败,亦不会对企业整体造成不良后果。同时,个别品牌战略还便于为新产品寻求一个最好的名称。

(3) 分类品牌战略

按产品系列或产品大类划分,同一产品系列的产品采用统一品牌,不同系列的产品采用不同的品牌,因为不同产品系列之间的关联性较低,而同一产品系列之内的产品项目关联程度较高。对德国大众来说,VW品牌的产品基本上是中档汽车,Audi是高档轿车,Polo是经济型车。在这种品牌战略下,消费者很容易接受每种品牌所带有的意义。

(4) 将企业名称与个别品牌相结合战略

这是汽车行业中常见的一种品牌战略,即在企业各种产品的个别品牌名称之前冠以企业名称,使产品正统化,享受企业已有的信誉,而个别品牌又可使产品各具特色。如通用汽车公司生产的各种轿车分别使用凯迪拉克、雪佛兰、庞蒂克等品牌名称,而每个品牌名称前都另加GE字样,以表明是通用汽车公司的产品,如图5.8所示。

图 5.8　通用汽车公司旗下的品牌

4. 汽车品牌扩展战略

在科技发展日新月异的今天,技术、产品以及各种服务等都会被竞争者模仿。而一个企业的品牌扩展战略,是一个企业独一无二的无形资产,是附着于企业而存在的,因此具有不可模仿性。

汽车品牌扩展战略就是汽车企业将汽车品牌发展作为企业长期以来不可替代的核心竞争力。汽车品牌扩展战略从一定程度上可以为企业带来更高的经营利润,是市场经济中竞争的产物。汽车企业经常制定及采取的品牌扩展战略一般包括以下几种类型:

(1) 产品线扩展战略

产品线扩展战略是指对企业现有汽车产品线使用同一品牌,当增加该产品线的汽车产品时,依然沿用原有的品牌。这类新产品往往是在保留原有产品基本效能的基础上,进行附加功能、款式、风格等的改变或增加,作局部调整。如帕萨特,传统的帕萨特给人以沉稳和商务的形象,当市场趋于年轻化时,帕萨特作出局部改变,最大的则是内饰的变化,外观风格也更加年轻化,摆脱了以往商务的形象,符合各个年龄段消费者的审美。

汽车产品线扩展战略可以满足不同的细分市场需求,同时受原有产品的市场知名度和美誉度的影响,一般新产品上市后会很快得到市场的认可,占据一席之地。但是同时也存在弊端,新产品的市场印象会淡化原有汽车品牌的个性和形象,增加了消费者选择的难度。如果存在新旧汽车产品市场区分不明显的情况,则会造成新旧产品的市场之争。

(2) 品牌延伸战略

所谓品牌延伸,就是将一个现有的品牌名称,使用到一个新类别的产品上。汽车品牌延伸战略,就是把现有成功的汽车品牌用于新汽车上的一种战略。随着市场竞争的加剧,市场产品的同质化日趋严重,品牌成为消费者选择产品的重要依据,是企业形成强劲竞争力的重要途径。汽车行业更是如此,消费者对不熟悉或者高技术含量的产品态度谨慎,而已经成功获得市场认可的品牌自然受到青睐,品牌的营销力开始凸显。

品牌的市场寿命同产品一样,也受到生命周期的约束,同样存在导入期、成长期、成熟期和衰退期。品牌作为无形资产,是企业重要的战略资源,如何充分发挥现有品牌优势,并且尽可能延长品牌生命周期是企业一项重要的决策问题。从一定程度上看,品牌延伸是品牌在新产品上的寿命延伸,因而也成为不少企业的合理选择。

汽车品牌延伸的益处,可以从以下几个方面阐述:

① 降低营销成本

新汽车进入市场被消费者熟知,需要一定的时间且会耗费企业大量的营销费用,进行品牌延伸,使用成功的品牌可以成功缩短新汽车产品进入市场的时间,即缩短导入期,尽快进入产品生长期。

② 品牌强化作用凸显

不同的汽车产品的成功效应集聚,可成功地强化该汽车品牌的市场竞争力,增加品牌资产价值。

③ 降低市场风险

汽车作为特殊的消费品,其单价高、成本高,同时消费者和市场承担的风险自然也高。利用原成功品牌推出新产品,可以最大程度地降低消费者和市场抵御风险的心理防线,使其迅速得到推广。

但同时也存在一定的风险。新汽车产品是否能够复制或者超越原汽车产品的成功,存在一定的未知,所以新汽车产品如果出现问题,则会影响原汽车产品的销售量。此外,汽车产品定位如果出现较大偏差,会淡化品牌个性,失去市场的原有定位,丧失辛苦建立起来的品牌定位。如 Volkswagen Phaeton(大众辉腾)高级房车于 2002 年上市,因为远离原来好的平价"人民车"的定位,因此未获得消费者的青睐。因为同样的钱,消费者宁愿选择奥迪 A8、宝马 7 车系而不会买福克斯。而丰田汽车因为不具备奢侈品牌的形象,因此推出高级汽车品牌凌志。凌志定位于奢侈汽车市场,使用吸引人的设计及高质量的材料。最终丰田汽车通过整合品牌战略,将凌志与丰田汽车的耐用与可靠的形象明显地区隔开。

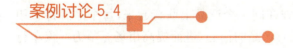

案例讨论 5.4

"伟大的车"却败走麦城——大众辉腾

大众汽车一直以生产适合大众消费的车型而著称,甲壳虫、高尔夫乃至帕萨特等车型都已成为大众品牌旗下不朽的经典产品。然而,大众的领导者们显然不甘寂寞,决心涉足豪华轿车领域,欲与奔驰、宝马等传统的豪华轿车品牌一争高下。于是,在大众汽车的德累斯顿玻璃工厂内,一款以古希腊神话中太阳神儿子的名字命名的豪华轿车诞生了,那就是辉腾!

辉腾的问世，为大众汽车带来新的内涵，同时以特有的方式，诠释着大众的豪华艺术。《福布斯》称其为"伟大的车"。然而就是这样一款"伟大的车"却败走麦城，上市两年仅售出3715辆，以至于大众汽车最终不得不挥泪将辉腾撤出美国市场。为什么卓尔不凡的辉腾会受到市场的冷落呢？原来辉腾失败的重要原因是其品牌架构设计的失误，大众汽车把辉腾和中低档大众的两个品牌紧密地捆在一起，在辉腾车身的前盖和后箱上都嵌有大众的Logo，在辉腾的广告宣传中大众也频频露脸。

其实，并非大众辉腾一家犯了这样的错误。我国自主品牌汽车在推出高端品牌汽车时，也都不忘高调宣传低档的母品牌形象。例如，吉利推出旗下的中高端品牌帝豪，"吉利"赫然标注在帝豪车尾。然而，面对吉利挥之不去的廉价车印象，消费者能真正感受到帝豪高贵的品位吗？

（资料来源：佚名.从大众辉腾的失策看其品牌架构的败笔[J].中国储运,2013(8):96.）

问题：汽车企业在实施品牌延伸战略的时候，应该注意哪些问题？

（3）多品牌战略

多品牌战略是指一种产品使用两个或两个以上的品牌，使不同品牌的同一产品在市场上彼此展开竞争，有时会导致两者的销售量之和大于原先单一品牌的先期产品总销售量。不同质量等级的同一产品也可采用不同的品牌或商标，以示两者的区别。采用多重品牌的主要目的在于扩大市场份额。但也要注意其可行性，如不能增加销售量，则是徒劳。

对于汽车品牌而言，采用多品牌战略优越性凸显。随着全球化经济的不断发展，汽车企业的竞争也面临着世界性的问题。没有哪一个汽车品牌可以傲视全球，独自霸占市场。众多的市场竞争者和追随者迫使企业不得不进行市场细分，进行多品牌设计，以不同的汽车特性满足更多的细分市场，因此多品牌战略有助于汽车企业最大限度地覆盖市场，获取市场利润。此外，多品牌战略也是企业培植市场的需要。市场的培植不可能只依靠一个企业，因此竞争者的加入在一定程度上可以促进产品市场的开发与成熟。对于相同的产品采用不同的品牌，可以有效限制竞争者的扩展机会，尽可能细分每个市场，获得每个市场的竞争优势，有效地防止竞争者产品的攻击。

多品牌也有其局限性。最明显的莫过于新品牌的推广需要耗费大量的成本。企业实行多品牌战略就意味着不可能把所有优势资源集中在某一品牌，资源的分散有可能降低资源利用率，同时每个品牌的成长都需要一定的时间，这在一定程度上也增加了企业的成本。如大众汽车采用多品牌战略获得了市场的成功，图5.9为大众汽车旗下的品牌。

（4）合作品牌战略

合作品牌战略是指两个或两个以上的品牌在同一个产品上联合起来，每个品牌都希望合作的品牌能够强化产品整体形象，增强市场对产品的信心，进而提高市场竞争力。汽车行业常见的合作品牌众多，如一汽大众、东风本田等。

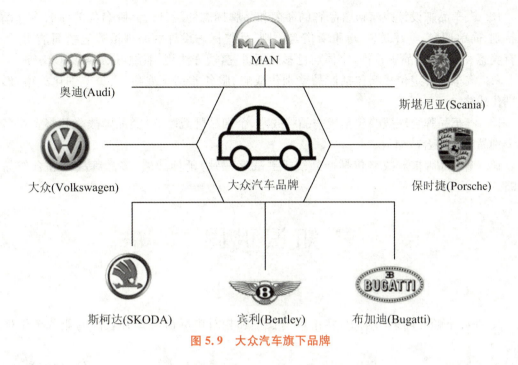

图 5.9　大众汽车旗下品牌

项目小结

1. 汽车市场营销战略是企业市场营销部门根据战略规划,在综合考虑外部市场机会及内部资源状况等因素的基础上,确定营销的战略任务、战略目标(市场、发展、利益、贡献)、战略重点、战略步骤等,对市场进行合理细分,选择相应的市场营销战略组合,并予以有效的实施和控制的过程。

2. 汽车企业市场战略规划是企业的一种管理过程,即企业的最高管理层通过规划企业的基本任务、目标和业务组合,使企业的资源和能力适应不断变化的市场营销环境。

3. 波士顿咨询集团法(BCG模型)是一种规划企业产品组合的方法。根据"市场增长率与相对市场占有率"矩阵,将战略业务单位分为问题类、明星类、金牛类和瘦狗类四种。

4. 企业营销战略发展规划分为密集式发展战略、一体化发展战略和多角化发展战略。密集式发展战略分为市场渗透、市场开发和产品开发三种;一体化发展战略分为后向一体化、前向一体化和水平一体化三种;多角化发展战略分为同心多角化、横向多角化和混合多角化。

5. 企业一般性竞争战略包括低成本战略、差异化战略和集中性战略。

6. 品牌是一种名称、术语、标记、符号或图案,或是它们的相互组合,用以识别某个消费者或某群消费者的产品或服务,并使之与竞争者的产品或服务相区别。品牌分为品牌名称和品牌标志两部分。

7. 品牌要素包括属性、利益、价值、文化、个性、使用者等六个方面。

8. 品牌资产是由品牌知名度、品牌美誉度、品牌忠诚度、品牌联想和品牌其他资产组成。

9. 汽车品牌战略包括品牌设计战略、品牌定位战略、品牌管理战略和品牌扩展战略。

10. 汽车品牌设计战略包含品牌的命名和品牌标志的设计。品牌名称的命名应遵循创新特别、简单记忆、美好联想、尊重习俗等原则;品牌标志设计的心理策略包括简洁明了,设计有美感,准确表达品牌特征,字体与色彩运用讲究,遵守法规、兼顾习俗、避免歧义等。

11. 汽车品牌定位战略包括产品差别化战略、服务差别化战略、人员差别化战略、形象差别化战略。

12. 汽车品牌管理战略包括统一品牌战略、个别品牌战略、分类品牌战略和将企业名称与个别品牌相结合战略等。

13. 汽车品牌扩展战略包括产品线扩展战略、品牌延伸战略、多品牌战略和合作品牌战略。

知识巩固

单选题

1. 在波士顿咨询集团法中,将市场增长率和相对市场占有率都较高的业务单位称为( )。
   A. 问号类　　　　　B. 明星类　　　　　C. 金牛类　　　　　D. 瘦狗类

2. 波士顿咨询集团法采用的分类和评价矩阵是( )。
   A. 市场增长率与相对市场占有率矩阵　　B. 市场增长率与行业吸引力矩阵
   C. 相对市场占有率与业务力量矩阵　　　D. 业务力量与行业吸引力矩阵

3. 汽车制造厂商建立自己的4S销售店属于( )。
   A. 前向一体化　　B. 后向一体化　　C. 水平一体化　　D. 横向一体化

4. 金牛类业务单位的特点是( )。
   A. 高市场增长率和低相对市场占有率　　B. 高市场增长率和高相对市场占有率
   C. 低市场增长率和低相对市场占有率　　D. 低市场增长率和高相对市场占有率

5. 众所周知,沃尔沃轿车是世界上最安全的汽车,安全是沃尔沃获胜的关键。沃尔沃采取的竞争战略为( )。
   A. 低成本战略　　B. 差异化战略　　C. 集中性战略　　D. 选择性战略

6. 下列属于密集式发展战略的是( )。
   A. 产品开发　　　B. 企业开发　　　C. 前向一体化　　D. 水平多元化

7. 为了提升市场竞争地位,某汽车制造企业成立跑车事业部,投资研发运动型硬顶敞篷跑车,并开展市场营销活动,从企业战略层次分析,该企业的此项战略属于( )。
   A. 企业总体战略　　　　　　　B. 企业业务战略
   C. 企业稳定战略　　　　　　　D. 企业职能战略

多选题

1. 战略规划过程是企业为生存和发展而制定的长期总战略的一系列重要步骤,包括( )。
   A. 明确企业任务　　　B. 确定企业目标　　　C. 评估业务组合

D. 制定营销战略规划　　　E. 制定新业务发展计划

2. 企业发展战略中的密集式发展战略包括(　　)。
   A. 市场渗透　　　B. 企业开发　　　C. 市场开发
   D. 产品渗透　　　E. 产品开发

3. 品牌要素包括(　　)。
   A. 特性　　B. 价值　　C. 个性　　D. 使用者　　E. 利益

4. 美国战略学家迈克尔·波特提出的基本竞争战略包括(　　)。
   A. 低成本战略　　　B. 低价格战略　　　C. 集中性战略
   D. 差异化战略　　　E. 统一性战略

5. 产品差别化战略可以从(　　)等方面来实现。
   A. 价格　　B. 特色　　C. 耐用性　　D. 可靠性　　E. 风格

6. 波特五力分析模型中的五力包括(　　)。
   A. 供应商的讨价还价能力　　　　B. 中间商的讨价还价能力
   C. 消费者的讨价还价能力　　　　D. 替代品的替代能力
   E. 潜在竞争者进入能力

判断题

1. 商标和品牌有一定的不同,商标是法律概念,而品牌是市场概念。(　　)
2. 汽车取名字可以用人名,最好使用伟人的名字命名。(　　)
3. 品牌便于保护汽车消费者的利益。(　　)
4. 明星类业务单位的特点是市场增长率和相对市场占有率都很高。(　　)
5. 波士顿咨询集团法是目前评估业务组合最常用的方法,也是唯一的方法。(　　)

(扫一扫,答案在这里!)

综合案例

乘用车与商用车品牌战略的异同

汽车不再只是简单的出行或者劳动生产的工具,而是具有情感的伙伴。汽车产品不仅可以在造型、配置、性能、价格等方面获得竞争优势,也可以靠品牌效应来扭转乾坤。一个有影响力的汽车品牌,能够吸引特定的消费群体购买产品,因此汽车品牌战略非常重要。乘用车与商用车在品牌战略方面存在异同。

1. 品牌战略相同点
(1) 多产品线实施多个子品牌战略

不论是乘用车企业还是商用车企业均有多个子品牌。企业在消费者的需求不断差异化、消费者群体不断细分的趋势下,势必要推出满足不同消费群体需求的品牌,以达到精准定位消费者、分割市场、减少内部竞争的目的。

乘用车以长城汽车为例,长城旗下目前具有4个自产品牌和1个合资品牌,分别是专注燃油SUV的哈弗品牌,专注老本行皮卡的长城品牌,定位高端SUV的WEY,专注新能源汽车的欧拉品牌以及与宝马合资的光束品牌。各品牌定位清晰,各自为战,使长城摆脱了单腿走路的尴尬境遇,发展出多车型、多能源类型并行发展的路线。

商用车福田汽车拥有福田和时代两大品牌,福田品牌以蓝色为主色调,主打中高端,时代品牌以红色为主色调,主打低端。福田汽车两大品牌划分为14个产品品牌,高中低端全覆盖,各品牌定位清晰且不存在同类竞争。

(2) 依靠技术品牌给予自身品牌技术加持

各大汽车集团相继创建技术品牌,着力打造产品技术竞争力。技术品牌的提出将为产品核心科技的宣传提供有力的抓手,为产品的升级提供技术保障,同时也可以有效地提升品牌本身的技术感,打造品牌的专业技术"人设"。

消费者对于具有自主知识产权的自研技术的认可度比较高,如比亚迪的三电技术等。自主技术是一个企业技术的核心,长期来看,企业的核心竞争力在于基于创新的自主技术。

2. 品牌战略差异点

(1) 在品牌视觉呈现上,商用车比乘用车更加针对细分市场实施差异化战略

虽然乘用车和商用车都以消费者需求为导向,但商用车企业的目的性更强,更关注产品的实用属性带给消费者的体验。因此一般会针对细分市场进行特定的产品视觉体现,以体现产品的差异化和定制化优势,期望能够获得消费者的认可。

一些商用车车型由于投放的市场存在地域、气候等差异,企业会基于一款车型,通过配置、品牌的视觉呈现等方式来吸引不同细分市场的消费者,比如一汽解放先后推出了J6P的北方款、南方款、四季款、高寒款等,这些款型在品牌视觉呈现上存在一定差异。

与乘用车靠配置区分高低配不同,商用车还可以靠品牌的颜色区分高低配。一些商用车企业,如一汽解放,会依照品牌Logo的颜色来区分不同配置的车型。

(2) 在品牌的宣传推广方式上,商用车仍处于初级阶段

乘用车企业的品牌宣传推广方式多样,在汽车垂直网站、社交平台等新媒体运营方式的加持下,乘用车尤其是高端自主品牌的营销工作已逐渐向数字化、一体化方向发展。但是商用车品牌的营销手段较为单一,商用车官方宣传途径较少,商用车消费者的特点决定了消费者的社交范围和关注内容不同于乘用车消费者。奔驰卡车营销也进行过许多尝试,营销文案有一定新意,但公众号和微博粉丝较少,品牌热度和营销传播效果相比奔驰轿车并不理想。

(资料来源:中国汽车工业信息网.乘用车与商用车品牌战略的异同[EB/OL].(2022-02-09)[2022-10-31].https://auto.gasgoo.com/news/202202/9I70290490C108.shtml.)

问题:

1. 什么是乘用车?什么是商用车?
2. 请详细分析乘用车长城汽车品牌的运营策略。
3. 请详细分析商用车福田汽车品牌的运营策略。
4. 请分析乘用车与商用车品牌战略不同的原因。

项目工单

任务： 学习运用网络和实地调查的方法收集哈弗汽车品牌的相关资料，对当地哈弗汽车的销售情况进行分析，发表自己的观点。	姓名：	指导教师：
	班级：	组别：

1. 目的与要求

实训目的：

走出课堂，了解哈弗汽车的品牌战略。

实训要求：

(1) 先在课堂上学习汽车品牌、汽车营销规划的相关内容；

(2) 学生自己利用课余时间找当地的哈弗汽车 4S 店，详细了解和分析哈弗汽车的品牌战略，归纳总结出其成功之处及面临的问题，并撰写调研报告。

2. 组织与计划

3. 任务实施

4. 归纳总结

5. 评价（优秀、良好、合格、不合格）

自我评价：	小组评价：

教师评价：

项目 5 汽车市场营销战略

汽车目标市场策略

学习目标

1. 知识目标

(1) 理解汽车目标市场细分的概念;
(2) 掌握汽车目标市场细分的标准与变量;
(3) 掌握汽车目标市场的选择策略;
(4) 理解汽车目标市场的定位概念;
(5) 掌握汽车目标市场的定位策略。

2. 能力目标

(1) 能够科学地进行汽车目标市场细分的分析和选择;
(2) 能够熟练运用汽车目标市场定位,制定合理的市场定位策略。

3. 素养目标

通过本项目的学习,熟练掌握STP战略分析法,正确认识能源危机环境下的各种汽车细分市场,尤其是能够为新能源汽车市场提出合理化发展建议。

思维导图

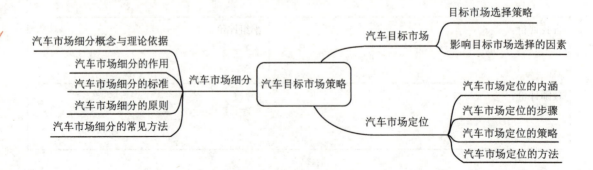

开篇案例

尼尔森:"90后"带来市场细分新时代

随着"90后"开始迈入职场,并有了稳定的收入,"90后"进入主流社会的浪潮也拉开了大幕,这不仅意味着"90后"开始成为工作人群、消费人群的生力军,也意味着人们的主流生活方式、社会文化和营销传播形式即将全面改变。

尼尔森在《"90后"生活形态和价值观研究报告》中提出,"90后"乐观积极,用身上的正能量影响着身边的人和事。与此同时,"90后"乐于用自己独特且富有创意的方式去表达和传播正能量,即使面临挑战,也会通过自嘲的方式来轻松解决。他们希望自己独特和独立,自我意识强烈。因此,他们的自我表达往往不受载体的限制,并能轻松利用现有载体来更充分地表达自己。

与此同时,"90后"乐于享受的特点也体现在了他们对于超前消费的看法上。"90后"受访者在被访谈的过程中,当被问及对于超前消费的看法时,虽然大多数人持谨慎态度,但他们认为超前消费的出发点是"对美好事物的追求,并为之奋斗",心中长存这种向往,奋斗也就更加有动力。因此,如果那个产品是他们想要的,那么他们会选择超前消费。

"90后"成长的年代,是互联网和个人电脑迅速在我国普及和渗透的年代。由于接触媒体的时间较早,在众多信息渠道中,他们更多依赖于手机和电脑。尼尔森的报告显示,互联网已成为"90后"消费者获取信息的重要来源之一。

"对于尼尔森所调查的'90后'消费者来说,品牌不再仅仅是一个产品名称,更是品质和个性的结合。品牌对于这个消费群体来说,是可以代表他们生活和品位的一种标签,并展现出他们的性格、观念和追求。"刘晓彬说,"从这一点来看,那些被赋予了独特故事的品牌有更大的机会去赢得我国年轻一代消费者,品牌不一定要昂贵,但它需要拥有独具个性的产品来满足年轻消费者的需求。"

当调查问及"90后"现在正在使用的品牌以及未来希望使用的品牌时,"90后"受访者的回答较为随意,对于像服装和耳机这类产品,受访者的回答显示并没有一个固定使用的品牌。经过调查发现,在所调查的受访者中,产品是否流行(周围是否有人使用及推荐)及品牌定位是影响"90后"未来品牌选择的两大重要因素。

(资料来源:盖世汽车网)

问题:
1. 根据案例说一说什么是市场研究?为什么要进行市场研究?
2. 结合案例说一说针对"90后",汽车市场该如何进行市场定位。

6.1 汽车市场细分

现代市场营销学认为，任何企业都不可能为整个市场的所有消费者服务，只能选择其中一部分作为企业的目标消费者开展营销活动，实施企业的目标市场策略。市场细分（Segmenting Market）、目标市场选择（Targeting Market Selection）和市场定位（Positioning）是实施目标市场策略的三个基本步骤，因此目标市场策略又称为STP战略。

6.1.1 汽车市场细分概念与理论依据

1. 汽车市场细分概念

市场细分的概念由美国市场学家温德尔·R. 史密斯（Wendell R. Smith）于1956年提出，它是企业营销思想和营销战略的重大发现，被看成营销学的"第二次革命"。

市场细分是指企业根据消费者需求的差异性，将整体市场分为两个或两个以上子市场的过程。每一个子市场叫细分市场。换言之，市场细分就是分辨具有不同特征的消费群体，把他们分别归类的过程。不同的细分市场之间，需求差别比较明显，而在每一个细分市场内部，需求差别则比较细微。

2. 市场细分的理论依据

（1）消费需求存在绝对差异性

市场上消费者的个性、年龄、收入等千差万别，导致他们的消费需求、购买动机和购买行为也各不相同。正如世界上没有完全相同的两片树叶一样，市场上也没有完全相同的两个消费者。可以说，正是由于这种差异性的存在，市场才有划分的依据。

（2）消费需求存在相对同质性

同一地区、同一社会文化背景、同一条件下的消费者具有相近的消费习惯，他们的消费需求相对同质。如果消费者的需求没有某种共性，那么市场细分就无从做起，企业不可能将每一个消费者都看作一个细分市场。正是需求存在相对的共性，市场细分才富有实际的营销意义。

6.1.2 汽车市场细分的作用

企业进行市场细分和目标市场营销，对于改善企业的经营效果具有重要的作用。这主要体现在以下几个方面。

1. 有利于发现市场营销机会

通过市场细分可以发现市场上尚未满足的需求，并从中寻找适合本企业开发的需求，从而抓住市场机会。这种需求往往是潜在的，通过市场细分和细致的市场调研，就可能发现这类需求，从而帮助企业抓住市场机会。

案例讨论 6.1

通用汽车的成功

20世纪20年代中期,亨利·福特和他的T型车统治了美国汽车工业。福特成功的关键在于它只生产一种车。福特认为如果一种型号的汽车能适合所有人,那么零部件的标准化以及批量生产将会使成本和价格降低,会使消费者满意。那时的福特是对的。

随着市场的发展,美国的汽车消费者开始有了不同的选择,有人想买娱乐用车,有人想买时髦车,有人希望车内有更大的空间。

通用汽车公司总裁艾尔弗雷德·斯隆发现这一问题后,招聘了一批市场研究人员,让他们研究购买轿车的潜在消费者的需求差异。虽然他们并不能为每个消费者生产出一种特别的车,但通过对市场的研究,很快设计生产出了与市场细分相关联的新产品:

雪佛兰是为那些刚刚能买得起车的消费者生产的;

庞蒂亚克是为了那些收入稍高一点的消费者生产的;

奥兹莫比尔是为中产阶级消费者生产的;

别克是为那些想要更好的车的消费者生产的;

凯迪拉克是为那些想要显示自己身份地位的消费者生产的。

此后,通用汽车就比福特汽车更畅销了。市场细分作为一种重要的营销策略发挥了重要的作用。

问题:根据案例分析通用汽车为什么比福特汽车更畅销?

2. 能有效地制定最优的营销策略

市场细分是目标市场选择和目标市场定位的前提,在细分市场上消费需求明确而具体,企业能有效地制定相应的营销策略。另外,企业可随时从细分市场上获得反馈信息,了解市场的变化,不断改善营销策略,从而达到最优的目标。

3. 能有效地与竞争者相抗衡

通过市场细分,有利于发现目标消费群体的需求特性,从而使产品富有特色,甚至可以在一定的细分市场中形成垄断的优势。

4. 能有效地扩展新市场,扩大市场占有率

企业对市场的占有是逐步扩展的。通过市场细分,企业可以先选择最适合自己占领的某些子市场作为目标市场,当占领这些子市场后,再逐渐向外推进、拓展,从而扩大市场占有率。

每一个企业的经营能力都有其优势和不足。如果有限的资源分摊在众多市场上,那么会使优势无从发挥,弱势难以弥补。企业将整体市场细分,确定自己的目标市场,这一过程正是将企业的优势和市场需求相结合的过程,有助于企业集中优势力量开拓市场。

6.1.3 汽车市场细分的标准

市场细分面临的首要问题是市场细分变量的选取。所谓市场细分变量,是指那些反映需求内在差异,同时能用作市场细分依据的可变因素。一般来说,形成市场需求差异性的因素都可以作为市场细分的依据。企业要进行有效的市场细分，必须确定适当的、科学的细分标准。汽车市场细分的标准见表 6.1。

表 6.1　汽车市场细分的标准

细分标准	具　体　因　素			
地理变量	国界 城市规模	区域 人口密度	地形 交通条件	气候　　　城乡 其他
人文变量	国籍 职业 收入	种族 教育 家庭人数	民族 性别 家庭生命周期	宗教信仰 年龄 其他
心理变量	社会阶层 消费习惯	生活方式 其他	个性	购买动机
行为变量	追求利益 品牌忠诚度 其他	使用者地位 渠道信赖度	购买频率 对价格、广告、服务的敏感度	使用频率

1. 地理变量

按地理变量细分市场就是把市场划分为不同的地理区域，如国家、地区、省市、南方、北方、城市、农村等。各地区由于受到自然气候、传统文化、经济发展水平等因素的影响，形成了不同的消费习惯和偏好，并有不同的需求特点。具体分为：

（1）地理区域

不同地区消费者的消费习惯和购买行为由于长期受不同自然条件和社会经济条件等的影响，往往有着较为明显的差异，如适用于环境恶劣地区的奔驰 G 级、通用大宇、阿尔法 X47 等越野车在边远或地理状况较差的地区有着广阔的市场前景。

（2）气候

气候的差异也会引起人们需求的差异。如我国的西藏地区地处高原，一年中温差变化较大，则可能对汽车的外观、颜色及车内的制冷系统有着更高的要求。

（3）人口密度

城镇、郊区及乡镇的情况是不一样的。

（4）城镇规模

城镇规模可分为特大型城市、大城市、中型城市、小城市、县城与乡镇等。

2. 人文变量

人文变量是按年龄、性别、家庭人数、家庭生命周期、收入、职业、教育、宗教信仰、民族、国籍等人口统计变量划分消费群体。

人口因素历来是细分市场常用的重要因素，因为消费者的欲望、需求、偏好和使用频率往往和人口因素有着直接的因果关系，而且人口因素较其他因素更容易测量。对汽车市场营销来说，收入是进行市场细分必须考虑的因素。一辆汽车的性能再好、创意再新，如果消费者的收入不足以负担这种汽车的价格，那么该汽车就不可能打开该细分市场。一般的人文变量见表 6.2。

表 6.2　一般的人文变量

人文变量	特　点
性别	男士多喜欢动力强劲、外观豪放的车型,如标志 307、奥迪 A 系列、沃尔沃 V90 豪华车等; 女士多喜欢外观柔美、典雅靓丽的车型,如保时捷轻型车、波罗两厢车、赛欧等
年龄	年轻人多喜欢跑车,自然要求汽车外形新颖、时尚,且具有强劲的动力和较快的速度,如宝马车的开发及营销就始终将目光瞄准富裕阶层的中青年消费者; 中老年人多喜欢高贵典雅、能显示其身份的车型,如奔驰车就将自己的产品定位于中老年成功人士
家庭生活周期	无子女的两人家庭在选购车时往往会将目标定位在小型轿车上; 多子女的家庭因为首先要考虑能够全家人乘坐,所以多会将目标定位在多用途车、面包车等类型的产品上
收入	高收入人群喜欢大排量、高档次的进口汽车,如奥迪 A8; 中收入人群一般选择国产中档汽车,如北京现代伊兰特等; 低收入人群选择实用性的客货两用车与低档轿车
职业	不同职业的消费者,对产品的需求是有明显差异的: 高层管理层偏向大气沉稳的轿车,如奥迪 A6; 建筑商喜欢选择拥有强劲动力的越野型汽车,如路虎

3. 心理变量

心理是一个极其复杂的因素,消费者的心理需求具有多样性、时代性和动态性的特点,消费者的生活方式、社会阶层、个性和偏好都是心理变量的内容。

个性是经常被用来细分市场的变量,这个变量在汽车市场营销中的运用十分普遍。因为世界上著名的汽车品牌往往都已经被人赋予个性色彩,因此这些品牌所对应的往往也是一些相同个性的消费者。这种人格化的品牌异化成为社会地位、身份、财富甚至职业的象征,成为车主的第二身份特征。这种品牌的个性特征往往和创始人的性格相联系,又经过长时间的浓缩,已经成为一种约定俗成的特点,在短时间内无法改变。

4. 行为变量

行为变量是反映消费者购买行为特点的变量。它包括购买时机、利益偏好、使用状况、使用频率、对品牌的忠实程度、对产品的态度和购买阶段等。行为变量是建立细分市场的最佳起点,通常行为变量包含七类,具体见表 6.3。

表 6.3　行为变量的分类

行为变量	特　点
购买时机	春节、五一、国庆等节日和旅游黄金时间是购车的高峰时间
利益偏好	购买汽车的消费者有的注重实用,有的注重安全,有的将其作为身份地位的象征
使用情况	分为从未使用、准备使用、初次使用、曾经使用和经常使用五种类型
使用频率	分为少量使用者、中度使用者和大量使用者三种情况

续表

行为变量	特　　点
忠诚程度	分为坚定忠诚者、适度忠诚者、喜新厌旧者和无固定偏好者四种类型
购买阶段	分为已经购买、即将购买、想要购买、对产品感兴趣、对产品有所了解和对产品不了解等情况
态度	分为热爱、喜欢、无所谓、不喜欢和敌视五种情况

6.1.4　汽车市场细分的原则

企业为有效地细分市场，必须遵循以下五个基本原则：

1. 可进入性

可进入性是指对于企业拟作为自己目标市场的那些细分市场，必须有能力为之服务，并能占有一定的份额。如果细分的结果导致企业不能在任何细分市场上有所作为，那么这样的市场细分是失败的。

2. 可衡量性

可衡量性是指细分市场现有的和潜在的需求规模或购买力是可以测量的。难以度量的细分标准应尽量少用或不用。

3. 可营利性

可营利性是指企业在细分市场上要能够获取期望的利润。如果容量太小，销售量有限，那么这个细分市场对企业就缺乏吸引力。因此，市场细分并不是越细越好，而应科学归类，保持足够的容量，使企业有利可图。

4. 相对稳定性

相对稳定性是指细分市场必须具有一定的稳定性。如果企业还未实施其销售方案，目标市场就已面目全非，那么这样的市场细分同样也是失败的。

5. 可区分性

企业进行市场细分应尽可能地区别于自身已有的市场或竞争者的市场，突出自己的特色和个性，以便发现更多有价值的市场机会。有效的市场细分必须突出本企业的特色，只有这样才可以在以后的营销活动中另辟蹊径，出奇制胜。

> **同步思考 6.1**
> 　　请查阅资料，说一说比亚迪汽车的细分市场。

除以上原则外，企业在细分市场时，还必须注意以下几个问题：

① 市场调查是市场细分的基础。在市场细分前，必须经过市场调查，掌握消费者的需求和欲望。

② 市场细分的标准不宜过多。消费者的需求和购买行为是由很多因素决定的，企业可运用单个标准，也可运用双指标标准、三指标标准或多指标标准，但不宜过多。选择一个为主要标准，其他为次要标准。否则无法度量，也不经济。

③ 细分标准不能一成不变。市场是动态的，细分标准应根据市场的变化而调整。

6.1.5　汽车市场细分的常见方法

1. 单一变量法

所谓单一变量法，是指企业根据市场营销调研的结果，把选择影响消费者需求最主要的因素作为细分变量，从而达到市场细分的目的。这种细分法以企业的经营实践、行业经验和对消费者的了解为基础，在宏观变量或微观变量间，找到一种能有效区分消费者并使企业的营销组合产生有效对应的变量而进行的细分。

2. 主导因素排列法

主导因素排列法即用一个因素对市场进行细分，如按性别细分化妆品市场，按年龄细分服装市场等。这种方法简便易行，但难以反映复杂多变的消费者需求。

3. 综合因素细分法

综合因素细分法即用影响消费者需求的两种或两种以上的因素进行综合细分，例如用生活方式、收入水平、年龄三个因素可将妇女服装市场划分为不同的细分市场。

4. 系列因素细分法

若细分市场所涉及的因素是多样的，可针对各因素进行由粗到细、由浅入深的细分，这种方法称为系列因素细分法。

6.2　汽车目标市场

企业在市场细分的基础上，根据产品特征、自身实力及竞争状况，选择一个或几个子市场作为其特定服务的子市场的过程叫作目标市场选择，我们将这些特定的子市场称为目标市场。

目标市场选择应注意以下几点：

① 目标市场必须有充分的现实需求量。其需求水平能符合企业销售的期望水平。

② 目标市场具有较大的潜在需求量。潜在需求量越大，越有利于企业持续发展。

③ 目标市场的竞争不激烈。竞争者少或竞争者不易进入，或本企业在该市场上有绝对的竞争优势。

④ 通过适当的分销策略，使企业有能力进入市场。

6.2.1　目标市场选择策略

企业目标市场选择策略分为三种：无差异性市场选择策略、差异性市场选择策略和集中性市场选择策略。它们的比较见表 6.4。

表 6.4 三种目标市场选择策略的比较

目标市场选择策略	思 路	优 点	缺 点	适 用
无差异性	重视共性,忽略个性。供应单一的标准化产品,使用单一的营销组合策略	降低营销成本;强化品牌形象	无法满足消费者多样的需求;应变能力差;风险较大	同质、规模效益明显的产品
差异性	针对不同的细分市场,生产不同的产品,制定不同的营销策略	降低风险;满足消费者的不同需求;提高竞争能力;提高市场占有率	成本高;精力易分散	实力雄厚的大企业
集中性	集中力量进入一个子市场,为该市场开发一种理想而独到的产品,进行高度专业化的生产和销售	满足特定的需求;发挥企业的优势;提高企业与产品的知名度;节省费用	经营风险大	资源有限的中小企业;大企业初次进入一个新市场

1. 无差异性市场选择策略

无差异性市场选择策略是指企业不进行市场细分,把整体市场作为目标市场。它强调市场需求的共性,忽视市场需求的差异性。企业为整个市场设计生产单一产品,实行单一市场营销方案和策略,如图 6.1 所示。美国福特公司在早期只生产一种黑色的轿车,用一个产品和一种营销组合策略来满足所有消费者的需求。

图 6.1 无差异市场选择策略

2. 差异性市场选择策略

差异性市场选择策略是指企业将整体市场细分后,选择两个或两个以上,甚至所有的细分市场作为目标市场。企业针对不同细分市场的需求特点,分别设计生产不同的产品,采取不同的市场营销组合策略,如图 6.2 和图 6.3 所示。

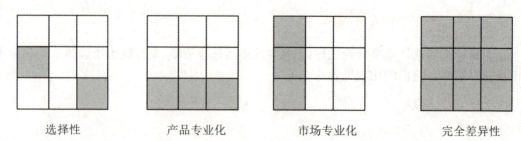

图 6.2 差异性市场选择策略目标市场(图中阴影部分为目标市场)

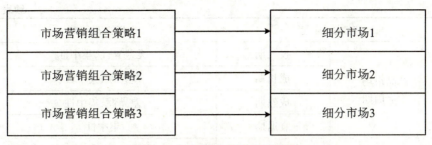

图 6.3　不同的市销组合策略

根据企业所选择的细分市场的不同,差异性市场选择策略分为如图 6.2 所示的四种类型:

(1) 选择性策略

企业结合自身情况,选择几个有利的细分市场作为目标市场。

(2) 产品专业化策略

企业为不同的消费者提供某类产品的策略。

(3) 市场专业化策略

企业为同一类消费群体提供多种产品,满足这一类消费者对产品的不同需求。

(4) 完全差异性策略

企业将每一个细分市场都作为目标市场。企业生产多种产品以满足所有消费者的需求,如上海汽车集团旗下的别克、大众、福特等众多品牌,基本覆盖了整个市场。

3. 集中性市场选择策略

企业受资源等的限制,选择一个或少数几个细分市场作为目标市场,进行高度专业化的生产与销售,如图 6.4 所示。东风汽车早期只生产东风牌卡车,采取的是集中性市场选择策略。

图 6.4　集中性市场选择策略目标市场(图中阴影部分为目标市场)

6.2.2　影响目标市场选择的因素

企业在选择目标市场时,应着重考虑以下五大因素,具体见表 6.5。

表 6.5　企业目标选择目标市场所考虑的因素

考 虑 因 素		市场选择策略
企业实力	强	无差异性、差异性
	弱	集中性

续表

考虑因素		市场选择策略
产品市场生命周期	投入期	无差异性、集中性
	成长期	差异性、集中性
	成熟期	差异性、集中性
	衰退期	集中性
竞争者	无差异	差异性、集中性
	差异性	差异性、集中性
	集中性	差异性、集中性
市场	同质	无差异性
	异质	差异性、集中性
产品	同质	无差异性
	异质	差异性、集中性

1. 企业实力

当企业的生产能力、技术能力和销售能力很强时，就可以同时采用无差异性市场选择策略和差异性市场选择策略。当企业的生产能力、技术能力和销售能力较弱时，最好采用密集单一的市场策略。

2. 产品特性

对于一些非常类似的产品以及不同工厂或地区生产的在品种、质量方面相差较小的产品，宜采用无差异性市场选择策略，而对于消费者要求差别很大的产品，宜采用差异性市场选择策略或密集单一的市场策略。大多数轿车都属于消费者要求差别大的产品，适合使用差异性市场选择策略。

3. 市场特性

如果不同市场的消费者对同一产品的需求和偏好相近，宜采用无差异性市场选择策略。

4. 产品处于生命周期的不同阶段

通常在产品处于投入期和成长期时，可采用无差异性市场选择策略，以探测市场和潜在消费者的需求，当产品进入成熟期或衰退期时，则应采用差异性市场选择策略，以开拓新的市场，或采取密集单一的市场策略，以维持和延长产品生命周期。

5. 竞争者所采用的市场策略

一般来说，企业如果比竞争者强，可采用差异性市场选择策略。差异的程度可与竞争者一致或更强；如果企业的实力不及竞争者，一般不应采取与竞争者完全一样的市场策略。在此种情况下，企业可采取密集单一的市场策略，坚守某一细分市场，也可采取差异性市场选择策略，但在差异性方面，应针对竞争者薄弱的产品项目形成自己的优势。

6.3 汽车市场定位

6.3.1 汽车市场定位的内涵

定位一词是1972年由两位广告经理艾尔·里斯(Al Ries)和杰克·屈劳特(Jack Trout)提出的,他们认为,定位是以产品为出发点,如一种产品、一项服务、一家公司、一个机构,甚至是一个人,但定位的对象不是产品,而是针对目标消费者的思想进行定位,即在目标消费者的心中确定一个合适的位置。

市场定位就是根据竞争者现有产品在市场上所处的位置,结合企业自身的条件,塑造出本企业产品与众不同的个性形象,从而使其在目标消费者心中占有一个独特的、有价值的位置。

市场定位的实质是要获得目标市场的竞争优势。竞争优势是一个相对概念,一般有两种基本类型:一是价格竞争优势,即成本领先,企业通过降低成本,使产品的售价更低;二是偏好竞争优势,即差异化,企业提供独特的"卖点"来满足消费者的特殊偏好。

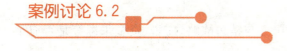

奔驰、宝马的市场定位

奔驰和宝马——几乎全世界无人不知的汽车品牌!它们都是德国的名车,但它们却有明显的定位差别。

奔驰的定位是"尊贵、典雅、稳重",奔驰汽车是高质量、高档次、高地位的象征。

宝马的定位是"新贵、年轻、活力",它有最动感的造型、最前卫的设计,是年轻活力的代表。

"坐奔驰,开宝马"的说法,表明了奔驰的稳重和宝马的豪放。只有开宝马车,才能感受到它那痛快淋漓的风采。

(资料来源:中国汽车网)

问题:说一说你感兴趣的其他品牌汽车的市场定位,以及为什么要进行市场定位。

6.3.2 汽车市场定位的步骤

企业在进行市场定位时,一方面要了解市场上竞争者的定位情况,他们提供的产品或服务有何特点;另一方面要研究消费者对某类产品各属性的重视程度。企业在对以上两个方面进行深入研究后,选定本企业产品的特色和独特形象,向目标消费者勾画出这个产品的市场定位。企业市场定位需按以下步骤进行,具体如图6.5所示。

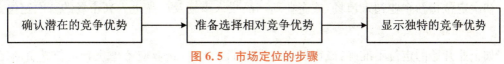

图6.5 市场定位的步骤

1. 确认本企业潜在的竞争优势

这一阶段的中心任务是要回答三个问题：
① 竞争者的产品定位如何。
② 目标市场足够数量的消费者的欲望满足程度及还有什么需求。
③ 企业应该做什么，能够做什么。

2. 准确选择相对竞争优势

相对竞争优势是指企业能够胜过竞争者的能力。准确地选择相对竞争优势是企业各方面实力与竞争者实力相比较的过程，即通过一系列指标进行分析与比较，选出最适合本企业的优势项目，主要包括以下几个方面：

（1）经营管理

主要考察领导能力、决策水平、计划能力、组织能力及个人应变能力等指标。

（2）技术开发

主要分析技术资源、技术手段、技术人员能力和资金来源是否充足等指标。

（3）采购

主要分析采购方法、储存及运输系统、供应商合作以及采购人员的能力等指标。

（4）生产

主要分析生产能力、技术装备、生产过程控制及职工素质等指标。

（5）市场营销

主要分析销售能力、分销网络、市场研究、服务与销售战略、广告、资金来源等是否充足以及市场营销人员的能力等指标。

（6）财务

主要考察长期资金和短期资金的来源及资金成本、支付能力、现金流量和财务制度与人员素质等指标。

（7）产品

主要考察可利用的特色、价值、质量、支付条件、包装、服务、市场占有率、信誉等指标。

3. 显示独特的竞争优势

通过一定的方式，将企业独特的竞争优势准确地传播给目标消费者，并在潜在消费者的心中留下深刻的印象。

> **同步思考 6.2**
> 请分析蔚来汽车的产品情况及其定位过程。

6.3.3 汽车市场定位的策略

针对各个企业发展状况的不同，可选择不同的定位策略。常见市场定位策略如下：

1. 初次定位

初次定位指新企业初入市场，或企业新产品投入市场及产品进入新市场的首次定位。

2. 重新定位

如企业开始的定位不准确，或市场情况发生了变化等，企业应考虑重新定位。重新定位采用以退为进的策略,目的是进行更有效的定位。

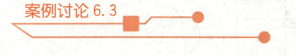
案例讨论 6.3

特斯拉汽车

特斯拉最初的市场定位是高性能电动跑车,其首款车型 Roadster 于 2008 年发布。这款车以其卓越的加速性能和长续航能力破除了消费者认为电动车动力不足的偏见。特斯拉通过这一定位,成功吸引了注重速度与性能的高端用户群体,并奠定了其在高性能电动车市场的领先地位。

在成功推出 Roadster 后,特斯拉进行了市场重新定位,将目标扩展至更广大的大众市场。Model S、Model X 和 Model 3 等车型相继推出,覆盖了豪华轿车、运动型多功能车和经济型轿车等细分市场。特斯拉通过重新定位,不仅扩大了用户范围,还进一步增加了市场份额,展示了其在不同市场领域的竞争力。

特斯拉的目标客户主要是城市中产家庭和富裕阶层,他们关注环境保护、科技进步,对电动汽车的性能和环保特性感兴趣,并愿意为高品质产品支付溢价。同时,特斯拉通过精准的客户定位,成功吸引了大量忠实用户。

通过初次定位和重新定位,特斯拉在电动汽车市场上取得了巨大成功。特斯拉的市场定位案例展现了如何通过精准的市场定位和持续的技术创新来赢得市场竞争优势。

问题:特斯拉汽车的初次定位和重新定位分别是什么?

3. 对峙定位

对峙定位是一种与在市场上占据支配地位的竞争者"对着干"的定位方式,选择与竞争者重合的市场位置,争取同样的目标消费者,如宝马与奔驰、奇瑞 QQ 和吉利熊猫等。企业必须做到知己知彼,应了解市场上是否可容纳两个或两个以上竞争者,自己是否拥有比竞争者更多的资源和能力,是否可以比竞争者做得更好。这种策略的优点是易于引人注目,树立形象,产生轰动效应;缺点是竞争激烈,风险大。

4. 避强定位

不直接对抗,将自己定位于某个市场"空隙",发展目前市场上没有的特色产品,开拓新的市场领域。其优点是能够迅速在市场上站稳脚跟,并在消费者心中尽快树立起一定的形象,风险小,成功率高;缺点是企业可能放弃了最佳的市场位置。

6.3.4 汽车市场定位的方法

1. 建立市场结构图

任何产品都有许多属性,如质量、价格、功能、速度、配置等,选择消费者关心的属性作为坐标,建立一个市场结构图,如图 6.6 所示。

2. 明确市场竞争情况

图 6.6 中的 A、B、C、D,A 代表低质低价,B 代表中质中价,C 代表高质高价,D 代表低质高价。

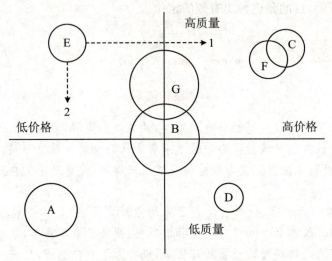

图 6.6　市场结构与市场定位示意图

3. 初步确定定位方案

初步确定定位方案即试着将本企业的"小旗"插在示意图的不同位置，如图 6.7 中的 E、F、G。

4. 修正定位方案

市场细分、目标市场选择和市场定位的一般程序如图 6.7 所示。在市场调查的基础上，企业先进行市场细分，然后进行目标市场选择，最后进行市场定位。

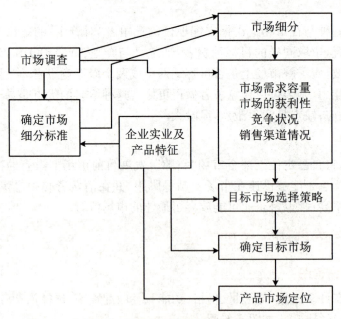

图 6.7　市场细分、目标市场选择与市场定位的一般程序

项目小结

1. 汽车目标市场策略分为汽车细分市场选择、汽车目标市场选择和汽车市场定位。
2. 市场细分是指企业根据消费者需求的差异性，将整体市场分为两个或两个以上子市场的过程。
3. 汽车市场的细分标准有地理变量、人文变量、心理变量和行为变量。
4. 汽车目标市场选择策略有无差异性市场选择策略、差异性市场选择策略和集中性市场选择策略。
5. 选择目标市场策略时应该考虑以下几个方面：企业实力、产品特性、市场特性、产品处于生命周期的不同阶段、竞争者所采用的市场策略。
6. 市场定位就是根据竞争者现有的产品在市场上所处的位置，结合企业自身的条件，塑造出本企业产品与众不同的个性形象，从而使其在目标消费者心中占有一个独特的、有价值的位置。

知识巩固

单选题

1. 汽车消费者市场的细分标准有几大类？（ ）
   A. 2　　　　　　B. 3　　　　　　C. 4　　　　　　D. 5
2. 市场定位的指标有哪些？（ ）
   A. 产品差异化、服务差异化、形象差异化
   B. 一致性、耐用性、可靠性
   C. 订货方便、客户培训、客户咨询
   D. 标志、文字和视听媒体、气氛
3. 不是市场定位的策略有（ ）。
   A. 初次定位　　　　B. 重新定位　　　　C. 对峙定位
   D. 平行定位　　　　E. 避强定位
4. 企业只推出单一产品，运用单一的市场营销组合，力求在一定程度上适合尽可能多的消费者的需求，这种战略是（ ）。
   A. 无差异市场营销战略　　　　B. 密集市场营销战略
   C. 差异市场营销战略　　　　　D. 集中市场营销战略
5. 消费者市场的四个主要细分变量是（ ）。
   A. 行为、利益、人口、心理　　B. 行为、心理、人口、地理
   C. 时机、态度、人口、利益　　D. 气候、收入、态度、个性
6. 1998年，海尔根据消费者提供的信息及进一步的市场调研，推出冰温（-5～10 ℃）台式冷柜，抢先占领仍处于空白状态的零售鲜肉保鲜冷柜市场。这种定位战略属于（ ）。
   A. 对抗定位战略　　　　　　　B. 回避定位战略

C. 侧翼定位战略　　　　　　　　D. 补缺定位战略
7. 富士胶卷与柯达胶卷均采用优质高价的市场定位,其定位战略属于(　　)。
   A. 对抗定位战略　　　　　　　　B. 回避定位战略
   C. 侧翼定位战略　　　　　　　　D. 补缺定位战略
8. 我国乐凯对柯达和富士的市场定位属于(　　)。
   A. 对抗定位战略　　　　　　　　B. 回避定位战略
   C. 侧翼定位战略　　　　　　　　D. 补缺定位战略

多选题

1. 市场细分的基础主要有(　　)。
   A. 消费需求的差异性是市场细分的客观基础
   B. 消费需求的相似性是市场细分的理论基础
   C. 企业资源和营销能力的有限性是市场细分的外在基础
   D. 企业的竞争力是市场细分的内在基础
   E. 企业的综合实力是市场细分的基础
2. 市场细分的原则有(　　)。
   A. 可进入性原则　　　B. 可衡量性原则　　　C. 可营利性原则
   D. 相对稳定性原则　　E. 可区分性原则
3. 市场定位的形式主要有(　　)。
   A. 产品差别化战略　　B. 服务差别化战略　　C. 人员差别化战略
   D. 形象差异化战略　　E. 价格差异化战略
4. 有效市场细分的基本要求有(　　)。
   A. 可衡量性　　　　　B. 价值性　　　　　　C. 可到达性
   D. 相对稳定性　　　　E. 可替代性

判断题

1. 汽车市场调查的核心问题是发现消费者的需求。(　　)
2. 汽车市场细分是根据不同消费者对汽车的需求差异,将汽车产品分为若干类别的过程。(　　)
3. 无差异性市场选择策略是企业不考虑消费者需求的差异而实施的营销策略。(　　)
4. 市场定位的实质是获取目标市场的竞争优势。(　　)
5. 目标市场选择是指估计每个细分市场的吸引力程度,并选择进入一个或多个细分市场。(　　)
6. 市场定位中所指的产品差异化与传统的产品差异化概念没有本质区别。(　　)
7. 市场定位的关键是企业要设法在自己的产品上找出比竞争者更具竞争优势的特性。(　　)
8. 竞争优势一般有两种基本类型:一是产品竞争优势,二是实力竞争优势。(　　)

（扫一扫，答案在这里！）

综合案例

长城汽车的市场定位

多年来，长城汽车以"每天进步一点点"的经营理念和实践在激烈的市场竞争中脱颖而出。目前，长城汽车的产品已出口到全球120多个国家和地区，已连续9年保持中国汽车出口额第一。目前，长城汽车下属子公司有30余家，员工有28000余人，拥有轿车、SUV、皮卡及MPV四大品类，具有50万辆整车产能，具备发动机、前后桥等核心零部件的自主配套能力。

长城汽车市场定位遵循的定位方式如下：

1. 针对竞争者的产品定位

长城汽车，尤其是长城皮卡的市场定位遵循"在品质上向高档车看齐，在价位上要适合中国国情"的策略，其皮卡的价格基本定位在6万~9万元，不仅成功避开了与欧美等有实力的大汽车公司的直接竞争，而且在与国内同类皮卡的竞争中也取得了明显优势。而在国际市场上，长城汽车的中档皮卡同样大显身手。目前发达国家的皮卡性能优良、价位不菲，销售量和价位都大大高于轿车，但它们不生产这类低价位的皮卡，而其他发展中国家生产的同类皮卡，无论是批量还是性能都远不如我国。因此，长城皮卡在海外的成功也是其避强定位策略成功运用的体现。

2. 根据产品本身的特性进行定位

随着市场经济的发展，差异不大的同类产品大量出现，应采用突出产品特性的定位。皮卡是一种集轿车和货车于一身的车型，主要面向众多有小规模运输需求的消费者，包括工厂、商店、公司及一些事业单位，如工商、发证、电力、公路等部门。为了满足消费者的不同需求，长城皮卡推出了迪尔、赛弗、赛酷系列皮卡，柴油机、汽油机、两驱、四驱四大系统，大双、中双、小双、一排半、大小单排、厢式等七种规格，将国内皮卡品种全部囊括。

3. 根据消费者的特色定位

根据不同子市场的消费者的不同需求进行定位，长城汽车无论是从车型的设计还是从价格的定位上，都在努力争取不同的消费者。通过创新性地分析市场环境，确定产品的车型、价格、消费特点、售后服务等各项内容，发挥自己的优势，先做精做专，再做大做强。长城的发展轨迹，就是在不同的发展时期，根据当时的市场环境，不断进行市场创新，以此来指导自己的产品技术创新方向，从而赢得市场竞争的先机。

问题：

1. 长城汽车的目标消费者是谁？
2. 长城汽车是如何满足其目标消费者的需求的？
3. 请对长城汽车进行市场竞争环境分析。

项目工单

任务： 分析不同类型汽车的目标市场细分、目标市场选择、市场定位策略。	姓名：	指导教师：
	班级：	组别：

1. 目的与要求

实训目的：
(1) 掌握汽车目标市场的细分变量；
(2) 掌握汽车目标市场的选择方式；
(3) 培养团队合作精神，锻炼灵活运用知识的能力。

实训要求：
(1) 实训以小组为单位，每小组任选一个实训主题；
(2) 各小组认真研究汽车目标市场策略；
(3) 各小组将研究结果以 PPT 的方式呈现，小组成员共同制作 PPT。

2. 组织与计划

3. 任务实施

4. 归纳总结

5. 评价（优秀、良好、合格、不合格）

自我评价：	小组评价：

教师评价：

汽车产品策略

学习目标

1. 知识目标

(1) 掌握汽车产品的整体概念；
(2) 掌握汽车产品的组合策略；
(3) 掌握汽车产品生命周期的概念；
(4) 明确产品生命周期各阶段的特点与策略；
(5) 理解新产品的概念；
(6) 了解新产品开发的一般流程；
(7) 掌握新产品开发的策略。

2. 能力目标

(1) 能够正确使用汽车产品的整体概念进行产品分析；
(2) 能够合理运用汽车产品生命周期理论进行实际问题研究；
(3) 能够正确认识汽车新产品，独立识别出市场上不同的新产品开发策略。

3. 素养目标

通过本项目的学习，掌握汽车产品策略，通过深入探究我国新能源汽车产品的科技创新力与市场竞争力，凸显中国品牌的优越性，增强民族自信，坚定国家自信。

思维导图

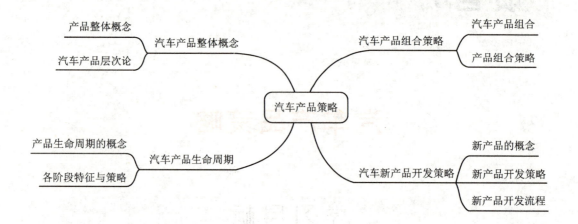

开篇案例

一个中国汽车品牌的全球征战之路

吉利控股集团始建于1986年,1997年进入汽车行业,现资产总值超过5100亿元,员工总数超过12万人,连续10年进入《财富》世界500强(2021年排名239位),是全球汽车品牌组合价值排名前10中唯一的中国汽车集团。然而,吉利汽车曾遭受过来自海外市场的冷漠。2005年,吉利控股集团带着吉利旗下5款车型参加法兰克福车展,打响了自主品牌进军欧洲市场的第一枪。但其过程十分曲折,整个参展团队先是被德国大使馆拒签,经过再次申请,最终获得批准,但德国只给了他们6天停留的时间。而吉利的展台,当时只位于非主流品牌展馆一个不起眼的角落。中国自主品牌在海外备受冷落,打击很大。

经过此次事件,更加坚定了吉利控股集团要进军全球的信心和决心。5年后的3月28日,在瑞典的哥德堡沃尔沃公司总部,李书福与福特汽车公司前首席财务官莱维斯·布思在收购文件上签字,吉利正式收购沃尔沃。这场汽车行业世纪收购案尘埃落定,这场"蛇吞象"的收购大案一时间享誉世界,这也反映了中国汽车品牌正在世界汽车品牌中上演崛起之战。2016年10月20日,由吉利控股集团、吉利汽车集团和沃尔沃汽车集团合资成立的高端汽车品牌领克(LYNK & CO)在德国柏林正式发布。

2020年在《对话》栏目和央视财经推出的特别策划系列《奋斗2020:直击复工产业第一线》网络视频节目上,主持人对吉利控股集团进行了采访。并购沃尔沃给双方带来了巨大的变化,10年来,沃尔沃的全球销售量比2010年翻了一番,中国销售量增长了5倍,欧美市场销量全面增长。2020年,吉利收购沃尔沃10周年,正巧也是领克汽车品牌成立3周年,"领"代表着领先、引领,"克"代表着改变与突破。正如当年吉利收购沃尔沃时定下的目标,吉利控股集团再次为领克定了调——我们的目标,就是让中国消费者能够真正享受到超越合资品牌的技术和产品,且价格公道、服务本土化,真正实现物超所值。3年来,领克开创了多个行业第一:第一个潮流品牌,第一个线上线下相同价格体系的品牌,第一个发力性能车的品牌。领克,走出了一条独有的创新路径。

(资料来源:任娅斐,王笑渔.3岁领克,猛虎出山:一个中国汽车品牌的全球征战之路[J].2020(5):42-45.)

问题:
1. 你是如何看待吉利控股集团并购沃尔沃的呢?
2. 从被拒绝到世界500强,请谈一谈你对中国自主汽车品牌的认识。

7.1 汽车产品整体概念

7.1.1 产品整体概念

所谓产品是指能提供给市场,用于满足人们某种欲望和需要的任何事物,包括物质性实体、服务、场所、思想、主意或决策等,产品作为一个整体,可以划分为核心产品、形式产品、期望产品、附加产品和潜在产品五个层次(图7.1)。

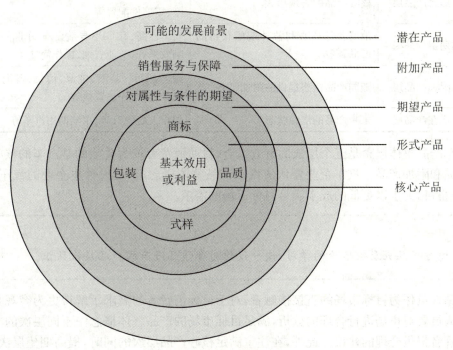

图7.1 产品整体概念

核心产品是指消费者购买产品时所追求的利益,是消费者真正要买的东西,因此核心产品是产品整体概念中最重要、最基础的部分,如手机的通信功能。

形式产品是指核心产品借以实现的载体或目标市场对需求的特定满足形式。形式产品是对核心产品的物化体现,一般有五个特征:品质、式样、特征、商标及包装。

期望产品是指消费者在购买产品时期望得到的与产品密切相关的一整套属性和条件,直接影响着消费者的购后行为,如汽车产品的高安全性。

附加产品是指消费者购买形式产品和期望产品时,附带获得的各种利益的总和,包括说明、保证、安装、维修、送货、技术培训等。

潜在产品是指现有产品,包括所有附加产品在内的,可能发展成为未来最终产品的具有潜在状态的产品,如手机 5G 网络等。

7.1.2 汽车产品层次论

根据产品整体概念和汽车市场所具备的特点,汽车产品整体概念可理解为汽车企业为满足汽车市场需求而提供的一系列有形实体和无形服务,包括具体的汽车实体、汽车品牌、汽车保险、汽车售后服务、汽车金融等。即

汽车产品＝汽车有形实体＋汽车无形服务

汽车产品五层次见表 7.1。

表 7.1 汽车产品五层次一览表

层次	概念	内容
汽车核心产品层	产品最基本的效用与利益	运输、载客、代步等
汽车形式产品层	核心产品的表现形式	汽车品牌、质量水平、外观特色、汽车造型、零部件配置等
汽车期望产品层	消费者除核心利益外期望获得的产品利益	安全性高、有 GPS 导航设施、车厢舒适、音响效果好、节能省油、操作简便等
汽车附加产品层	随同产品销售提供的附加服务	储运、保养、装潢、维修、信贷、咨询、售后服务、旧车评估置换等
汽车潜在产品层	未来产品的潜在状态	如无人驾驶汽车、水陆两用汽车等

汽车产品整体概念是五个层次的有效组合,目前消费者较为关注的是汽车的核心产品、期望产品和附加产品。汽车企业要认清汽车产品整体概念,合理设计本企业的汽车产品层次,避免盲目,力求以更低的成本满足目标市场的需求。

> **同步思考 7.1**
>
> 通过产品五层次理论的学习,谈一谈你对奢侈品汽车的产品层次认识。

营销人员作为目标市场的直接接触者,对于目标消费者的需求了解得更为客观真实,因此营销人员要对市场进行合理的分析,满足目标市场的产品整体概念中不同层次的需求,为营销管理者提供合理的建议。此外,在注重满足核心产品层次的同时,提高期望层次和附加层次来增加消费者满意度。对于汽车这种高技术含量的产品,售后保养和维护对于消费者来说尤为重要,在市场发展的过程中,要认清产品层次之间的转化,维护消费者的利益。所以汽车企业要正确认识汽车产品的整体概念,以满足不同消费者对于同一汽车产品的不同需求。

知识延展 7.1

汽车产品分类

国标 GB/T 3730.1—2001《汽车和挂车类型的术语和定义》中,将汽车按用途分为乘用车和商用车。

1. 乘用车

乘用车是指在其设计和技术特性上主要用于载运乘客及其随身行李和/或临时物品的汽车,包括驾驶员座位在内最多不超过 9 个座位。本书中的汽车产品以乘用车作为研究对象。

2. 商用车

商用车是指用于运送人员和货物的汽车,并且可以牵引挂车(乘用车除外),包含所有载货汽车和 9 座以上的客车。商用车分为客车、货车、半挂牵引车、客车非完整车辆和货车非完整车辆(图 7.2)。客车非完整车辆主要是指用于改装的客车底盘或者三类底盘(可以行驶的底盘),主要用于房车、献血车改装等。货车非完整车辆是指货车专用底盘,根据消费者需要,将其改装成加(运)油车、洒水车、垃圾车、厢式车、半挂车等多个系列的产品。

(a) 客车　　　　(b) 货车　　　　(c) 半挂牵引车　　　(d) 客车非完整车辆　　(e) 货车非完整车辆

图 7.2　各种类型的汽车

7.2　汽车产品生命周期

7.2.1　产品生命周期的概念

产品生命周期(Product Life Cycle,PLC)的提法最早见于 1965 年出版的《利用产品生命周期》,1966 年美国经济学家雷蒙德·弗农在《产品周期中的国际投资和国际贸易》中正式提出这一概念。该理论认为,产品如同人和其他生命有机体一样,经历新陈代谢、更新换代的过程,即从产品投入市场开始,到被市场接受,再到被市场淘汰,最后退出市场的整个过程。但是产品生命周期与人类等有机体的生命周期不同的是,产品生命周期可以预测,而且可以通过一定的营销策略进行影响和控制,进而达到企业预期的效果。

汽车产品生命周期是产品生命周期理论在汽车行业的具体应用,是指某汽车产品的市场寿命(与产品自然寿命或使用寿命无关),即汽车产品从研发生产成功上市开始,到更新换代,直至被市场淘汰所经历的全部过程。汽车产品作为特殊的消费品,其单位经济价值大且安全性能等要求高,因此只有经过科学的研发和长期的试验,加之多重安全性能的测试,才可以将其推向市场,进入试营销阶段,最后正式上市。此时汽车产品生命周期才正式开始。

典型的汽车产品生命周期包括介绍期、成长期、成熟期和衰退期,如图 7.3 所示。

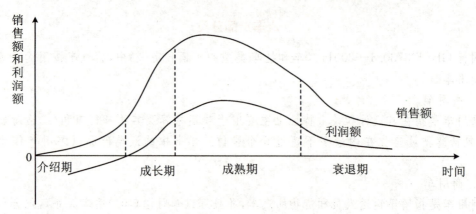

图 7.3 汽车产品生命周期曲线图

7.2.2 各阶段特征与策略

1. 介绍期

介绍期又叫介入期、投入期或导入期,是指汽车新产品研发成功以后投入市场的初期阶段,首次被消费者认识,销售额增加缓慢。其间产品生产批量小,营销费用高,销售量低,广告及其他推销费用高,从而导致此阶段的产品售价偏高,企业在该阶段的利润为负值。

(1) 介绍期的主要市场特点

① 生产批量小,成本高

汽车企业新产品前期研发投入高,初期产品生产技术尚不够稳定,产品性能不够成熟,企业的生产批量较小,导致单位生产成本高。

② 营销费用高

为了扩大新产品的市场知名度,将产品信息有效传达给消费者,汽车企业需要花费大量的营销费用进行宣传,开拓市场,因此营销费用较高。

③ 销售量低

汽车产品由于其专业技术含量较高、单位价格较高等特点,消费者对于新产品的认可或者接受时间相对较长。刚进入市场试销阶段时,消费者对产品还不太了解,因此销售量低。

④ 利润低,甚至亏损

由于汽车产品的特殊性,新产品进入市场初期销售量少、单位成本高,汽车企业通常前期获利甚微,甚至处于亏损状态。

⑤ 售价高

新产品进入市场,受到成本的影响,一般售价偏高。

(2) 介绍期市场营销策略——抢占先机,占领市场

根据介绍期的市场特点,企业的市场营销策略重点要突出一个"快"字,即尽快进入成长期,摆脱介绍期的低销售量、低利润甚至亏损的状态。这段时间,汽车企业需要加强产品宣传,提升产品知名度,多渠道开拓市场,吸引消费者的注意力,以促进销售。根据企业推出汽

车新产品时的促销费用和新产品定价的不同,市场营销策略可以分成以下四种:

① 快速撇脂策略

这种策略采用高价格和高促销费用的方式,先声夺人,以快速进行市场开拓,吸引目标市场的注意,增加汽车产品销售量。高促销费用可以直接迅速引起市场的注意,将汽车产品信息有效传递到目标市场,占据一定的市场份额。新品定价高,可以获取单位产品的最大利润,增强企业的盈利能力。这种策略适用于消费者对新汽车产品尚不够了解,或者已经了解这种新汽车产品而急于购买,并且愿意支付高价,但存在潜在竞争者的市场环境。

② 缓慢撇脂策略

这种策略采用高价格和低促销费用的方式推出新产品,以获取更多的利润。市场定价高,但却能以少量的促销费用获得营销成功,这种策略适用于小规模市场,并且该汽车新产品没有潜在竞争者,具有独特性,消费者了解产品并愿意高价购买。

③ 快速渗透策略

这种策略采用低价格和高促销费用的方式推出新产品。目的在于先发制人,抢占市场,以最快的速度进行市场拓展,迅速提升企业的市场占有率。这种策略适用于竞争激烈、规模较大的市场,且消费者对于价格较为敏感,企业可以通过规模化生产,最大限度地降低生产成本,实现低成本优势,获得营销的成功。

④ 缓慢渗透策略

这种策略采用低价格和低促销费用的方式推出新产品。低价格可扩大销售量,少量促销费用可降低营销成本,增加利润。这种策略适用于市场潜力很大,消费者熟悉此产品,但是对价格反应敏感,并且存在潜在竞争者的市场环境。

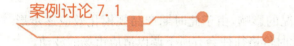

案例讨论 7.1

智己汽车全球首发品牌"IM 智己"

IM 智己是由上汽集团、张江高科和阿里巴巴集团联合打造的高端智能纯电动汽车品牌。秉承"我自、由我"的品牌主张,IM 智己将在人工智能的伟大时代与消费者共生,定义智能时代汽车该有的样子,成为"智能时代出行变革的实现者"。

智己汽车首款车型智己 L7 开启了全球预售,预售价为 40.88 万元。从外观方面来看,其前脸为封闭式造型,配以品牌 Logo,车身侧面线条流畅,采用了贯穿式的腰线设计,增加了车辆的视觉长度。新车采用了熏黑玻璃车顶,该车顶配备了高清摄录设备。从车尾来看,新车将采用贯穿式的尾灯设计,智慧灯光系统 DLP+ISC 内含 260 万像素的 DLP 与由 5000 颗 LED ISC 组成的智慧灯光系统。

在智能驾驶方面,其搭载了英伟达 Xavier(30~60 TOPS)、12 个高清视觉摄像头、5 个毫米波雷达,以及 12 个超声波雷达。此外,新车支持英伟达 Orin X(500~1000 TOPS)和 2 个激光雷达的升级。

在动力系统方面,智己 L7 全系标配采用双电机四驱布局,最大功率为 425 千瓦,最大扭矩为 725 牛每米。此外,该车全系标配 93 千瓦时的三元锂电池,续航里程可达 615 千米以上。

(资料来源:韩东林. 智己汽车全球首发品牌"IM 智己"[EB/OL].(2021-01-14)[2022-

10-31]. http://auto.cri.cn/2021-01-14/6a76494c-aa70-e3c3-89ee-42e415603a9c.html.)

问题：

1. 智己 L7 上市，该汽车产品是否处于汽车产品生命周期的介绍期？
2. 该汽车产品采取了何种营销策略？

2. 成长期

成长期是指消费者对新汽车产品已经熟悉，销售量迅速增长，市场竞争激烈。汽车产品生产工艺成熟，单位生产成本降低，产量大，规模效应显著。同时来自同类产品的竞争逐渐激烈，产品价格开始下降。

（1）成长期的主要市场特点

① 销售量大增

经过介绍期的产品试销，消费者对产品有了一定的认知，企业占领了部分市场。消费者对汽车产品已经相对熟悉，有大量的消费者开始购买，甚至出现老消费者带新消费者来购买的良好势头，市场逐步扩大，销售量大增。

② 批量生产、利润增加

随着销售量的不断增加，汽车产品可以进行批量生产，逐步形成规模化效应，产品的单位成本开始降低，企业销售额迅速增加，利润额迅速上升，从而达到高峰。

③ 市场竞争激烈

经过新产品的市场开拓以及消费者的试用，产品获得市场认可。此时，同类产品的竞争者开始模仿，纷纷参与市场竞争，导致市场竞争逐渐加剧。

④ 价格开始下降

市场价格的确定受到生产成本和竞争情况的影响，由于此时期产品规模化效应逐步形成，单位成本费用降低，市场竞争加剧，所以此时价格往往会有所下调以适应市场的波动。

（2）成长期的市场营销策略——精益求精，赢得市场

成长期的营销重点是在维持原有市场的同时，继续扩大产品的美誉度和知名度，拓宽市场，抢占市场份额。企业要提升产品质量，继续该产品良好的成长态势。生产"好"产品，建立"好"口碑，赢得"好"市场。具体来说，企业一般会采用以下策略：

① 改善产品品质

对产品进行改进，可以通过提升产品质量、性能，提高产品的稳定性和驾驶的安全性；通过多样化的外观设计满足更多消费者的多样化需求；通过提供优质的品牌售后服务、金融服务等获得消费者的认可和满意。

② 开拓新的细分市场

通过市场细分，积极寻找新的尚未被满足的细分市场，开拓多种销售渠道，扩大销售网络，满足更多的市场需求。

③ 改变广告的诉求重点

介绍期的广告诉求重点是扩大产品的知名度，在此基础上，该时期要转变广告诉求重点，要强调产品的特色，建立品牌偏好，赢得更多消费者的青睐。

④ 调整产品售价

根据市场的竞争情况，选择在适当的时机进行价格的调整，进行促销活动，以吸引更多价格敏感型的消费者产生购买动机，作出购买行动。

> **同步思考 7.2**
> 找一找汽车市场上的哪些产品处于成长期。

3. 成熟期

成熟期是指产品经历过快速成长以后,市场趋于相对稳定的状态,产品销售量达到最大的时期,同时也是企业获取利润的黄金时期。但此时产品销售增长率和利润增长率开始回落,因此它也是市场由盛转衰的转折时期。

(1) 成熟期的主要市场特点

① 状态稳定,改进空间有限

经过产品的快速成长,产品性能、生产技术等处于稳定的状态。产品在质量、性能等方面改进的空间已经很有限。

② 市场趋于饱和

销售额增长缓慢,逐步达到销售量高峰,但随后销售增长率开始逐渐下降,甚至出现负增长,销售量回落。同时,销售利润额也随之变动,达到高峰转而下降。产品已经被市场接受,并开始趋于饱和状态。

竞争激烈。由于产品质量、性能的成熟,市场上同类竞争产品或者替代品日趋完善,导致市场竞争处于白热化状态。企业不得不投入大量的营销费用参与竞争。

(2) 成熟期的营销策略——改革创新,巩固市场

此阶段是企业批量生产、获取利润的黄金时期,为了获取最大利润,企业要尽可能地延长产品成熟期的生命线,巩固市场,防止过早被市场淘汰,进入衰退期。企业一般会采用以下策略:

① 调整产品策略

从汽车产品五层次理论出发,在核心产品层不变的基础上,提升产品质量,增加产品特色,增强驾驶的安全性、舒适性和趣味性。同时,不断完善附加服务,如优质的售后、贴心的保养咨询、合理的信贷等。

② 调整市场策略

洞察市场,瞄准市场的相对空白点,寻求新的细分市场。摆脱传统的市场细分依据,发现市场新动向,针对新经济、新环境,制定更细、更新的市场划分标准,开拓新市场。

③ 调整营销因素组合策略

根据汽车产品在成熟期的特点,通过对价格、产品、渠道、促销四个市场营销组合因素加以综合调整,刺激市场回暖,使销售量回升,进而延伸产品成熟期的生命线。

4. 衰退期

衰退期是指随着汽车技术革命的推陈出新,产品已被新产品或者新的替代品取代,消费者的消费习惯发生改变,转向其他产品,导致原来的销售量和利润额迅速下降的时期。

(1) 衰退期的主要市场特点

① 销售量下滑,利润下降

产品销售量急剧下滑,利润下降甚至为零,部分企业出现亏损。

② 消费者发生改变

消费者的兴趣、消费习惯发生转变,开始转向市场新产品,市场发生萎缩。

③ 竞争者变少

市场竞争者减少,大量竞争企业退出市场。

(2) 衰退期的营销策略——认清现实,"转变"市场

此时期企业需要认清市场现状,根据实际情况作出是否放弃该产品、退出市场的决定。要明确目标市场中是否存在有利可图的细分市场并加以坚持,或有计划地转变市场,生产新产品。企业一般会采用以下策略:

① 维持策略

继续保持原有的市场状态,保持产品、销售方式、营销方式等不变,维系现有的一切市场活动,顺其自然,直至该产品完全退出市场。

② 集中策略

将企业资源集中到销售情况最好的汽车产品或者子市场上,从中获取利润,这样做既有利于企业缩短产品退出市场的时间,也能为企业创造更多的利润。例如,上海大众在普桑进入衰退期后,把主要力量放在帕萨特、POLO和途安等热销车型上。

③ 收缩策略

汽车企业大幅度降低促销力度,尽量降低营销费用,缩减分销渠道,以尽可能减少支出,使企业获利。

④ 放弃策略

对衰退比较迅速的产品,企业应果断放弃,即企业可以立即停止生产、把产品完全移出或把该产品所占据的资源有序地转移到其他产品上。

案例讨论7.2

各大车企发表声明将逐步停产燃油车

近日,德国大众公司主管乘用车营销的董事克劳斯·策尔默表示,大众将在2033年至2035年间逐步停止在欧洲销售燃油车,也将在中国和美国市场停售燃油车,而非洲和南美洲由于缺乏基础设施,可能需要更长的时间才能全面停售。

大众的竞争者也发布了迎合碳中和的目标。福特公司发布消息称,欧洲将在2030年只销售电动车,同时耗资10亿美元在德国科隆打造电动车生产线。

老牌巨头宝马集团计划到2023年在全球市场提供25款电动车型,到2030年其单车二氧化碳排放量较2019年降低至少1/3。奔驰的碳中和目标则更为激进,打算在2022年使所有欧洲工厂实现碳中和,到2039年全面实现碳中和。

与此同时,本田汽车也发布了停产燃油车的目标,其计划在2040年逐步停售燃油车。通用汽车将目标定在2035年,捷豹路虎将目标定在2036年。

(资料来源:陈丹. 最晚2035年,大众计划在欧洲停产燃油车[EB/OL]. (2021-06-29)[2022-10-31]. https://baijiahao.baidu.com/s?id=1703858314222517085&wfr=spider&for=pc.)

问题:

1. 传统燃油车是否已经进入汽车产品生命周期的衰退期?

2. 谈一谈你对传统燃油车目前市场所处地位的认识。

知识延展 7.2

汽车产品生命周期各阶段识别办法

汽车产品处于不同的生命周期阶段,产品数量(从卖方视角来看,即销售量)不同。产品所处生命周期的各个阶段与产品销售量的增长率关系密切,因此可通过分析销售量增长率的变化情况来判断产品生命周期。销售增长率分析法,即以本年销售量的增长量与上年销售量的比值来预测该产品所处的生命周期阶段。一般而言,产品市场销售额呈直线上升时,属于成长阶段;销售额稳定且增长幅度趋于疲软时,属于成熟阶段;销售额连续下降时,属于衰退阶段。

用公式表示,即

销售增长率(λ) = (本年度销售量 − 上年度销售量)/上年度销售量 × 100%

$\lambda < 10\%$ 且不稳定,为导入期;

$\lambda > 10\%$,为成长期;

λ 为 1%~10%,为成熟期;

$\lambda < 0$,为衰退期。

(资料来源:毕丽萍,叶继元.高校馆微信服务现状与策略:以产品生命周期理论为视角[J].图书馆论坛,2020,40(2):99-102.)

在不同的产品生命周期阶段,营销人员要注重不同的营销重点,尽可能延长汽车产品的生命周期,实现产品利润最大化,给企业带来最大的利润。表7.2是汽车产品生命周期各阶段营销策略一览表。

表7.2 汽车产品生命周期各阶段营销策略一览表

项 目	介绍期	成长期	成熟期	衰退期
消费者	少量求新型	大众市场	大众市场	忠诚的消费者
竞争	很少	不断增加	激烈	减弱
价格	基本较高	降低	最低并稳定	维持或降价
销售量	低	增加	增长缓慢,达到峰值	减少
利润	低	增加	高转低	零甚至亏损
策略焦点	"快" 抢占先机 占领市场	"好" 精益求精 赢得市场	"优" 改革创新 巩固市场	"转" 认清现实 转变市场
营销策略	快速撇脂策略 缓慢撇脂策略 快速渗透策略 缓慢渗透策略	改善产品品质 开拓新的细分市场 改善广告诉求重点 调整产品售价	调整产品策略 调整市场策略 调整营销组合策略	维持策略 集中策略 收缩策略 放弃策略

7.3 汽车产品组合策略

7.3.1 汽车产品组合

汽车产品组合是指一个汽车制造企业所能生产和销售产品的所有汽车产品线和汽车产品项目的组合,即其所能生产的汽车产品的总和。

1. 汽车产品线

汽车产品线又称产品大类是指密切相关的一组汽车产品,由若干个汽车产品品种组成。汽车产品线的划分可依据汽车产品的用途、消费者的需求特点、分销渠道等。通常每条产品线都设有专人管理,称为产品线经理。

2. 汽车产品项目

汽车产品项目又称产品品种,是指在某一汽车品牌或者产品大类内,根据产品价格、外观设计或者其他属性能够区分的具体汽车产品。

3. 汽车产品组合的宽度

汽车产品组合的宽度也称广度,是指汽车企业生产经营的汽车产品线的数量,即有多少汽车产品大类。产品大类越多,宽度就越宽。

4. 汽车产品组合的深度

汽车产品组合的深度是指某一条汽车产品线中包含的不同规格、不同排量、不同型号的汽车产品品种的数量。

5. 汽车产品组合的长度

汽车产品组合的长度是指汽车产品组合中包括的所有汽车产品品种的总数。

6. 汽车产品的相容度

汽车产品的相容度又称关联度,是指各条产品线在最终用途、生产条件、细分市场、分销渠道、维修服务或其他方面相互关联的程度。

汽车产品组合概念见表7.3。

表 7.3 汽车产品组合概念

宽　度	深　度				
产品线1	1a	1b	1c	1d	1e
产品线2	2a	2b	2c	2d	2e
产品线3	3a	3b	3c	3d	3e
产品线4	4a	4b	4c	4d	4e
产品线5	5a	5b	5c	5d	5e

汽车产品组合具有宽度性组合和深度性组合两个类型,汽车超市和汽车专营店所体现

的就是这两种不同的汽车产品组合类型,具体见表7.4。

表7.4 汽车超市和汽车专营店的产品组合类型比较

项目	组合宽度	组合深度	组合长度	组合相容度
汽车超市	宽	浅	长	差
汽车专营店	窄	深	短	好

案例讨论 7.3

比亚迪集团"王朝系列"汽车产品组合

在乘用车领域,比亚迪已构建起传统燃油、混合动力、纯电动车全擎全动力产品体系,新能源汽车销售量连续8年中国第一,是首个进入"百万辆俱乐部"的中国品牌。2013年秦DM正式上市,为"王朝系列"的首款车型。随后,比亚迪持续推出多款以中国朝代命名的车系。

比亚迪集团"王朝系列"汽车产品组合情况见表7.5。

表7.5 比亚迪"王朝系列"汽车产品一览表

汉	唐	宋	秦	元
汉 EV	唐 DM-i	宋 Plus DM-i	秦 Plus DM-i	元 Plus
汉 DM	唐 DM	宋 Plus EV	秦 Plus EV	元 Pro
		宋 Plus	秦 Pro DM 超能版	全新元 EV
		宋 Pro DM	秦 Pro EV 超能版	

(资料来源:编者整理)

问题:
1. 比亚迪汽车为什么采用朝代来命名汽车,请谈一谈你的认识。
2. 请计算比亚迪"王朝系列"汽车产品组合的宽度。
3. 计算秦系列汽车产品组合的深度。

7.3.2 产品组合策略

汽车产品组合策略是优化产品组合的一种方法,汽车企业综合考虑市场竞争环境、消费者需求以及自身实力等多方面的因素,设计合理的汽车产品组合宽度、深度以及相容度,实现企业资源利用最大化,达到效益最优化。

汽车产品组合决策过程是优化组合的过程。常见的组合策略有以下四种:

1. 扩大汽车产品组合策略

(1) 扩大汽车产品组合宽度

扩大汽车产品组合宽度即增加新的产品线,在企业技术、设备允许的条件下,增加一个或几个汽车产品大类,扩大企业的经营范围,拓宽汽车的产品领域。此策略充分利用企业的各项资源,包括人力、设备、营销渠道等,可以有效分散经营风险,增强企业的市场竞争力和市场应变能力。

(2) 加深汽车产品组合深度

加深汽车产品组合深度即在保持原有生产线不变的基础上,寻求更细的子市场,增加汽车产品特色,生产更多品种的产品以满足更多消费者的需求。此策略可以有效占领汽车市场更多的细分市场,满足更多消费者的不同偏好。

2. 缩减汽车产品组合策略

当市场表现活跃、经济繁荣时,较宽、较深的汽车产品组合能够帮助企业增加更多的营利机会。但是当市场表现不景气时,企业往往需要采取与扩大产品组合相反的策略,缩减汽车产品组合。

为了尽可能地集中优势资源、降低生产成本、减少负债、提高产品质量、提升企业营利能力,企业会慎重地进行市场分析,瞄准部分细分市场,采用缩减汽车产品组合的策略,缩短生产线,停止某些利润少甚至亏损的汽车品种的生产与销售。此策略可以有效降低在市场不景气或能源紧张情况下带来的企业风险,降低生产成本,集中资源发展优势汽车产品,提高企业的经济效益。

3. 产品延伸策略

(1) 向下延伸

向下延伸指最初定位为高档汽车产品,后来逐渐增加一些较低档次的汽车产品。如宝马汽车公司一向秉承"专属独尊"的贵族理念,实行高端品牌战略,但同时开发了宝马Mini。

采用此种策略的主要原因如下:

① 汽车企业最初进入市场时建立的是高质量的形象,在之后的向下延伸中可以在保持高质量形象的同时,获得消费水平稍低的消费者的青睐。

② 高档车的市场竞争激烈,企业生产高档汽车的市场发展受阻,产品销售量低或者增长缓慢,为了摆脱困境,开始生产低档车。

③ 高档车市场的营利空间被挤压,企业选择回避竞争,转向低档车市场发展。

汽车企业采用此种策略会存在一定的风险。首先,企业辛苦建立的高品质形象,可能因为生产低档车而被拉低,失去原有市场的部分消费者;其次,抢占低档车市场,会加剧低档车市场的竞争情况,这样会引发原有生产低档车企业的反击;最后,汽车企业分销商可能不愿意销售低档车,因为相对于高档车而言,低档车销售利润偏低。

(2) 向上延伸

向上延伸指原本生产经营低档汽车产品的企业逐渐增加高档汽车产品。如吉利并购被誉为"世界上最安全的汽车"的沃尔沃。

采用此策略的主要原因如下:

① 高档车市场发展势头较好,销售量高、利润高,吸引生产低档车的汽车企业加入。

② 汽车企业想要全面发展,占据汽车市场更大的份额。

③ 汽车企业认为高档车的市场竞争较小,同时自身具备技术和设备,能够在高档车市场抢占一席之地。

汽车企业采用此种策略,一般也会承担相应的风险。首先,进军高档车市场可能会引起原来生产高档车的企业进行反击,抢占低档车市场;其次,企业已经在消费者心中树立起低档车品牌的形象,再生产高档车,不易获得市场的认可,消费者可能不买单;最后,汽车分销渠道可能承受压力，或企业需要开拓新的分销渠道，以实现高档车的销售，导致成本增加。

（3）双向延伸

双向延伸指生产经营中档汽车产品的企业，逐渐向高档和低档两个方向延伸汽车产品线。如丰田公司在生产中档产品卡罗拉的基础上，为高档市场增加了佳美品牌，为低档市场增加了小明星品牌，该公司还为豪华汽车市场推出了凌志品牌。凌志的目标是吸引高层管理者；佳美的目标是吸引中层经理；卡罗拉的目标是吸引基层经理；而小明星的目标则是吸引手里钱不多的消费者。此种战略的主要风险是有些买主认为两种型号（如佳美和凌志）的车差别不大，因而会选择较低档的品种。但对于丰田公司来说，消费者选择了低档品种的汽车总比选择竞争者的产品好。

4. 产品大类现代化

从目前而言，虽然汽车产品组合的宽度、长度都很恰当，但随着全球气候变暖、"厄尔尼诺"效应等一系列环境问题的出现，汽车尾气排放标准和环境污染等问题引起了社会的高度关注。2016年12月23日，环境保护部、国家质检总局发布《轻型汽车污染物排放限值及测量方法（中国第六阶段）》，自2020年7月1日起实施。2018年6月22日，生态环境部、国家市场监督管理总局发布《重型柴油车污染物排放限值及测量方法（中国第六阶段）》，自2019年7月1日起实施。这标志着现有汽车产品大类的某些产品已经过时，未来将采用非常规车用燃料作为动力来源，具有新技术、新结构的新能源汽车将成为市场产品的主体，汽车产品大类实施现代化改造已经到来。

7.4 汽车新产品开发策略

7.4.1 新产品的概念

新产品是指在产品结构设计、材质选择、工艺锻造等某一方面或某几个方面，相对于老产品进行明显的改进或提升，以满足消费者市场多样化需求的产品。相对于老产品而言，新产品往往具备更新的设计理念，采用更新的技术手段，新产品的性能得到优化或者其功能得到丰富和增加。新产品主要包括三大类。

1. 全新产品

全新产品是指当前在市场上并没有出现，通过运用新技术、新材料、新原理等研制开发出的新产品。此类产品的出现对科学技术水平的要求比较高，推出市场的过程十分艰辛，多数企业难以完成。如诞生于1995年的中国第一辆新能源车——"望远号"客车。

2. 换代产品

换代产品是指在原有产品的基础上，通过采用技术更新、材料更新和结构更新等方式制造出来的新产品。与原有的产品比较而言，新产品在外观上更新颖、在性能上更突出、在功能上更全面，给消费者带来了全新的体验。如2021年款帕萨特，作为德系车经典车型，2021年款的车型更加年轻、时尚。

随着科学技术的迅猛发展，产品更新换代的速度越来越快，换代产品将逐步取代老旧产品,并导致其被市场淘汰。但是,在目前的市场环境下,根据不同消费群体的需求程度不同,经常会出现几代产品在市场上并存的现象。

3. 改进产品

改进产品是指在原有老产品的基础上,汽车企业通过在汽车结构、外观、品质、功能、性能等方面进行更新或升级,以满足不断变化的市场需求,增强企业的竞争力。这种新产品一般会保留老产品的优点,新增创新点和突破点,所以容易被市场认可和接受。

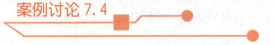
案例讨论 7.4

新款红旗 HS7 正式上市

近年来,我国汽车工业围绕着"自主制造"和"自主创新"在不断蓬勃发展,我国自主品牌汽车也逐渐开始向高端产品布局。提起红旗汽车,我们的脑海里始终存在着一种"高大上"的形象,因为其经常作为礼宾车、国庆阅兵车等。而伴随着红旗全新品牌战略规划的执行,曾经高高在上的红旗现如今也开始走进了我们的日常生活中。

2020年8月29日,作为红旗品牌首款豪华C级SUV的2021年款红旗HS7(图7.4)正式上市。为了进一步占据更多市场,丰富消费者的选择还新增了2.0T版本车型。此次上市的新款HS7共有7款车型,售价区间为27.58万元~45.98万元。此次上市的HS7为年度改款车型,最大的变化便是加入了一台2.0T发动机,所以先给大家介绍一下这台发动机。

图 7.4　红旗 HS7

这是一台2.0T直列四缸涡轮增压发动机并匹配48伏微混系统,与已经上市的H9 2.0T车型保持一致。外观延续老款车型设计,新车的长、宽、高没有变化,与同级别的车型相比,表现中规中矩。在尾部造型上,新车也保持了现款车型的设计,环形的尾灯中央由镀铬饰条贯穿,与方正的车尾造型相得益彰。

(资料来源:李子巍.售价27.58万元起的新款红旗HS7正式上市[EB/OL].(2022-02-16)[2022-11-3].https://www.autohome.com.cn/news.)

问题:

1. 新款红旗HS7属于哪类汽车新产品呢?
2. 这款新车的推出有什么优势呢?

汽车新产品的开发对于汽车企业的发展来说都是必要的。首先,根据产品生命周期理论可知任何产品的市场生命都是有限的,在新产品上市的同时,一般而言,企业要进入下一个产品的研发与设计,以保证产品的不断更新换代、推陈出新。其次,汽车消费者的需求会随着时间的推移而发生变化,也会随着消费者的家庭结构、生活水平、经济收入等各种因素的变化而变化,这意味着一成不变的汽车产品不可能长时期占据市场,老产品会被市场逐渐淘汰,迎来新产品。此外,随着竞争日趋激烈,企业为了保持竞争优势,为了可持续发展,必须不断创新,维系原有市场,开拓发展新市场,维系企业在市场中的良好形象和品牌声誉。最后,科技的进步必然会带动汽车产品的革新。汽车作为高科技产品,科技革命会促进汽车产品的更新换代,如5G的发展与应用,会直接推动智能网联车的发展。

7.4.2 新产品开发策略

1. 自主开发策略

自主开发策略指汽车企业投入大量的时间和资金首先进行新产品研发,并率先进入市场,获得市场优势,在行业中获取领先地位。

采用此种开发策略,企业面临着较大的风险。首先,新产品研发周期一般较长,并且新产品是否一定成功、是否能获得市场认可存在不确定性。其次,资金投入一般较多。自主开发的费用较高,这要求采用此策略的企业必须具备较强的资金实力,否则新产品开发很容易受阻。

但是自主开发获得成功所带来的企业利益也是显而易见的。企业在行业中获得技术领先优势和产品领先优势,大大增强了企业的竞争力。同时,由于在新产品生命周期的前期,企业可以利用市场的认可度,采用快速撇脂策略,赚取市场利润。

2. 跟随型策略

跟随型策略指汽车企业高度关注市场上出现的新产品,一旦该产品获得市场青睐,企业便开始进行同类产品的生产,在产品性能或者特性等方面进行改进,以便尽快进入市场,占据一定的市场份额。

采取该种策略的企业所面对的市场风险相对较低。首先,该产品开发成功上市后,已经通过了市场的考验,克服了技术壁垒等难题,大大降低了企业自主研发有可能面临的失误和风险。其次,采用该种策略成本低、投入少。由于采取跟随型策略可以享受领先型企业已经开辟的汽车市场,产品更易被消费者接受。

但是由于采取的是跟随型策略,企业生产的新产品与领先型企业的产品相比,缺乏明显的差异性,而且两类企业几乎同时进入市场,这就增加了市场竞争的激烈程度,该企业能否获得成功存在一定的不确定性。

3. 引进策略

引进策略指汽车企业发现了市场存在的空白,为了降低新产品开发的风险及投资成本,直接从国外市场或者其他地区引进相对先进或成熟的新产品,以便尽快占据市场。

4. 开发与引进相结合策略

开发与引进相结合策略指汽车企业既希望降低新产品开发带来的风险,又希望拥有独立自主权,因此考虑直接引进先进的技术,结合目标市场的消费特点,同时利用企业现有的资源进行产品开发,从而实现更好的产品效果,获得成功。

7.4.3　新产品开发流程

新产品开发流程一般包括八个阶段（图 7.5）：寻求新创意阶段、筛选创意阶段、形成新产品概念阶段、营销策略制定阶段、经营预测阶段、产品开发阶段、市场试销阶段、正式上市阶段。

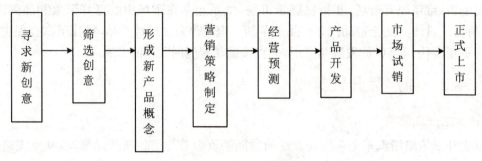

图 7.5　新产品开发流程

1. 寻求新创意

新产品的开发从寻求新创意开始，也就是对未得到满足的市场的产品进行设想。虽然不是所有的设想或创意都可以形成产品，但尽可能地寻求更多的创意可以为新产品的开发提供更多的可能。

汽车市场新产品创意的需求，可以从多种渠道获取灵感。如消费者、经销商、销售人员、市场研究公司、互联网数据等，对多渠道获得的信息进行整理，激发汽车企业研发部门设计新产品的创意。

新产品创意的内容主要是根据所瞄准的目标市场的需求特征而言的，具体内容大致包括以下几点：

① 汽车产品的性能，包括具体参数的设计。
② 汽车产品的车型。
③ 汽车产品的驱动方式。
④ 变速箱的类型。
⑤ 汽车座位数。
⑥ 汽车新品的目标售价、成本等。

2. 筛选创意

筛选创意阶段是对初期形成的产品创意的分析阶段，汽车企业要经过"5W1H"分析，初步筛选出较为合理、具有创意和市场竞争性的产品创意，剔除不切实际或者可行性极低的设想。此阶段主要考虑两点：一是该创意是否与汽车企业的发展目标相一致，主要表现在产品的营利性、竞争性等方面；二是要结合企业实际，如该企业目前是否具备该创意实现的资金条件、技术条件以及其他资源能力等。

3. 形成新产品概念

此阶段是将筛选出来的产品创意进一步发展成产品概念。新产品创意是汽车企业从自身角度出发，构想出可能向市场提供的产品设想；而新产品概念则是站在消费者的角度，对产品进行详细的描述。汽车企业所要形成的新概念就是要把产品创意确定为产品概念，即将企业有可能提供的产品与消费者可能需要的产品进行融合,通过初期概念的形成,对产品概念进行消费者测评或实验。也就是寻找目标市场上的消费者,用文字或图片的形式将新产品展现在消费者面前,以观察他们的反应,确定该产品概念是否符合预期。

4. 营销策略制定

在新产品的概念形成以后,企业营销部门需要考虑如何制定相应的营销策略,获得市场成功。这里的市场营销策略包括:目标市场的规模、消费能力、消费结构,同类产品在该目标市场过去的销售额、市场占有率以及销售利润等。同时,确定新产品的目标定价、分销渠道等。

此外,预测企业长期的销售额,制定长短期销售目标,拟定多种营销组合策略。

5. 经营预测

经营预测阶段主要考虑新产品投入市场后的财务分析状况。企业管理者需要根据营销计划制定预测的销售额,预测企业的生产成本、营销成本等,同时核算出可能出现的财务盈利数据,权衡财务结果是否符合企业的经营目标,如果不符,则需要重新进行新产品的开发;如果相符,则进入下一步,进行具体的产品设计开发。

6. 产品开发

汽车产品作为高技术含量的工业产品,设计所需技术要求较为严格,甚至苛刻。此阶段进行产品的工业设计,则需要工程师采集大量的设计数据,精心合理地设计汽车的造型、具体结构、整车性能,并制造出样车,进行新车样品测试。通过大量的安全测试、性能测试等,便可以进入市场的试销阶段。

7. 市场试销

新产品市场试销阶段是指企业管理者对于新汽车样本较为满意,开始对新车进入市场进行包装和营销,将其推向目标市场。同时对于所选取的目标市场要具有针对性,测试的手段则是将所选取市场的消费者的真实购买行为作为判断的依据。企业要对购买新车的消费者进行实时跟踪和回访,了解消费者对于产品的真实意见和评价,然后再酌情采取对应的策略。试销阶段要注意:一是新汽车的开发耗费了大量的资金和时间,能否成功对于企业来说十分重要,所以试销所选取的目标市场的规模要尽量大一些,以保证测试结果的真实可靠;二是控制试销费用和试销时间,试销费用不宜在新产品开发投资总额中占太大的比例,而试销时间要合理,以免时间过长,错过最佳的上市时间,被竞争者抢先占领目标市场。

> **同步思考 7.3**
> 新能源汽车中奇瑞小蚂蚁和五菱宏光 mini EV 你更喜欢哪款呢?请说明原因。

8. 正式上市

成功的市场试销阶段奠定了企业正式上市的基础,增强了企业管理者对新产品的信心。此阶段,企业管理者需要重点考虑经过前面的新车开发阶段,是否需要调整营销组合策略,以更好地实现新车上市的效果。新汽车上市以后,要不断关注该汽车的市场销售情况及竞争情况,及时进行策略的调整。

案例讨论 7.5

极狐汽车与华为首作——极狐阿尔法 S 全新 HI 版隆重登场

2022年5月7日,极狐阿尔法 S 全新 HI 版千呼万唤始出来,可以称得上是万众瞩目。北汽集团与华为首作——极狐阿尔法 S 全新 HI 版融汇了超高技术的智能巡航,实现了在城市道路上的智能驾驶,是首个城市道路高阶智能驾驶的量产车。对于路况复杂的市区道路,无论是碰到车辆加塞、紧急变道,还是自动泊车、人车混行避障等,都可以让驾驶者真正地体验到智能化驾驶的魅力。

对于极狐阿尔法 S 全新 HI 版的内饰方面,鸿蒙 OS 智能互联座舱表现突出,30 多款生态应用都与其适用。极狐阿尔法 S 最新 HI 版本,支持无缝视频传输,流畅通话;支持车载电话连接,可对手机进行反向控制;支持手势识别,可精准控制音乐及汽车;车内的自拍更加智能,驾驶室更加人性化。可以说,只要是在屏幕上出现的,都可以用声音来开启对应的程序,或者找到对应的内容,实现人与车的互动。

(资料来源:齐鲁壹点.强强联合极狐汽车与华为首作:极狐阿尔法 S 全新 HI 版隆重登场 [EB/OL]. (2022-05-10) [2022-11-03]. https://baijiahao. baidu. com/s? id = 17324325117786657820&wfr=spider&for=pc.)

问题:
1. 极狐阿尔法 S 全新 HI 版属于哪类新产品?
2. 极狐阿尔法 S 全新 HI 版上市采用了什么开发策略?

项目小结

1. 汽车产品整体概念可理解为汽车企业为满足汽车市场需求而提供的一系列有形实体和无形服务,包括五个层次:核心产品、形式产品、期望产品、附加产品和潜在产品。

2. 汽车产品生命周期是指汽车产品从研发上市开始,到更新换代,直至被市场淘汰所经历的全部过程,一般包括介绍期、成长期、成熟期和衰退期四个阶段。

介绍期营销策略包括:快速撇脂策略、缓慢撇脂策略、快速渗透策略、缓慢渗透策略。

成长期营销策略包括:改善产品品质、开拓新的细分市场、改变广告的诉求重点和调整产品售价。

成熟期营销策略包括:调整产品策略、调整市场策略和调整营销因素组合策略。

衰退期营销策略包括:维持策略、集中策略、收缩策略和放弃策略。

3. 汽车产品组合包括汽车产品线和汽车产品项目。汽车产品组合用宽度、深度、长度和相容度来衡量。汽车产品组合策略包括扩大汽车产品组合策略、缩减汽车产品组合策略和产品延伸策略和产品大类现代化。

4. 新产品包括全新产品、换代产品和改进产品。新产品开发策略包括自主开发策略、跟随型策略、引进策略和开发与引进相结合策略。

5. 新产品开发流程一般包括八个部分:新寻求创意、筛选创意、形成新产品概念阶段、营销策略制定、经营预测、产品开发、市场试销、正式上市。

知识巩固

单选题

1. 汽车售后维修服务和紧急救援服务属于产品整体概念中的（　　）。
   A. 核心产品层　　B. 形式产品层　　C. 附加产品层　　D. 期望产品层
2. 汽车产品组合的（　　）是指其产品线的数量。
   A. 宽度　　　　　B. 深度　　　　　C. 长度　　　　　D. 相容度
3. 产品生命周期理论的提出者是（　　）。
   A. 海默　　　　　B. 弗农　　　　　C. 亚当·斯密　　D. 弗里德曼
4. 缓慢撇脂策略是产品生命周期理论中（　　）的策略。
   A. 介绍期　　　　B. 成长期　　　　C. 成熟期　　　　D. 衰退期
5. 某款汽车设计采用全铝车身，配备真皮座椅，这属于汽车产品整体概念中的（　　）。
   A. 核心产品层　　B. 形式产品层　　C. 期望产品层　　D. 附加产品层
6. 高促销费用、低价格属于（　　）。
   A. 快速撇脂策略　B. 缓慢撇脂策略　C. 快速渗透策略　D. 缓慢渗透策略
7. 为了最大限度地延长产品生命周期，提高企业利润，应该选择延长（　　）。
   A. 介绍期　　　　B. 成长期　　　　C. 成熟期　　　　D. 衰退期
8. 具备开发周期长且研发费用高等特点的新产品开发策略属于（　　）。
   A. 跟随型策略　　　　　　　　　　B. 自主开发策略
   C. 引进策略　　　　　　　　　　　D. 开发与引进相结合策略
9. 品牌六层次包括属性、文化、个性、价值、（　　）和用户。
   A. 文字　　　　　B. 图形　　　　　C. 名称　　　　　D. 利益
10. （　　）是指某品牌被公众知晓、了解的程度，反映的是消费者关系的广度。
    A. 品牌忠诚度　　B. 品牌知名度　　C. 品牌美誉度　　D. 品牌价值

多选题

1. 产品整体概念提出的产品层次包括哪些？（　　）
   A. 核心产品层　　B. 形式产品层　　C. 期望产品层
   D. 附加产品层　　E. 潜在产品层
2. 汽车产品生命周期一般包括（　　）。
   A. 介绍期　　　　B. 成长期　　　　C. 成熟期
   D. 衰退期　　　　E. 退出期
3. 成熟期的营销策略有（　　）。
   A. 调整产品　　　B. 改善产品品质　C. 调整市场
   D. 调整营销组合　E. 集中策略
4. 品牌资产包括（　　）。
   A. 品牌忠诚度　　B. 品牌知名度　　C. 品牌美誉度

D. 品牌联想度　　　　　E. 其他品牌资产

5. 品牌知名度包括（　　）。
A. 无知名度　　　　　B. 提示知名度　　　　　C. 未提示知名度
D. 顶端知名度　　　　E. 高知名度

判断题

1. 消费者购买汽车时最看重的是核心产品层，即汽车的代步功能。（　　）
2. 所有产品的生命周期都经历四个阶段：介绍期、成长期、成熟期和衰退期。（　　）
3. 处于成长期的产品营销策略的重点在于"快"字，如果缩短成长期的时间，那么会快速进入成熟期。（　　）
4. 汽车产品组合是指一个汽车制造厂商所能生产的汽车产品的总和。（　　）
5. 品牌不同于商标，品牌属于法律范畴，商标则属于市场范畴。（　　）
6. 如果说品牌知名度是一个量的指标，那么品牌美誉度就是一个质的指标。（　　）
7. 企业的老产品进入新的市场，也可以成为新产品，又称为降低成本型新产品。（　　）
8. 品牌忠诚度是消费者对品牌感情的度量，是企业重要的竞争优势。（　　）

（扫一扫，答案在这里！）

综合案例

蔚来汽车：新能源的冰与火之歌

蔚来无疑是含着金钥匙出生的。2014年11月蔚来由李斌、刘强东、李想、腾讯、高瓴资本、顺为资本等发起创立，后又获得淡马锡、百度资本、红杉、厚朴、联想、华平、TPG、GIC、IDG、愉悦资本等数10家知名机构投资。

1. 高调亮相

2017年12月16日，这一天无疑是属于李斌和蔚来汽车（图7.6）的"NIO Day"，其旗下的首款量产车型——蔚来ES8正式上市，并且首次推出了电池租用模式。这场轰轰烈烈的发布会，据媒体披露耗资高达8000万元。蔚来汽车为了这场发布会，包下整个北京五棵松体育中心的会场和周围的部分场地，准备了8架飞机和60节高铁车厢，上海机场还设置了专门的蔚来登记口，北京五棵松体育中心附近的19家五星级酒店一房难求。据悉，蔚来同时还邀请了5000名ES8准用户和数千家媒体参加，当天北京五棵松体育中心的会馆座无虚席。然而，这并不是蔚来"高调"的全部。

事实上，在ES8产品发布会的前三周，蔚来的第一家"蔚来中心"（NIO House）在长安街东方广场正式开业。在一年租金数千万元的黄金地段，蔚来打造的这个现代感极强的NIO

House 并不是用来卖车的,而是作为蔚来的用户中心和消费者的线下活动场所。

图 7.6　蔚来汽车

2. 交付难题

作为新能源造车企业中最早宣布预订的蔚来汽车(首款量产车 ES8 于 2017 年 12 月上市并获得 1 万辆创始版订单,2018 年 3 月开启常规预订),其新车的交付时间则一再延后。

根据发布会时的预热新闻,蔚来给出的首批新车交付时间是 2018 年 3 月,甚至"蔚来 ES8 第一批将于 2018 年上半年交付客户"还作为某门户网站的标题予以传播。彼时,信心满满、春风得意的蔚来汽车或许并不相信,难倒特斯拉等一众新能源车企的量产问题也会同样掣肘自己。大概从 2018 年 5 月开始,就已经有部分消费者因未能收到蔚来新车而向媒体抱怨,因为 5 月正是数次延迟之后,李斌接受媒体采访时给出了交车时间。李斌表示:"ES8 将在 5 月开始交付,6 月可批量交付,到 9 月底之前完成 1 万辆创始版的交付,10 月开始交付基准版。"李斌并不讳言蔚来的量产难度。据其介绍,蔚来汽车的一级供应商是 100 多个,可能还有二级供应商,供应链很长,蔚来汽车在这方面的风险非常大。

3. 品控风波

在经历数次延迟交付后终于实现产能爬坡的蔚来汽车,却遭遇了新一轮的质疑之声。就在 2018 年 11 月底,一位自称蔚来 ES8 第 1589 号的车主在蔚来官方 APP 上发文要求退车。在其文章中,这位消费者详述其提车两个月时间里的种种,涉及汽车的主要功能、售后服务等方方面面。随后,这篇文章被众多媒体转载及引用,蔚来汽车再度置身舆论的漩涡之中。

4. 道阻且长

根据统计数据,蔚来汽车自创始以来到登陆纳斯达克之前,共募资约 145 亿元人民币,再加上于 2018 年 9 月在美国上市的 10 亿美元融资,蔚来汽车总计融资额在 30 亿美元左右。但仅仅 3 年时间,蔚来汽车就有了 100 多亿元的亏损,其用于研发、制造和营销上的费用仍在持续增加。

(资料来源:张兴军. 蔚来汽车:新能源的冰与火之歌[J]. 中国经济信息,2018,(24):32-35.)

问题:

1. 蔚来汽车首款量产车型蔚来 ES8 属于哪类汽车新产品?
2. 利用产品生命周期理论分析,蔚来 ES8 新品上市时采用了哪种营销策略?
3. 蔚来 ES8 现处于产品生命周期的哪个阶段?
4. 蔚来汽车的品牌设计策略是什么?
5. 请你结合专业知识,试分析蔚来汽车应该采取何种品牌定位战略以赢得市场?

项目工单

任务： 学习通过网络和实地调查的方法收集蔚来汽车的相关资料，对当地蔚来汽车的销售情况进行分析，发表自己的观点。	姓名：	指导教师：
	班级：	组别：

1. 目的与要求

实训目的：

走出课堂，了解蔚来汽车的产品策略。

实训要求：

（1）总结在课堂上学习汽车产品策略的相关内容；

（2）学生自己利用课余时间详细了解和分析蔚来汽车的产品策略，归纳总结出其成功之处及面临的问题，并以PPT的形式进行汇报。

2. 组织与计划

3. 任务实施

4. 归纳总结

5. 评价（优秀、良好、合格、不合格）

自我评价：	小组评价：

教师评价：

汽车价格策略

学习目标

1. 知识目标

（1）了解影响汽车产品定价的主要因素；
（2）熟悉汽车产品的定价目标；
（3）熟悉汽车产品的定价程序；
（4）掌握汽车产品的定价方法；
（5）掌握汽车产品的定价策略；
（6）掌握汽车产品的价格调整策略。

2. 能力目标

（1）能够根据汽车产品的价格构成及定价的主要影响因素准确地分析各种汽车产品定价的现象；
（2）能够综合运用所学的几种定价方法对汽车产品进行合理的定价；
（3）能够按照汽车企业的定价目标、产品特点以及市场状况制定有效的价格策略；
（4）能够根据汽车市场的环境变化情况，提出合理的价格调整建议。

3. 素养目标

通过本项目的学习，掌握汽车产品定价的主要因素，深入了解我国汽车产品的价格水平与策略，正确认识我国市场关于价格的监管体系，树立价格公道、诚以待客的服务意识，增强职业素养。

思维导图

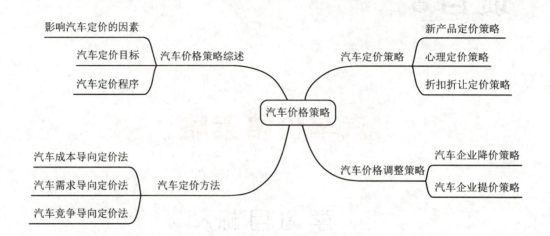

开篇案例

五菱宏光 mini EV 的"低价入市"策略

2024年2月21日,上汽通用五菱正式公布了宏光 mini EV 家族的最新销售数据,截至2024年2月,宏光 mini EV 家族实现累计销售超120万辆。回顾2023全年,宏光 mini EV 家族以237863台的销量收官。从2020年7月上市起,宏光 mini EV 曾七次登顶全球新能源单一车型销量冠军,在微型纯电车市场的份额占比一度达到75%。

曝光两个月,盲订破5000辆的五菱宏光"小神车"终于曝光价格——2020年5月28日,五菱品牌旗下首款四座新能源车——宏光 mini EV 正式开启预售。新车共有三种配置车型,预售价格为2.88万元~3.88万元。

最低不到3万元就能买到一辆能遮风挡雨、四个座位、冷暖空调都有的四轮汽车?还真没看错,不仅如此,预售期间在各大电商平台花199元提前预订,还能享受包含5年免费保养、5年免费道路救援等福利。

2.88万元的预售价,还附带这么诚意十足的礼包。因为宏光 mini EV 的价格与前期消费者猜测的心理价位相差不大,甚至更低,所以在这波稳妥定价之后,宏光 mini EV(图8.1)随即成为五菱系的一个爆款。

(资料来源:编者整理)

问题:
1. 五菱宏光 mini EV 的低价入市策略有哪些优点?
2. 你还知道哪些汽车价格策略?

图 8.1　宏光 mini EV

8.1　汽车价格策略综述

汽车价格策略是指根据营销目标和价格原理,针对汽车制造企业、经销商以及市场变化的实际情况,在确定汽车产品价格时所采取的各种具体对策。价格的变化直接影响汽车市场的接受程度,影响消费者的购买行为,影响汽车制造企业营利目标的实现。因此,汽车定价策略是汽车市场竞争的重要手段。

8.1.1　影响汽车定价的因素

汽车价格的高低,主要是由汽车中包含的价值量的大小决定的,整体而言,影响汽车定价的主要因素如下:

1. 定价目标

定价目标是汽车企业通过价格措施要达到的营销目的,是汽车企业营销战略目标的一个重要组成部分。不同的营销目标决定了不同的价格策略和定价方法。如企业的定价目标是利润目标,则价格就相对高一些;如果是市场占有率目标,则价格较低。

2. 汽车成本

汽车成本包括汽车生产成本、汽车销售成本和汽车储运成本。它是汽车价格构成最基本、最主要的因素。一般情况下,汽车的最低价格取决于该产品的成本费用,任何产品的销售价格必须高于成本费用。只有这样,企业才能以销售收入来抵偿生产成本和经营费用,并且保证再生产的实现,否则企业将无法持续经营。

3. 汽车消费者需求

汽车消费者的需求对汽车定价的影响,主要通过汽车消费者的需求能力、需求强度、需求层次反映出来。

① 汽车定价要考虑汽车价格是否适应汽车消费者的需求能力。

② 汽车产品需求价格弹性。根据不同产品需求弹性的差异,可以指定低价或者高价去满足市场不同价格的需求。

③ 不同消费者的需求差异、购买力大小影响产品价格的制定。

4. 汽车特征

汽车特征一般指汽车造型、质量、性能、服务、品牌和配置等,它能反映汽车对消费者的吸引力。

5. 汽车市场结构

根据汽车市场的竞争程度,可将汽车市场结构分为四种不同的汽车市场类型,具体如下:

(1) 完全竞争市场

完全竞争市场又称自由竞争市场。在这种市场里,汽车价格只受供求关系的影响,不受其他因素的影响。这样的市场在现实生活中是不存在的。

(2) 垄断竞争市场

垄断竞争市场指既有独占倾向又有竞争成分的汽车市场。这种汽车市场比较符合现实情况,其主要特点如下:

① 同类汽车在市场上有较多的生产者,市场竞争激烈。

② 新加入者进入汽车市场比较容易。

③ 不同企业生产的同类汽车存在差异性,消费者对某种品牌的汽车产生了偏好,垄断企业由于某种优势而产生了一定的垄断因素。

(3) 寡头垄断市场

寡头垄断市场指某类汽车的绝大部分市场由少数几家汽车企业垄断,它是介于完全垄断和垄断竞争之间的一种汽车市场形式。在现实生活中,这种形式比较普遍。在这种汽车市场中,汽车的市场价格不是由市场供求关系决定的,而是由几家大汽车企业通过协议规定的。

(4) 完全垄断市场

完全垄断市场又称独占市场,是一种与完全竞争市场相对立的极端形式的市场类型。指汽车市场完全被某个汽车企业所垄断和控制,在现实生活中比较少见。

四种汽车市场结构类型的特点见表 8.1。

表 8.1 四种汽车市场结构类型的特点

市场类型	厂商数量	产品差别	进出难易	价格控制
完全竞争	很多	同质	易	无
垄断竞争	很多	有	较易	部分
寡头垄断	少数	有或无	较困难	很高
完全垄断	一家	唯一且无法替代	极难	极高

6. 汽车市场竞争状况

汽车定价是一种挑战性行为,任何一次汽车价格的制定与调整都会引起竞争者的关注,并导致竞争者采取相应的对策。在这种对抗中,竞争力量强的汽车企业有较大的定价自由,竞争力量弱的汽车企业定价的自主性较小,通常它是追随市场领先者进行定价的。

> **同步思考 8.1**
> 你知道影响汽车定价的因素还有哪些吗?

8.1.2 汽车定价目标

汽车企业在定价之前,首先要考虑一个与企业总目标、市场营销目标相一致的汽车定价目标,作为确定汽车定价方法和价格策略的依据。一般来说,汽车企业有六个定价目标,如图 8.2 所示。

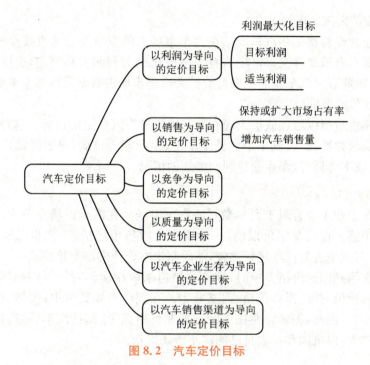

图 8.2 汽车定价目标

1. 以利润为导向的定价目标

汽车企业一般都把利润作为重要的汽车定价目标,这样的定价目标主要有以下三种:

(1) 利润最大化目标

以最大利润作为汽车的定价目标,指的是汽车企业期望获取最多的销售利润。通常已成功打开销路的中小汽车企业,最常用这种目标。追求最大利润并不等于追求最高汽车价格。最大利润既有长期和短期之分,也有汽车企业全部汽车产品和单个汽车产品之别。

(2) 目标利润

以预期利润作为汽车的定价目标,即汽车企业把某个汽车产品或投资的预期利润水平,规定为汽车销售额或投资额的一定百分比,即汽车销售利润率或汽车投资利润率。

汽车定价是在汽车成本的基础上加上目标利润。根据实现目标利润的要求,汽车企业要估算汽车按什么价格销售、销售多少才能达到目标利润。一般来说,预期汽车销售利润率或汽车投资利润率要高于银行存款利率。

以目标利润作为汽车定价目标的汽车企业,应具备以下两个条件:

① 汽车企业具有较强的实力,竞争力比较强,在汽车行业中处于领导地位。
② 采用这种汽车定价目标的多为汽车新产品、汽车独家产品以及低价高质量的汽车产品。

（3）适当利润

有些汽车企业为了保护自己,减少市场风险,或者限于实力不足以满足适当利润作为汽车定价目标。这种情况多见于处于市场追随者地位的中小汽车企业。

2. 以销售量为导向的定价目标

这种汽车定价目标是指汽车企业希望获得某种水平的汽车销售量或汽车市场占有率而确定的目标。

（1）保持或扩大汽车市场占有率

它是汽车企业经营状况和汽车产品在汽车市场上的竞争能力的直接反映,对于汽车企业的生存和发展具有重要意义。市场占有率一般比最大利润容易测定,也更能体现汽车企业的努力方向,因此有时汽车企业把保持或扩大汽车市场占有率看得非常重要。

（2）增加汽车销售量

增加汽车销售量指以增加或扩大现有汽车销售量为汽车定价目标。这种方法一般适用于汽车的价格需求弹性较大、汽车企业开工不足、生产能力过剩,只要降低汽车价格就能扩大销售,使单位成本降低、汽车企业总利润增加的情况。

3. 以竞争为导向的定价目标

这是指汽车企业主要着眼于竞争激烈的汽车市场。在汽车市场竞争中,大多数竞争对汽车价格都很敏感。在汽车定价以前,一般要广泛收集市场信息,把自己所生产汽车的性能、质量和成本与竞争者的汽车进行比较,然后制定本企业的汽车价格。

汽车企业在遇到同行价格竞争时,常常会被迫采取相应的对策。例如,竞相削价,压倒对方;及时调整,价位对等;提高价格,树立威望。在现代市场竞争中,价格战容易使双方两败俱伤,风险较大。因此,很多企业往往会开展非价格竞争,如在汽车质量、促销、分销和服务等方面下苦功夫,以巩固和扩大自己的汽车市场份额。

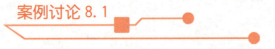

案例讨论8.1

变相官降,南北大众再次打响价格战

2019年3月26日,一汽大众通过官方微博对外宣布降价。一汽大众称,为积极响应国家"减税降费"的政策,让消费者拥有实实在在的"获得感",自2019年3月27日起,下调全系在售车型的官方指导价。全新一代CC降幅最高,达到8000元。此外,SUV车型探岳、探歌也将会有5900～6000元的降幅。与此同时,上汽大众也在当晚深夜的官方微博上宣布降价,降幅最高达20000元。南北大众这一几乎"神同步"的官方降价声明,一时间开启了车市的"价格战"。

2019年3月27日,上汽乘用车旗下的荣威、名爵两大品牌相继宣布下调在售车型的价格。其中荣威品牌下调了荣威RX8、荣威RX5、荣威RX3、荣威i6等四款车型的官方指导价,降幅在3000～5000元。同时还可享受万元消费促进补贴以及一成实际首付等金融政策,综合优惠可达2.3万元。名爵品牌方面,在国家降增值税、名爵补贴增值税、汽车下乡补贴等政策下,购买名爵 HS、全新名爵 6、名爵 ZS 可享受最高优惠 2.9 万元。

而南北大众率先降价,也让人产生了似曾相识的感觉。2004 年、2008 年、2012 年、2015 年,几乎每次车市低潮,都是这两个"领头羊"率先降价,整个车市也由此发生变化。

(资料来源:高迪. 一汽大众　大众品牌全系降价,最高降幅 8000 元[EB/OL]. (2019-03-27)[2022-11-13]. https://www.yicai.com/news/100148186.html.)

问题:面对南北大众的价格调整,其竞争者是如何应对的?

4. 以质量为导向的定价目标

这是指汽车企业要在市场上树立汽车质量领先地位的目标,并在汽车价格上体现出来。优质优价是一般的市场供求准则,研究和开发优质汽车必然要承担较高的成本,自然要求以高的汽车价格得到回报。

从完善的汽车市场体系来看,高价格的汽车自然代表或反映汽车的高性能、高质量及优质服务。采取这一目标的汽车企业必须具备以下两个条件:一是高性能、高质量的汽车;二是提供优质的服务。

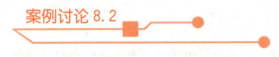

案例讨论 8.2

高质高价——长城汽车海外生意经

近年来,长城汽车海外市场表现愈发亮眼,尤其是 2021 年,长城汽车的海外销售量达近 14 万辆,同比增长超过 100%,海外营业额收入达 161.6 亿元,同比增长超过 140%。值得关注的是,长城汽车的"高质高价"标签也正变得愈发夯实。

价格数据显示,国内售价为 12.79 万~15.79 万元的欧拉好猫在泰国市场能卖到 98.9 万~119.9 万泰铢(18.8 万~22.83 万元),溢价 6 万~7 万元;国内售价为 12.68 万~15.98 万元的长城炮乘用皮卡在澳大利亚能卖到 35990~45490 澳元(17.12 万~21.64 万元),溢价 4.44 万~5.66 万元。有些车型的售价能比肩当地奔驰、宝马、奥迪等品牌车型的价格。

那么,长城汽车为何能在海外实现高价销售?首先一定是产品和服务的高质。高质代表了长城"智"造的新高度,而高价足以验证海外消费者对长城汽车的品牌和产品的认可。长城汽车在海外走出了一条"高质高价"路线,正是其品牌不断发展的真实写照。

(资料来源:岳倩. 长城汽车海外市场表现出色[EB/OL]. (2022-04-21)[2022-11-14]. https://www.cqn.com.cn/zgzlb/content/2022—04/21/content_8810422.htm.)

问题:长城汽车海外"高质高价"策略是如何实现的?

5. 以汽车企业生存为导向的定价目标

当汽车企业遇到生产能力过剩或激烈的市场竞争要改变消费者的需求时,它要把维持生存作为自己的主要目标——生存比利润更重要。对于这类汽车企业而言,只要他们的汽车价格能够弥补变动成本和一部分固定成本,即汽车单价大于汽车企业变动成本,他们就能够维持住汽车企业。

6. 以汽车销售渠道为导向的定价目标

为了使销售渠道通畅,汽车企业必须研究汽车价格对中间商的影响,充分考虑中间商的利益,保证中间商有合理的利润。中间商是现代汽车企业营销活动的延伸,对宣传汽车、提高汽车企业知名度具有十分重要的作用。汽车企业在激烈的汽车市场竞争中,有时为了保住完整的汽车销售渠道、促进汽车销售,不得不让利于中间商。

8.1.3 汽车定价程序

汽车企业在汽车新产品投放市场或在市场环境发生变化时,需要制定或调整汽车价格,以利于汽车企业营销目标的实现。汽车的价格涉及汽车企业、汽车消费者和竞争者三方之间的利益,因此,汽车企业对汽车定价非常慎重,需要严格按照一定的定价程序进行。汽车定价的一般程序如图 8.3 所示。

图 8.3 汽车定价程序

1. 明确汽车目标市场

在汽车定价时,首先要明确汽车的目标市场。汽车目标市场是汽车企业生产的汽车所要进入的市场。具体来讲,就是谁是企业的消费者。汽车目标市场不同,汽车定价的水平就不同。分析汽车的目标市场,一般要分析该目标市场消费者的基本特征、需求目标、需求强度、需求潜量、购买力水平和风俗习惯等情况。

2. 分析影响汽车定价的因素

给汽车定价不仅要了解汽车产品的特征、竞争者的行为、货币价值、政府的政策和法规等一般影响因素,还要善于分析在不同的经营环境下,影响汽车定价的主要因素的变化状况。

3. 确定汽车定价目标

汽车定价目标是在对汽车目标市场和影响汽车定价因素的综合分析的基础上确定的。汽车定价目标是合理定价的关键。不同的汽车企业、不同的汽车经营环境和不同的汽车经营时期,其汽车定价目标是不同的。在某个时期,对汽车企业生存与发展影响最大的因素,通常被作为汽车定价目标。

4. 选择汽车定价方法与策略

汽车定价方法是在特定的汽车定价目标的指导下,根据对成本、供求等一系列基本问题的研究,运用价格决策理论,对汽车产品价格进行计算的具体方法。汽车定价方法一般有三种,即以成本为导向的汽车定价方法、以需求为导向的汽车定价方法和以竞争为导向的汽车定价方法。这三种方法能适应不同的汽车定价目标,汽车企业应根据具体情况择优选用。

5. 确定最终汽车价格

确定汽车价格要以汽车定价目标为指导,不仅要选择合理的汽车定价方法,也要考虑其他因素,如汽车消费者心理因素、汽车产品新老程度等。最后经分析、判断及计算,为汽车产品确定合理的价格。

8.2　汽车定价方法

8.2.1　汽车成本导向定价法

汽车成本导向定价法是以汽车产品的全部成本为定价基础,在成本的基础上加上企业的目标利润。由于产品的成本形态不同以及在成本的基础上核算利润的方法不同,汽车成本导向定价法具体分为以下几种形式:

1. 成本加成定价法

成本加成定价法是一种最简单的汽车定价方法,即在单辆汽车成本的基础上,加上一定比例的预期利润作为汽车产品的售价。售价与成本之间的差额,就是利润。由于利润的多少是按一定的比例反映出来的,这种比例习惯上称为"几成"。计算公式为

$$单位汽车价格 = 单位产品总成本 \times (1 + 预期利润率)$$

其中,

$$预期利润率 = 预期总利润 / 总成本 \times 100\%$$

2. 投资回收定价法

投资回收定价法是根据企业预期的总销售量与总成本,加上按投资收益率制定的目标利润额,作为定价基础的定价方法。

投资回收定价法的特点是,首先确定一个总的目标利润或目标利润率,然后把总利润分摊到每个产品中去,与成本相加后确定价格。美国通用汽车把目标利润率定为15%~20%。

其计算公式为

$$单位汽车价格 = 单位成本 + 单位目标利润$$

其中,

$$单位成本 = 总成本 / 预期销售量$$
$$单位目标利润 = 投资总额 \times 目标利润率 / 预期销售量$$

因此,

$$单位汽车价格 = 总成本 / 预期销售量 + 投资总额 \times 目标利润率 / 预期销售量$$
$$= (总成本 + 投资总额 \times 目标利润率) / 预期销售量$$

3. 盈亏平衡定价法

盈亏平衡定价法是指在销售量既定的条件下,汽车价格必须达到一定的水平才能做到盈亏平衡、收支相抵。盈亏平衡定价法是以固定成本和变动成本为主要依据,以保本为目标的定价思路,当销售收入与总成本相等时,该产品的价格即保本价格。其计算公式为

$$单位汽车价格 = 单位汽车成本$$
$$= 总成本 / 预期销售量$$
$$= 单位固定成本 + 单位变动成本$$

4. 边际贡献定价法

边际贡献定价法也称边际成本定价法,即仅计算可变成本,不计算固定成本,在变动成

本的基础上加上预期的边际贡献。边际贡献是指企业增加一单位产品的销售量，所获得的收入减去边际成本（单位可变成本）的数值。即

$$边际贡献＝单位产品价格－单位可变成本$$

从而可以推出单位汽车价格的计算公式为

$$单位汽车价格＝单位可变成本＋边际贡献$$

边际贡献定价法的优点是：易于各产品之间合理分摊可变成本；低于成本加成法的定价，能大大提高产品的竞争力；根据各种产品边际贡献的大小设置企业的产品线，易于实现最佳产品组合。需注意的是，这种方法只弥补了变动成本，而固定资产的折旧无法得到补偿，这是一种亏本经营，一般在卖方竞争激烈时采用。

8.2.2 汽车需求导向定价法

需求导向定价法是根据市场需求来制定价格的一种方法。需求导向与成本导向相比，其首先考虑的不是产品成本，而是消费者需求。

1. 认知价值定价法

认知价值定价法，也称"感受价值定价法""理解价值定价法"。消费者往往根据他们对汽车产品的认识、感受或理解的价值水平，综合购买经验、对市场行情和同类产品的了解而对价格作出判断。一般适用于汽车制造企业生产一种新产品或使新产品进入新地区的情况。过硬的产品质量、独特的性能、豪华的特色及品牌优势等是高档汽车消费者产生感受价值的基础，汽车企业可以采用优质优价策略。

2. 需求差异定价法

这是根据对汽车需求方面的差别来制定汽车的价格。主要包括对不同的消费者制定不同的价格、根据产品的样式和外观的差别制定不同的价格、相同的产品在不同的地区价格可以不同等情况。

实施需求差异定价法的前提条件具体如下：
① 市场可以细分，各细分市场具有不同的需求弹性。
② 价格歧视不会引起消费者反感。
③ 低价格细分市场的消费者没有机会将产品转卖给高价格细分市场的消费者。
④ 竞争者没有可能在企业以较高的价格销售产品的市场上以低价竞争。

8.2.3 汽车竞争导向定价法

汽车竞争导向定价法是依据竞争者的产品价格来定价，使本汽车企业的产品价格与竞争者的产品价格类似或有所差别。这是一种汽车企业为了应对汽车市场竞争的需要而采取的特殊定价方法，其特点在于汽车的价格不与汽车的成本或需求产生直接关系。主要有以下三种方法：

1. 随行就市定价法

随行就市定价法是以同类汽车产品的平均价格作为汽车企业定价的基础。这种方法适合在汽车企业既难以对消费者和竞争者的反应作出准确的估计，也难以另行定价的情况下使用。在实践中，有些产品价格难以计算，采用随行就市定价一般可较准确地体现汽车价值和供求情况，保证能获得合理的效益，同时，也有利于协调同行业的步调、融洽与竞争者的关系。

2. 相关产品比价法

相关产品比价法,即以同类汽车产品中消费者认可某品牌汽车的价格作为依据,结合本企业汽车产品与认可汽车的成本差率或质量差率来制定汽车价格。

3. 竞争投标定价法

在汽车易主交易中,采用招标、投标的方式,由一个卖主(或买主)对两个以上并相互竞争的潜在买主(或卖主)出价(或要价)并择优成交的定价方法,称为竞争投标定价法。其显著的特点是招标方只有一个,处于相对垄断的地位;而投标方有多个,处于相互竞争的地位。能否成交的关键在于投标者的出价能否战胜所有竞争者而中标,中标者与卖方(买方)签约成交。

总之,不同汽车企业所采用的定价方法是不同的。即使在同一种定价方法中,不同企业选择的价格计算方法也会有所不同,企业应根据自身的具体情况灵活选择、综合运用。

8.3 汽车定价策略

8.3.1 新产品定价策略

新产品定价关系到新产品能否顺利进入市场,企业能否站稳脚跟,能否取得较大的经济效益和市场份额。常见的新产品定价策略主要有以下三种:

1. 撇脂定价策略

撇脂定价策略也称取脂定价策略,指新产品上市之初,将其价格定得较高,以便在短期内获取厚利,迅速收回投资成本,减少经营风险,待竞争者进入市场时,再按正常价格水平定价。这一定价策略犹如从牛奶中撇取其中所含的奶油一样,取其精华,所以称为撇脂定价策略。

(1) 撇脂定价策略的优点

① 有助于汽车企业树立优质高价的品牌形象。在新车上市之初,消费者对其尚无理性认识,此时的购买动机多属于求新求奇,利用较高的价格提升产品身份,顺应消费者的求新心理,树立优质高价的品牌形象。

② 有利于汽车企业掌握价格调整的主动权。先制定较高的价格,在其新产品进入成熟期后可以拥有较大的价格调整余地,不仅可以通过逐步降价保持企业的竞争力,而且可以从现有的目标市场上吸引潜在消费者,甚至可以争取到低收入阶层和对价格比较敏感的消费者。

③ 有利于汽车企业缓解新品上市之初出现的供不应求状况。在汽车新产品开发之初,由于资金、技术、资源、人力等条件的限制,有些汽车企业可能很难以现有的规模满足所有消费者的需求,利用高价可以限制需求的过快增长,缓解产品供不应求的状况,并且可以利用高价获取的高额利润进行投资,逐步扩大生产规模,使之与需求状况相适应。

④ 有利于汽车企业在短期内收回大量资金,用作新的投资。

(2) 撇脂定价策略的缺点

① 高价产品的需求规模毕竟有限,过高的价格不利于开拓市场、增加销售量。

② 高价高利容易引来大量的竞争者,不利于占领和稳定市场。

③ 当价格远高于价值时,在某种程度上就损害了消费者的利益,容易招致公众的反对和消费者的抵制,甚至会当作暴利来加以取缔,诱发公共关系等问题。

2. 渗透定价策略

这是与撇脂定价策略相反的一种定价策略,即汽车企业在新产品上市之初将其价格定得较低,吸引了大量的消费者,借以打开产品销路,扩大市场占有率,谋求较长时间的市场领先地位。当新产品没有显著特色、竞争激烈、需求弹性较大时宜采用渗透定价策略。

其优点如下:

① 低价可以使新上市的汽车产品迅速为市场所接受,并借助大批量销售来降低成本,获得长期稳定的市场地位。

② 微利可以阻止竞争者的进入,减缓竞争,获得一定的市场优势。

其缺点如下:投资回收期较长,见效慢,风险大。

8.3.2 心理定价策略

汽车企业是利用消费者的心理因素进行定价的,以满足消费者在购车过程中的心理需求。常见的方法有:整数定价策略、尾数定价策略、声望定价策略和招徕定价策略。

1. 整数定价策略

整数定价策略是指在汽车定价的过程中往往把价格定成整数,凭借整数价格给消费者带来汽车属于高档消费品的印象,以提高汽车品牌形象,从而满足消费者的心理需求,通常高档汽车的定价都采用整数定价法。

2. 尾数定价策略

尾数定价策略是指汽车企业利用消费者的求廉心理,在汽车的定价整数后加上尾数,在直观上给消费者一种便宜或性价比高的感觉,从而激发消费者的购买欲望。消费者倾向于用"从左至右"的方式而不是四舍五入的方式对价格进行处理。因此,很多人会把售价 19.98 万元的汽车归为 10 万元而不是 20 万元。

3. 声望定价策略

声望定价策略是根据汽车产品在消费者心中的声望和社会地位来确定汽车价格的一种定价策略,它可以满足某些消费者的特殊欲望,如地位、身份、财富等,还可以通过价格来显示汽车的高品质。

4. 招徕定价策略

招徕定价策略是指汽车企业利用部分消费者的求廉和从众心理,择时将某款或少数几款汽车产品降价(低于正常价格甚至低于成本)销售,以此来带动其他汽车产品销售的一种汽车定价策略。这种策略也经常为汽车经销商使用,通过对某一款车型降价,吸引消费者购买,不仅促进了降价产品的销售,同时也可以带动其他汽车产品的销售。

值得汽车企业注意的是,用于招徕的降价车型,应该与低品质车型、问题车型、淘汰车型等明显区别开来,必须是质量优且在市场上受欢迎或关注度高的车型,而不能是处理品。否则,不仅达不到招徕消费者的目的,反而可能使汽车企业的声誉受到影响。

8.3.3 折扣折让定价策略

折扣折让定价策略是汽车企业通过降低定价、打折扣或提高汽车产品质量和服务等直接或间接的方式来争取消费者的一种营销策略。具体来说,有以下几种常见的定价策略:

1. 数量折扣

数量折扣是指按照购买数量的多少,分别给予不同的折扣,购买数量越多,折扣越大,这主要应用在组织购买中。

2. 现金折扣

现金折扣是指对给予立即付清货款的消费者或经销商的一种折扣。

3. 功能折扣

功能折扣是指产品分销过程中所处的环节不同,其所承担的功能、责任和风险也不同,企业据此给予不同的折扣。

4. 季节折扣

季节折扣是指与时间有关的折扣,这种折扣多发生在销售淡季。消费者或经销商在淡季购买时,可得到季节性优惠。采取季节性折扣的目的是对在淡季购买汽车的消费者给予一定的优惠。

8.4 汽车价格调整策略

8.4.1 汽车企业降价策略

1. 降价的原因

① 企业急需回收大量现金。
② 企业通过降价来开拓新市场。
③ 企业决策者决定排斥现有市场的边际生产者。
④ 企业生产能力过剩,产品供过于求,但是企业又无法通过改进产品和加强促销等方式来扩大销售。
⑤ 企业决策者预期降价会扩大销售,由此可望获得更大的生产规模。
⑥ 由于成本降低,费用减少,使企业降价成为可能。
⑦ 企业决策者出于对中间商要求的考虑。
⑧ 政治、法律环境及经济形势的变化迫使企业降价。

2. 降价的方式

① 直接降低价格。将企业的产品目录价格或标价绝对下降。
② 变相降低价格。折扣、买赠活动、有奖销售等。

8.4.2　汽车企业提价策略

1. 提价的原因

① 应对产品成本增加,减小成本压力。
② 为了适应通货膨胀,减少企业的损失。
③ 产品供不应求,企业为了遏制过度消费,保持供求平衡。
④ 利用消费者心理,创造优质效应。
⑤ 受到政府或行业协会的影响。

2. 提价的条件

① 产品在市场上处于优势地位。
② 产品进入成长期。
③ 季节性产品达到销售旺季。
④ 竞争者产品提价。

3. 提价的方式

① 推迟报价。
② 使用价格自动调整条款,要求消费者支付交货前因通货膨胀、国家政策等原因引起增长的部分费用或全部费用。
③ 将原来低价或免费提供的服务分解出来,单独定价。
④ 降低价格折扣。
⑤ 减少、改变汽车产品的功能或服务,或者采用低价原料或配件以降低成本来达到降价的目的。

企业提价时应尽可能多地采用间接提价策略,并通过各种渠道向消费者说明提价的原因,配之以产品策略和促销策略,并帮助消费者寻找节约的途径,以减少消费者的不满,维护企业形象,提高消费者的信心,刺激消费者的需求和购买行为。

项目小结

1. 汽车价格策略是指根据营销目标和价格原理,针对汽车制造企业、经销商以及市场变化的实际情况,在确定汽车产品价格时所采取的各种具体对策。

2. 影响汽车定价的主要因素为定价目标、汽车成本、汽车消费者需求、汽车特征、汽车市场结构以及汽车市场竞争状况。

3. 汽车企业有以利润为导向的定价目标、以销售量为导向的定价目标、以竞争为导向的定价目标、以质量为导向的定价目标、以汽车企业生存为导向的定价目标以及以汽车销售渠道为导向的定价目标。

4. 汽车定价的一般程序为明确汽车目标市场、分析影响汽车定价的因素、确定汽车定价目标、选择汽车定价方法与策略、确定最终汽车价格。

5. 汽车定价的一般程序为明确汽车目标市场、分析影响汽车定价的因素、确定汽车定价目标、选择汽车定价方法与策略、确定最终市场价格。

6. 汽车定价策略有新产品定价策略、心理定价策略、折扣折让定价策略。
7. 汽车价格调整策略包括汽车企业降价策略和汽车企业提价策略。

知识巩固

单选题

1. 在企业定价策略中,撇脂定价和渗透定价属于(　　)。
   A. 心理定价策略　　　　　　　　B. 新产品定价策略
   C. 折扣折让定价策略　　　　　　D. 价格调整策略

2. 某汽车公司将汽车价格定得能使它的投资取得20%的利润,这属于(　　)。
   A. 成本加成定价法　　　　　　　B. 盈亏平衡定价法
   C. 投资回收定价法　　　　　　　D. 边际贡献定价法

3. 某汽车企业一年生产某款汽车1000辆,总成本是20亿元,预期利润率为20%,则该汽车的单辆售价为(　　)。
   A. 12万元　　　B. 24万元　　　C. 36万元　　　D. 48万元

4. 汽车企业在提供汽车产品的同时,还提供一些与汽车相关的产品,如汽车收录机、暖风装置、车用电话等。通常,汽车企业会将这些产品另行计价,以便让消费者感到合情合理,这种定价策略称为(　　)。
   A. 分级定价策略　　　　　　　　B. 产品线定价策略
   C. 连带品定价策略　　　　　　　D. 任选品定价策略

5. 将某款或某几款汽车的价格定得较低,以引起消费者的好奇心,来带动其他汽车产品的销售的一种汽车定价策略称为(　　)。
   A. 招徕定价策略　　　　　　　　B. 尾数定价策略
   C. 整数定价策略　　　　　　　　D. 吉祥数字定价策略

6. 消费者的注意力不再单纯停留在汽车产品的效用上,而是开始比较不同汽车品牌的性能和价格,汽车企业可以采取汽车产品差别化和成本领先的策略,这是(　　)。
   A. 导入期定价策略　　　　　　　B. 成长期定价策略
   C. 成熟期定价策略　　　　　　　D. 衰退期定价策略

7. 认知价值定价法的定价依据是(　　)。
   A. 消费者对汽车产品价值的感觉　B. 企业的生产成本
   C. 竞争者的定价　　　　　　　　D. 消费者对汽车需求方面的差别

8. 奇瑞QQ刚上市的时候以4.98万元的低价进入市场,吸引了大量消费者,这种定价策略属于(　　)。
   A. 撇脂定价策略　　　　　　　　B. 满意定价策略
   C. 习惯定价策略　　　　　　　　D. 渗透定价策略

9. 汽车企业应该进一步降低价格或通过提升汽车产品品质和服务来使之稳定,从而稳定消费群体,该定价策略属于(　　)定价策略。
   A. 导入期　　　B. 成长期　　　C. 成熟期　　　D. 衰退期

10. 按照消费者购买数量的多少,分别给予不同的折扣,购买数量越多,折扣越大,这种定价策略属于折扣折让定价策略中的(　　)。
　　A. 数量折扣　　　　　　　　　　B. 现金折扣
　　C. 功能折扣　　　　　　　　　　D. 季节折扣

多选题

1. 下列属于成本导向定价法的是(　　)。
　　A. 随行就市定价法　　B. 投资回收定价法　　C. 认知价值定价法
　　D. 成本加成定价法　　E. 盈亏平衡定价法
2. 影响汽车定价的内部因素有(　　)。
　　A. 定价目标　　　　　B. 汽车成本　　　　　C. 产品结构
　　D. 市场需求　　　　　E. 市场竞争
3. 某款汽车定价为 9.98 万元,属于(　　)。
　　A. 吉祥数字定价策略　B. 声望定价策略　　　C. 整数定价策略
　　D. 尾数定价策略　　　E. 招徕定价策略
4. 下列属于变相降低价格的是(　　)。
　　A. 目录价格或标价绝对下降　B. 价格折扣　　　C. 买赠活动
　　D. 有奖销售活动　　　E. 以上都是
5. 下列属于心理定价策略的是(　　)。
　　A. 尾数定价策略　　　B. 整数定价策略　　　C. 声望定价策略
　　D. 满意定价策略　　　E. 招徕定价策略
6. 汽车企业提价的条件包括(　　)。
　　A. 产品在市场上处于优势地位　　　B. 产品进入成熟期
　　C. 季节性商品达到销售旺季　　　　D. 竞争者产品提价
　　E. 以上都是

判断题

1. 产品成本是构成价格的主要部分,是产品价格的最低限度,且同产品价格水平呈同方向运动。(　　)
2. 将最大利润作为汽车的定价目标,指的是汽车企业期望获取最大的销售利润。追求最大利润就是追求最高汽车价格。(　　)
3. 满意定价策略就是要将价格定的与竞争者一样或接近平均水平,无须参考产品的经济价值。(　　)
4. 一款汽车的最高价格取决于市场需求情况而不是生产成本。(　　)
5. 汽车企业一旦发现竞争者降价或提价,就应该立即跟进,跟随竞争者的价格变动来降低或提高自己产品的价格。(　　)
6. 根据营销学的观点,新车定价时最普遍的做法是先高后低。在产品导入期应该使用高价以保证利润,而在成熟期应该降价并使之稳定,从而稳定消费群体。(　　)
7. 许多资金雄厚的大汽车企业,喜欢以低价渗透的方式来保持一定的汽车市场占有率。(　　)
8. 汽车企业提价时应尽可能多地采用直接提价的方式,让消费者一目了然。(　　)

9. 在现代市场竞争中,价格战容易使双方两败俱伤,风险较大。(　　)
10. 折扣、买赠活动、有奖销售等属于变相降低价格的方式。(　　)

(扫一扫,答案在这里!)

综合案例

新能源汽车"价格战",将会波及燃油车?

2023年初,特斯拉宣布降价,随后便引发了近100款车型加入价格战,燃油车、新能源汽车,自主、合资、独资等品牌纷纷参与,降价幅度从几千元到几十万元不等。一时间,一场车市降价潮席卷全国。

3月,湖北省政府部门与车企推出堪称"历史最强"的政企联合补贴东风系品牌。一辆原售价21.19万元的东风雪铁龙C6,政企综合补贴9万元后,仅需12.19万元;一汽奥迪旗下A6L则在多个门店都有高达8万元的折扣,且全系均有现车;3月10日,长安汽车旗下长安深蓝最高综合补贴达4.2万元,一天之前,比亚迪针对宋PLUS车系和海豹推出下订抵扣购车款活动,变相为两款爆款车型直接降价6800元和8800元……

与此同时,重庆地区也在进行降价,多家奔驰店内不少车型有5万~7万元的优惠。宝马门店则表示,新能源车最高降幅为10万元,燃油车最高降幅为7万元。

此次降价潮与以往不同,燃油车和新能源汽车都有参与,且参与的车企、降价的车型数量均超过以往。

内人士认为,在燃油车购置税减半政策退出、国六b排放标准实施在即、新能源汽车不断冲击、车市整体较为低迷的情况下,燃油车车企只能"留得青山在,不怕没柴烧",通过降价促销来求生存、吃下更多市场份额。

除了政府补贴政策退出、电池原料成本下降、特斯拉降价等因素之外,新能源汽车市场还面临着其他变化和挑战。比如,随着新能源车市场的成熟和规范,消费者对新能源车的选择越来越理性。这也促使一些车企调整自己的定价策略,以适应市场和消费者的变化。

专家指出,汽车产业关乎地方经济和区域稳定发展,车企"自杀式"的价格战不会持久。现在汽车市场已经进入创新驱动的竞争时代,车企除了要研究价格策略、品牌策略之外,更要靠技术创新去打造自身的产品体系和竞争格局。

(资料来源:改编自李国.燃油车和新能源汽车纷纷降价为哪般?[N].工人日报,2023-3-27(4).)

问题:
1. 结合所学知识,试分析特斯拉打"价格战"的目的是什么?
2. 原材料降价、"价格战"加剧,会不会让新能源汽车取代燃油车?
3. 结合案例,试分析影响汽车价格调整的因素有哪些?

项目工单

任务： 了解不同汽车企业汽车产品的基本定价方法及策略。	姓名：	指导教师：
	班级：	组别：

1. 目的与要求
实训目的： 了解汽车的定价方法。 实训要求： (1) 调查并列出本省内 2~3 家汽车企业的汽车基本定价方法； (2) 调查其中一家汽车企业的汽车定价受哪些因素影响； (3) 调查其中一家汽车企业同一品牌不同配置、不同排量的汽车是如何定价的； (4) 各小组将研究结果以 PPT 的方式呈现，小组成员共同制作 PPT。

2. 组织与计划

3. 任务实施：

4. 归纳总结

5. 评价（优秀、良好、合格、不合格）

自我评价：	小组评价：

教师评价：

汽车分销策略

学习目标

1. 知识目标

(1) 理解分销渠道的概念;
(2) 掌握分销渠道的模式与类型;
(3) 理解中间商的类型与特征;
(4) 掌握汽车分销渠道的设计步骤;
(5) 掌握汽车分销渠道的管理策略;
(6) 理解汽车网络分销的概念;
(7) 掌握常见的网络分销方式。

2. 能力目标

(1) 能够对汽车分销渠道进行设计、规划;
(2) 能够对汽车分销渠道进行管理;
(3) 能够分析各分销渠道模式的优缺点;
(4) 能够采用合适的网络分销方法进行网络分销。

3. 素养目标

通过新型网络渠道的学习,培养学生勇于创新的精神;通过渠道设计的学习,培养学生科学分销的职业精神。

思维导图

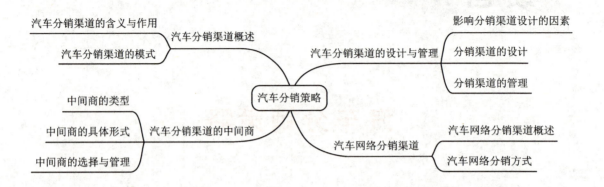

开篇案例

吉利将取消三个子品牌调整分品牌战略

近年来，吉利集团对其销售渠道进行了重新整合，取消了原先三个子品牌帝豪等汽车的品牌营销事业部，改成了南区、中区与北区三个区域营销事业部，每个区域营销事业部负责三个子品牌在该区域内的所有宣传推广活动以及销售工作。品牌营销事业部转变为区域营销事业部，即由原来的某一个品牌营销部总管全国，到现在管一个区域，等于三个纵队变成三个横队。其原因在于现今一、二线市场不增长或增长缓慢，而三、四线市场成为了竞争的重点，渠道要下沉的前提是组织下沉，因此吉利汽车分成南区、北区、中区三个横向区域，在这个过程中吉利把市场细分，把组织沉下去，这样确保了渠道管理和市场策略的有效下沉。此次调整是吉利营销管理模式的完善，是渠道下沉的具体步骤，只有组织下沉了，人员才能下沉，有利于渠道精细化的操作。除了渠道下沉之外，对于网络新兴渠道，吉利也在积极建设中。

吉利的天猫商城自2011年底运营以来，销售量持续攀升，现在每天有数万人到商城来看车，平均每个人都停留超过5分钟。这种营销模式，目前来看取得了很好的效果。目前吉利也在尝试微博、微信等新型网络营销渠道，相信这种网上的渠道创新模式，会很快成为现有营销模式的重要补充，结合互联网来进行销售，吉利将会继续深化"网络卖车"，寻求更加多元化的营销手段。

（资料来源：闻皓.吉利将取消三个子品牌调整分品牌战略[EB/OL].（2014-02-17）[2022-11-14].https://www.qhlingwang.com/cheyizu/content/2014-02/17/content_1459409-htm.）

问题：
1. 汽车分销渠道管理与调整的意义是什么？
2. 多元化渠道共融的必要性是什么？

9.1 汽车分销渠道概述

9.1.1 汽车分销渠道的含义与作用

1. 汽车分销渠道的含义

汽车分销渠道又叫汽车销售渠道,是指汽车产品从汽车制造企业向最终消费者直接或间接转移其所有权的过程。汽车分销渠道的起点是汽车制造企业,终点是终端消费者,中间环节是各类中间商(如总经销商、批发商和经销商等)。汽车分销渠道如图9.1所示。

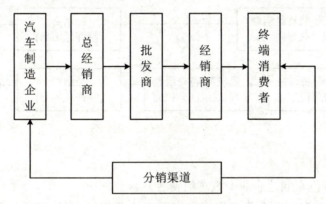

图 9.1　汽车分销渠道

汽车分销渠道这一概念可以从以下三个方面来理解:

① 汽车分销渠道是汽车产品生产出来后,从生产者到消费者所经历的流通过程,不包括汽车产品生产前的环节。分销渠道的起点是汽车制造企业,终点是最终消费者。

② 推动汽车流通的是各级中间商。中间商组织汽车批发、销售、运输、储存、服务、咨询等。

③ 构成汽车分销渠道的前提是汽车所有权的转移,即汽车产品买卖的过程。

2. 汽车分销渠道的作用

汽车分销渠道的作用可以从国家、企业、消费者三个角度进行分析。

(1) 对国家的作用

汽车销售渠道起到调节产、供、销平衡的作用。

(2) 对企业的作用

汽车销售渠道是汽车企业的重要资源,是汽车企业节省市场营销费用、加快汽车产品流通的重要措施,具有为汽车企业融资的作用。

(3) 对消费者的作用

汽车销售渠道为汽车消费者提供了便利,节省了选购汽车的时间和精力,减轻了消费者的负担。

9.1.2 汽车分销渠道的模式

汽车分销渠道的模式主要按照长度和宽度来划分。按长度划分为零级渠道、一级渠道、二级渠道和三级渠道,具体如图9.2所示。

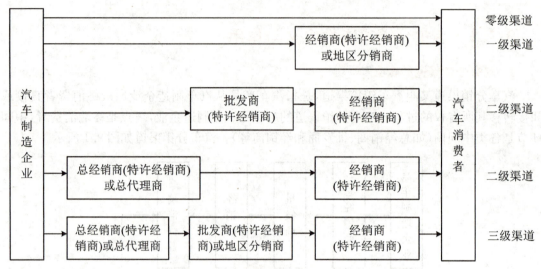

图9.2 分销渠道(按长度划分)

1. 汽车分销渠道的长度

(1) 零级渠道(汽车制造企业—汽车消费者)

零级渠道是指汽车制造企业将汽车直接销售给消费者,不经过任何营销中间机构。其特点是产销直接、环节少,有利于降低流通费用,及时了解市场行情,迅速开发与投放满足销售者需求的汽车产品,增加了汽车制造企业的收益。但难以广泛分销,不利于企业拓展市场。不过,随着电子商务的发展,这种销售模式会成为重要的销售渠道类型。

(2) 一级渠道(汽车制造企业—经销商—汽车消费者)

一级渠道是指汽车制造企业先将汽车卖给经销商,再由经销商直接销售给消费者,中间有一个营销中间机构。其特点如下:一是中间环节少、渠道短,有利于汽车制造企业充分利用经销商的力量,扩大汽车销路,提高经济效益;二是分散了汽车制造企业的经营风险;三是增加了销售服务,有利于保障消费者的权益。我国有许多专用汽车制造企业、重型车生产企业都采用这种分销方式。

(3) 二级渠道(汽车制造企业—批发商(或地区分销商)—经销商—汽车消费者)

二级渠道是指汽车制造企业先把汽车销售给批发商(或地区分销商),由其转卖给经销商,最后由经销商将汽车销售给消费者。这是经过两个中间环节的渠道模式,也是销售渠道中的传统模式。其特点是中间环节较多、渠道较长,有利于汽车制造企业大批量生产,节省销售费用,也有利于经销商节约进货时间和费用。

(4) 二级渠道(汽车制造企业—总经销商(或总代理商)—经销商—汽车消费者)

汽车制造企业先委托并把汽车提供给总经销商(或总代理商),由其销售给经销商,最后由经销商将汽车销售给消费者。这也是经过了两个中间环节的渠道模式。其特点是中间环节较多,但由于总经销商(或总代理商)无需承担经营风险,易调动其积极性,有利于开拓市场,打开销路。

(5) 三级渠道(汽车制造企业—总经销商(或总代理商)—批发商(或地区分销商)—经销商—汽车消费者)

三级渠道中含有三个中间机构。这是指在汽车流通过程中有三个营销中介机构的渠道类型。汽车制造企业首先委托并把汽车提供给经销商(或总代理商),由其向批发商(或地区分销商)销售汽车,批发商(或地区分销商)再转卖给经销商,最后由经销商将汽车销售给消费者。这是经过了三个中间环节的渠道模式。其特点是总经销商(或总代理商)为汽车制造企业销售汽车,有利于企业了解市场环境、打开销路、降低费用、增加效益。缺点是中间环节多、流通时间长。

2. 汽车分销渠道的宽度

渠道模式除了可以按渠道长度划分外,还可以按宽度划分,同一层次中间商的多少就是渠道宽度。中间商越多,渠道越宽;中间商越少,渠道越窄。按宽度划分,分销渠道可以划分为独家分销、选择分销、广泛分销,其中,独家分销是最窄的渠道。

(1) 独家分销

独家分销是指生产者在一定的市场范围内,选择一家某种类型的中间商销售产品,如独家代理商或独家经销商。这种分销方式的特点是生产者对其控制力强,但竞争程度较低,市场覆盖面有限,同时对中间商的依赖性较强。

独家分销渠道的优点:有利于控制市场营销,提高中间商的积极性;与中间商合作密切,在推销方面得到大量协助;提高企业的经营效率,节约费用,降低销售成本;提高中间商对消费者的服务质量;排斥竞争产品进入同一市场,提高企业的国际竞争力。

独家分销渠道的不足:对中间商的依赖性太强,市场覆盖面窄。这种渠道意味着放弃一部分潜在消费者,有限的渠道宽度使企业适应性较差,销售量难以增加。

(2) 选择分销

选择分销是指生产者在一定的市场范围内,通过少数几个经过挑选的、最合适的中间商销售其产品,如特约代理商或特约经销商。其特点是生产者对中间商的控制仍然较强,竞争程度加大,相应地市场覆盖面也在扩大,但需要考虑怎样合理地界定中间商的区域。

选择分销渠道的优点:可以节省费用,提高营销效率;企业通过优选中间商,还可以维护企业和产品的声誉,对市场加以控制;当企业缺乏国际市场营销的经验时,可在进入市场的初期选用几个中间商进行试探性销售,待企业积累了一定的经验或具备了其他的条件后再调整市场销售策略,以减小销售风险。

选择分销渠道的不足:企业难以在营销环境宽松的条件下实现多种经营目标;渠道对非选购品缺乏足够的适应性;企业要为被选用的中间商提供较多的服务,并承担一定的市场风险。

(3) 广泛分销

广泛分销是指生产者尽可能地让大量符合最低信用标准的中间商参与其产品的销售。其特点是生产者对其控制力弱,竞争激烈。当市场覆盖面广时,分销越密集,销售潜力越大。但必须注意应在指定区域内销售产品,否则由于过度竞争和由此引发的冲突,不利于产品的销售。

广泛分销渠道的优点:市场覆盖面广,消费者有较多的机会接触产品。对于刚开始从事出口经营的企业,这种策略不仅可以帮助其迅速打开局面,还可以对这些中间商的工作效率进行综合评价，从中选择效率高的中间商继续为企业销售产品，同时淘汰那些效率低的中间商，有利于中间商之间展开竞争，不断提高产品销售效率。

广泛分销渠道的不足：对于较小的地区市场，不宜采用；缺乏对中间商的管理与控制。

案例讨论 9.1

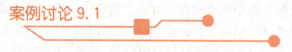

奇瑞汽车销售有限公司的汽车分销模式

奇瑞认为，单一的汽车营销模式很难满足我国汽车市场的现实需求，如果强硬推行，那么一会脱离市场，二会增加销售成本，最终给消费者增加不必要的购车负担。因此，寻找一条"中间道路"，推出一种既结合国际先进营销理念，又贴近我国汽车市场现实需求的新模式势在必行。

所谓限区域独家特许连锁经营模式，就是在进行市场调研的基础上，结合短期、中期、长期的发展规划，在一个城市的一定区域内发展一个经销商，这个经销商首先要兴建一个具有整车销售、零部件供应、维修服务和信息功能的大型汽车专卖店，即旗舰店。与此同时，在这一区域的其他地方，由旗舰店投资兴建若干个具有汽车展销和快修功能的社区店。此外，当社区店周围的消费者的消费能力达到一定的程度时，社区店可升级为旗舰店。

本着"贴近购买力，贴近保有量"的原则，这类社区店可以在汽车交易市场、汽车大道、大型住宅区兴建，这样可以充分地将国际先进的汽车专卖店营销理念和较强的汽车交易市场销售能力结合起来。

限区域独家特许连锁经营模式可能会给经销商的投资带来巨大的回报，最终使广大消费者受益。例如，在同一区域内，一般厂家可能兴建 4 个大型的 4S[即整车销售（Sales）、维修服务（Service）、零部件供应（Spare Parts Supply）、信息反馈（Survey）]店，有 4 个经销商，而奇瑞所采用的模式是只兴建 1 个具有 4S 功能的旗舰店和 3～4 个社区店，经销商只有 1 个，这无疑会降低投资风险。由于经销商的投资最终要从消费者身上收回，这无疑减轻了消费者的负担。

在增加经销商的同时，奇瑞通过三个方面的努力使经销商的投资获得最大的回报：一是推出限区域独家特许连锁经营模式，降低经销商的投资风险；二是向经销商快速提供新产品，通过丰富产品系列使经销商的投资能尽快收回；三是制定比竞争者更具吸引力的营销政策。

（资料来源：编者整理）

问题：
1. 汽车分销渠道长度对汽车销售有哪些影响？
2. 谈一谈奇瑞汽车分销模式的优势。

9.2 汽车分销渠道的中间商

9.2.1 中间商的类型

汽车销售渠道的中间商按其在汽车流通、交易业务过程中的地位和作用,可分为总经销商(或总代理商)、批发商(或地区分销商)和经销商(或特许经销商)。

1. 总经销商(或总代理商)

总经销商是指从事汽车总经销业务,取得汽车所有权的中间商。总代理商是指负责汽车制造企业的全部产品销售业务的代理商,但其不拥有汽车所有权。

2. 批发商(或地区分销商)

批发商拥有商品的所有权,它居于汽车制造企业或总经销商(或总代理商)和经销商之间,不直接为终端消费者服务。它是使汽车实现批量转移,使经销商达到销售目的的中间商。地区分销商处于某地区汽车流通的中间阶段,它帮助汽车制造企业或总经销商(或总代理商)在某地区促销汽车,提供地区的汽车市场信息,承担地区汽车的转销业务。

(1) 批发商的类型

批发商是帮助经销商达到销售目的的中间商,处于流通的中间阶段,用于实现汽车的批量转移。批发商按其实现批量转移的特征,可分为独立批发商、委托代理商和地区分销商。

(2) 批发商的定位

汽车分销渠道是由汽车制造企业、总经销商(或总代理商)、批发商(或地区分销商)、经销商、运输商和消费者组成的。在这条消费渠道中,批发商处于传统的推动式销售和以市场为导向的拉动式销售之间的过渡位置。

在消费者、经销商和总经销商(或总代理商)之间,批发商(或地区分销商)更大程度上是开展专销业务;而汽车制造企业的年度目标和销售任务又推动着批发商(或地区分销商)业务的进行。因此,批发商(或地区分销商)最主要的功能是在目前的买方市场下,通过发展市场网络,改进转销方式,提高转销能力,以此来协调供需矛盾,平衡销售计划和市场需求。

3. 经销商(或特许经销商)

经销商(或特许经销商)处于汽车流通环节的最后阶段,是直接将汽车产品销售给最终消费者的中间商。特许经销商是通过契约建立的一种组织,具有汽车制造企业的某种产品特许专卖权,在一定时期和指定市场区域内能且只能销售汽车制造企业的产品。

> **同步思考 9.1**
> 你知道汽车特许经销商应具备哪些条件吗?

汽车特许经销商的优势、权利及义务见表 9.1。

表 9.1　汽车特许经销商优势、权利及义务

属性	汽车特许经销商
优势	可以享受特许人的汽车品牌及该品牌带来的商誉；可以借助特许人的厂商字号、技术和服务等，提高竞争力，避免高风险；可以加入特许经营的统一运营体系，分享规模效益；可以从特许人处得到业务指导、人员培训、信息、资金等方面的支持和服务
权利	特许经营权、地区专营权、获取得特许人帮助的权利
义务	必须维护特许人的商标形象；只能销售特许人的合同产品；应当履行与特许经营业务相关的事项，积极配合特许人的统一促销工作，负责店面装潢的保持和定期维修；应当承担加盟金、年金、加盟店包装费等相关费用

9.2.2　中间商的具体形式

1. 汽车专卖店

自广州本田公司将 4S 店销售服务模式引进我国后，以 4S 店为代表的汽车专卖店成为我国汽车流通的主要形式。汽车 4S 店的"4S"是 Sales（整车销售）、Service（维修服务）、Spare Parts Supply（零部件供应）和 Survey（信息反馈）4 个英文单词的首字母缩写，汽车 4S 店就是指将这 4 项功能集一体的汽车销售服务企业。汽车 4S 店的优点是品牌突出、专业性强、店面形象好、购物环境好、售后服务有保障等，但是存在经销商投资巨大、回收期长、经营风险大等弊端。

2. 汽车超市

汽车超市（CAREST）是汽车（Car）与休息（Rest）的英文合成创造出来的一个新名词，是把汽车销售和休闲组合到一起的汽车销售模式，目前在世界各国都很流行。在有上百年汽车发展历史的欧洲，特许专卖店终于走到了尽头。欧盟作出决定，开始强力推行汽车销售改革，彻底打破长期以来汽车市场的行业垄断，在汽车销售商之间引入竞争机制，改变目前的指定汽车代理商的销售方式，即把汽车视为一般消费品，不再允许特许经营，以压缩流通领域的费用，振兴汽车销售。新规则规定，汽车制造企业必须给经销商更多的自由，如经销商可以在任何地方寻找消费者，可以卖不同厂家的汽车，也可以把车批发到超级市场去卖。虽然在国际上，汽车超市已成为汽车销售的主要趋势，但在我国，汽车超市的发展目前还面临特许经营权和垄断等障碍。

3. 汽车城

汽车城是大型的汽车交易市场，汇集众多的汽车经销商和汽车品牌于一地，形成了集中的多样化交易场所。其品种丰富多样，不仅便于消费者进行比较与选择，而且有服务快捷、管理规范的优势，是集咨询、选车、贷款、保险、上牌、售后服务于一体的汽车销售新模式。我国名声渐起的国际汽车城是上海国际汽车城，坐落于上海西侧的嘉定区安亭镇。这里既是我国最大的轿车生产基地和汽车制造的重要基地，也是上海通往华东地区乃至全国的汽车配件集散地。汽车城核心贸易区规划占地面积 6.2 平方千米，总体设计规划由德国 AS & P 公司承担，规划占地面积 100 平方千米，包括汽车贸易区、汽车研发区、汽车制造区、安亭新镇区、赛车区、汽车教育区等功能区。

4. 汽车大道

汽车大道，即在方便消费者进入的快速道路两侧，建立若干品牌的三位一体、四位一体

的专卖店,在独立经营、自主经营的基础上形成专卖店集群。汽车大道集汽车交易、服务、信息、文化等多种功能于一体,具有规模大、环境美、效益好、交易额大等特点,是目前最先进的汽车营销模式。目前,我国正在兴建或者计划兴建的汽车大道主要集中在上海、北京等大城市。

9.2.3 中间商的选择与管理

1. 中间商的选择

由于中间商对保证分销功能起着重要的作用,因而汽车制造企业在选择中间商时非常慎重。选择中间商时应考虑的因素见表9.2。

表 9.2 选择中间商时应考虑因素

考虑因素	说 明
市场覆盖范围	最关键的因素
声誉	关系到资金的安全和合作的顺利
历史经验	时间长、经验丰富
合作意愿	双方签订
财务状况	资金实力雄厚、财务状况良好
区位优势	人脉优势、仓储优势、物流配送优势等
营销能力	促销能力强
产品组合	企业产品与中间商经营种类一致

2. 中间商的管理

(1) 激励和评价中间商

在选择好中间商后,就必须对中间商进行激励和评价。随着时间的变化,根据评价结果,对中间商进行必要的调整。对于业绩优秀的中间商,企业将给予奖励,如特殊优惠、较高的毛利、各种奖金、合作性广告补贴、陈列津贴等。对于低于预期业绩的中间商,企业将进行评议、惩罚甚至终止合作关系。

(2) 支援和辅导中间商

支援和辅导中间商即培训中间商,以及企业对中间商提供与销售有关的指导与帮助。一般中间商需要支援和指导的内容比较多,主要包括对中间商的经营管理提出意见,提供经营信息、广告、公关方面的指导与援助,指导中间商的店铺装修、产品陈列以及对中间商进行培训等内容。

(3) 风险控制

中间商与汽车企业是独立的法人,有着自己不同的经济利益。因此,有些中间商会为追求一己私利而置企业的利益于不顾,从而给企业带来风险。如窜货引起的市场混乱、低价抛售冲击市场、拖欠货款造成资金风险等。企业必须通过契约和法律等方法来控制风险。

> **同步思考9.2**
> 你知道什么是窜货吗?

9.3 汽车分销渠道的设计与管理

9.3.1 影响分销渠道设计的因素

企业在进行分销渠道设计前，必须对影响渠道选择的因素进行系统的分析和判断。影响汽车产品分销渠道设计的因素主要有以下几种：

1. 产品特性

产品特性主要包括产品的单位价值、产品的大小与重量、产品的易毁性或易腐性、产品技术的复杂性、产品的时尚性、产品的新颖性、产品的生产特性等（表 9.3）。

表 9.3 产品特性对分销渠道设计的影响

产品特性	分 销 渠 道 设 计
产品的单位价值	单位价值低的产品，往往通过中间商来进行销售，让中间商承担部分成本，同时有利于扩大产品的市场覆盖面，即分销渠道宽、环节多，且每一个环节层次多。反之，单位价值高的产品，分销路线短。汽车属于价格昂贵的耐用消费品，不宜通过中间商来销售，应该减少流通环节
产品的大小与重量	体积大、分量重的产品，往往意味着高的装运成本和高的储存成本，一般应尽量选择最短的分销渠道，汽车企业多数只通过一个环节，甚至取消中间环节，由生产者将产品直接供应给消费者
产品的易毁性或易腐性	产品是否容易损坏、腐烂是影响产品运输和储存的非常关键的问题。易毁、易腐的产品，应尽量缩短分销途径，迅速地把产品销售给消费者，鲜活产品的渠道一般都较短。汽车零部件在这方面的性能较好，对其影响不大
产品技术的复杂性	产品技术比较复杂、对售后服务要求较高的产品，如微型计算机、现代办公用品、大型机电设备等，一般生产企业要派出专门的人员去指导消费者安装和维修，这些产品的分销渠道一般都是短而窄的。汽车属于技术性高的产品，因此渠道的长度和宽度不宜过大
产品的时尚性	样式或款式更新变化快的产品，如各种新奇玩具、时装等，分销渠道应尽量缩短，以免流转环节较多、周转时间较长。而时尚性不强、款式更新慢的产品，分销渠道可以适当延长一些，以便广泛销售
产品的新颖性	企业为了尽快地把新产品推向市场，通常会采取强有力的推销手段，甚至不惜为此付出大量的资金组建推销队伍，直接向消费者进行推销。当然，为节约成本，在情况许可时，也应考虑利用原有的分销渠道
产品的生产特性	汽车生产在时间或地域上比较集中，而使用分散，因此其销售渠道一般应有中间环节，不宜采用直接环节

2. 市场因素

市场因素主要包括目标市场范围大小、消费者购买习惯、竞争者分销渠道状况、中间商等(表 9.4)。

表 9.4　市场因素对分销渠道设计的影响

市场因素	分销渠道设计
目标市场范围	产品销售范围越大,分销渠道就越长。如产品要在全国范围内销售或进入国际市场,则应广泛利用中间商,要选择较长、较宽的渠道;如果产品销售范围很小,就地生产,就地销售,则可由生产者直接销售或通过零售商销售。汽车市场范围较小,一般需要通过中间商进行销售
消费者购买习惯	消费者的购买习惯也会影响分销渠道的选择。一些日常生活必需品,其价格低、消费者数量大、购买频率高,消费者不必进行仔细的挑选,企业应尽量多地利用中间商,扩大销售网点,其分销渠道应长而宽。对于一些耐用消费品,如汽车零部件,其价格高,企业一般只通过少数几个精心挑选的零售商去销售,甚至在一个地区只通过一个零售商去推销,其分销渠道可以短而窄
竞争者分销渠道状况	一般来说,企业要尽量避免和竞争者使用相同的分销渠道。如竞争者使用和控制着传统的分销渠道,企业就应当使用其他不同的分销渠道来推销产品。汽车零部件市场竞争激烈,生产厂家比较多,可以采取与竞争者相同的分销渠道,以便让消费者进行产品价格、质量等方面的比较
中间商	企业应考虑中间商的服务对象是否与自己的目标市场相一致,这是最基本的条件。例如,汽车制造企业应该选择具有一定财力和管理能力的中间商来销售其汽车配件,而且要具备较好的销售服务推广能力等

3. 企业自身因素

企业自身因素主要包括企业营销目标、企业声誉与财力、企业自身销售能力和销售经验、企业对分销渠道的控制要求等(表 9.5)。

表 9.5　企业自身因素对分销渠道设计的影响

企业自身因素	分销渠道设计
企业营销目标	各企业的目标市场决定了其分销渠道的具体特点。一般而言,企业应重视自己的传统市场区域的分销渠道的建设与管理,在保证企业市场稳定的同时,企业对拟开发的新兴目标市场,也应选择合适的分销商,以起到事半功倍的作用
企业声誉与财力	企业的声誉越好,财力越雄厚,越可以自由选择分销渠道,甚至还可以建立自己的销售网点,采取产销合一的方法进行经营,而不经过任何其他中间商。如果企业的财力微薄或声誉不高,那么必须依赖中间商提供服务
企业自身销售能力和销售经验	一般来说,如果企业自身有足够的销售能力和丰富的销售经验,就可以少用或者不用中间商;否则,就只有将整个销售工作交给中间商来做
企业对分销渠道的控制要求	如果企业想要严格控制产品的销售价格和新鲜程度,或为了保证产品的时尚度,就要选择尽可能短的分销渠道,对于短而窄的分销渠道,企业比较容易控制

9.3.2 分销渠道的设计

汽车企业在设计分销渠道时,必须在理想渠道与实际可用渠道之间进行选择。一般来说,新企业在刚刚开始经营时,总是先采取在优先市场上进行销售的策略,以当地市场或某一地区的市场为销售对象,因其资本有限,需要采用现有中间商。要想设计一个有效的分销渠道,需经历四个步骤,即消费者需求分析、确定渠道目标、制定渠道方案和评估渠道方案。

1. 消费者需求分析

分销渠道指的是产品或服务从生产者流向消费者所经过的整个渠道,因此,设计分销渠道首先应该了解目标市场上消费者的购买需求,分析消费者想要购买什么,如汽车零部件市场,汽车企业购买零部件较多,对于购买零部件的方便程度要求较高,渠道的分销面较广。

2. 确定渠道目标

有效的渠道设计应以确定企业的目标市场为起点。从原则上讲,目标市场的选择并不是渠道设计的问题。然而,事实上,市场选择与渠道选择是相互依存的。有利的市场加上有利的渠道,才可能使企业获得利润。渠道设计的中心环节是确定进入目标市场的最佳途径。每一个企业都必须在消费者、产品、中间商、竞争者、企业政策和环境等所形成的限制条件下确定渠道目标。

3. 制定渠道方案

在研究了渠道目标之后,渠道设计的下一个工作就是明确各主要渠道的执行方案。渠道方案主要涉及以下几个基本因素:

(1) 选择中间商的类型

企业首先要明确可以完成其渠道任务的中间商类型。根据目标市场及现有中间商的状况,可以参考同类产品经营者的现有经验,设计自己的分销渠道方案。不同的中间商会对生产企业的分销渠道产生不同的影响。

(2) 确定中间商的数量

中间商类型的确定,实际上也决定了分销渠道的长度。企业必须确定在每一个渠道层次中利用中间商的数量,由此来选择分销渠道的类型,即独家分销、选择分销或广泛分销。分销渠道的选择主要取决于产品类型:便利品需要广泛分销;选购品需要选择分销,特殊品需要独家分销,如汽车配件、大型电子产品等多选择独家分销。

(3) 确定渠道成员的权利和责任

为保证分销渠道的畅通,企业必须就价格政策、销售条件、市场区域划分、相互服务等方面明确中间商的权利和责任。主要有以下几个方面:

① 价格政策

企业必须制定具体的价格,并有具体的价格折扣条件,如数量折扣、促销折扣、季节折扣等。这样可以刺激中间商努力为企业推销产品,扩大产品储备,更好地满足消费者的需求。

② 销售条件

企业要制定出相应的付款条件,如现金折扣;设定对中间商的保证范围,如不合格产品的退换、价格变动风险的分担等。这样有利于中间商及早付款,加速企业的资金周转,同时可以引导中间商大量购买产品。

③ 区域销售权利

这是中间商比较关心的一个问题，尤其是独家分销的中间商。因此企业必须把各个中间商所授权的销售区域划分清楚，以便中间商拓展自己的业务，同时也有利于企业对中间商的业绩进行考核。

④ 相互服务

企业必须制定相应的职责与服务范围，明确企业要为中间商提供哪些方面的服务，承担哪些方面的职责，以及中间商要为企业提供哪些方面的服务，承担哪些方面的职责。在一般情况下，相互的职责和服务内容包括供货方式，促销的相互配合、产品的运输和储存信息的相互沟通等。

4. 评估渠道方案

企业在渠道设计方案确定后，必须对方案进行评估，以保证方案的科学性和合理性，尽量有利于实现企业的长远目标，评估主要从三个方面进行：一是渠道的经济效益；二是企业对渠道的控制能力；三是渠道对市场的适应性。

（1）渠道经济效益的评估

这种评估主要考虑每一个渠道的销售额与成本的关系。企业一方面要考虑自销和利用中间商哪种方式销售量大；另一方面还要比较二者的成本。一般来说，利用中间商的成本比企业自销要小，但当销售量超过一定水平时，利用中间商的成本则越来越高，因为中间商通常要收取较大固定比例的价格折扣，而企业自销只需支付销售员的工资加部分奖励。因此，规模较小的企业或大企业在销售量不大的地区或在生产产量较小的产品品种时，利用中间商较合理，当销售量达到一定规模后，则宜设立自己的分销机构。

（2）渠道控制能力的评估

一般来说，自销渠道比利用中间商更有利于企业对于渠道系统的控制。因为中间商是独立的商业组织，他们关心自己的经济效益，而不仅仅是企业的利益，只有那些能为中间商带来持久利润的产品和营销政策才使他们感兴趣。在通常情况下，实力雄厚、产品畅销的大型企业对中间商的控制能力要强一些，价格折扣和付款期限等优惠政策可稍少一些，双方都乐意建立持久的合作关系，而那些实力不强的中小企业对中间商的控制能力就要弱得多，价格折扣必须较大才能持久地维持双方的业务合作。

（3）渠道对市场适应性的评估

企业与中间商在签订长期合约时要慎重，因为在签约期间，企业不能根据需要随时调整渠道成员，这会使企业的渠道失去灵活性和适应性，所以涉及长期承诺的渠道方案，只有在经济效益和控制能力均十分优越的条件下，企业才可能考虑。一般来说，对于实力雄厚、销售能力强、企业同其业务关系历史较长、双方已经建立信任感的中间商，企业宜与之签订较长期的合约。

> **同步思考 9.3**
>
> 你知道如何有效地设计分销渠道吗？

9.3.3 分销渠道的管理

汽车企业选定分销渠道方案后，还要决定如何管理分销渠道。汽车企业必须安排专人

负责分销渠道的管理,具体的管理程序包括以下几个方面的内容:

1. 渠道成员的选择标准

渠道方案确定以后,若要进行间接销售渠道管理,则必须明确渠道成员应具备的标准。具体标准如下:

① 中间商的服务对象与生产厂商的目标消费者基本一致。
② 零售商应位于消费者流量大的地段,具有较好的交通运输及仓储、分销条件。
③ 拥有经销产品必备的知识、经验和技术,具有较强的售前、售中、售后服务能力。
④ 企业可以综合考评中间商。

2. 激励渠道成员

销售渠道由各渠道成员构成。一般来说,各渠道成员都会为了共同的利益而努力工作。但是,由于中间商是独立的经济实体,拥有自己的经营理论,在处理供应商、消费者的关系时,往往偏向消费者一边,或者过分强调自己的利益,影响各渠道成员为企业分销产品的积极性。因此,企业必须在了解各渠道成员的需求和欲望的基础上,用行之有效的手段对其进行激励。激励方式具体见表9.6。

表9.6 渠道成员的激励方式

激励方式	说　　明
提供促销费用	广告补贴、促销活动费用
价格折扣	功能折扣
年终返利	达到一定销售额额外返利
奖励	物质奖励、精神奖励等
陈列津贴	零售商特殊陈列补贴
展览折让	参加大型展销活动提供支持
销售竞赛	举办各类竞赛活动
建立长期的合作关系	互利共赢、长远发展

3. 管理渠道冲突

渠道冲突是指某渠道成员从事的活动阻碍或不利于本组织自身目标的实现,进而发生种种矛盾和纠纷。分销渠道的设计是渠道成员在不同角度、不同利益和不同方法等多种因素的影响下完成的,因此渠道冲突是不可避免的。渠道冲突包括以下三种类型:

(1) 水平渠道冲突

水平渠道冲突是指在同一渠道模式中同一层次之间的冲突。产生水平冲突的原因大多是指企业没有对目标市场的中间商数量及分管区域作出合理的规划,使中间商为各自的利益互相竞争。究其原因,当企业开拓了一定的目标市场后,中间商为了获取更多的利益,必然要争取更多的市场份额,在目标市场上展开"圈地运动"。例如,某一地区销售汽车零部件的中间商,可能认为同一地区销售汽车零部件的另一个中间商在定价、促销和售后服务等方面过于进取,抢了他们的生意。如果发生了这类矛盾,那么生产应及时采取有效的措施,化解这些矛盾,否则,就会影响渠道成员间的合作及产品的销售。另外,企业应采取相应的措施防止这些情况的发生。

(2) 垂直渠道冲突

垂直渠道冲突是指在同一渠道中不同层次企业之间的冲突,这种冲突较水平渠道冲突更常见。垂直渠道冲突也称渠道上下游冲突。在某些情况下,企业为了推广自己的产品,越过一级经销商直接向二级经销商供货,使上下游渠道间产生矛盾。因此,企业必须从全局着手,妥善解决垂直渠道冲突,促进渠道成员间更好地合作。

(3) 多渠道间的冲突

随着消费者细分市场和可利用渠道的不断增加,越来越多的企业采用多渠道营销系统。多渠道间的冲突指不同渠道的企业建立多渠道营销系统后,不同的渠道服务于同一目标市场时所产生的冲突。例如,企业在同一地区通过几家经销商销售产品,当地既有品牌专营店,而企业又自己开店直销,这会引起诸多冲突与不满等。多渠道间的冲突在某一渠道降低价格(一般发生在大量购买的情况下)或降低毛利时,表现得尤为强烈。因此,企业要重视引导渠道成员间进行有效的竞争,防止过度竞争,并加以协调。

协调渠道成员间的矛盾与冲突主要从以下几个方面着手:

① 构建渠道伙伴关系,确立共同的目标和价值观

要解决渠道冲突,特别是要解决企业和渠道组织间的冲突,首先要认识到渠道组织作为外部组织,和企业一起构成的价值链,是产品价值实现的必要环节。因此,企业首先要从理念上认识到企业和渠道组织的关系不应是对立的,而应是价值实现的伙伴关系。只有在这个正确理念的指引下,企业才能正确地采取一系列措施和渠道成员共同实现价值。通过确立共同的目标和价值观,有助于渠道成员增强对渠道环境的认识,更有助于互相为对方考虑及从整体考虑,最终避免冲突的出现。

② 明确界定渠道成员间的权利、责任、义务

渠道成员间发生冲突的原因多种多样,如目标不相容、渠道分工的差异、技术的差异等。实际上大部分差异是可以通过明确界定渠道成员间的权利、责任、义务等来避免的。因此,这就要求企业在进行渠道规划时尽可能多地考虑实际情况,详细界定渠道成员间的权利、责任、义务,这样才能尽可能地减少以上差异带来的渠道冲突。

③ 渠道成员间成立渠道管理组织

企业和渠道成员之所以能在一起,是因为要通过各自的专业化分工协作来共同完成分销任务。因此,为了更好地分工协作及更好地处理渠道冲突,企业和其他渠道成员有必要共同成立渠道管理组织,如渠道委员会。它可以及时处理随时出现的渠道冲突,并且最重要的是通过建立定期或不定期的沟通机制,可加深企业和渠道成员对共同目标的认识,加深相互理解,最终避免冲突的产生。

4. 调整分销渠道

由于汽车消费者购买方式的变化,市场扩大或缩小,新的分销渠道出现,现有的渠道结构不能带来最高效的服务产出,在这种情况下,为了适应市场环境的变化,现有分销渠道经过一段时间的运作后,就需要加以修改和调整。调整分销渠道主要有以下几种方式:

(1) 增减渠道成员

这是一种结构性调整,即对现有销售渠道里的中间商进行增减变动。企业要分析当增加或减少某些中间商时,对产品分销、企业收益等会带来什么影响,影响的程度如何等。例如,企业决定在某一目标市场增加一个批发商,不仅要考虑其所带来的直接利益,还应考虑对其他经销商的需求、成本和情绪有何影响。

(2) 增减销售渠道

这属于功能性调整，如果增减渠道成员不能解决问题，那么企业可以考虑增减销售渠道。增加或减少一条销售渠道都需要对可能带来的直接、间接反应及效果进行系统的分析。例如，某汽车企业发现其经销商注重家用轿车市场而忽视商用车市场，导致其商用车销售不畅，为了促进商用车市场的开发，需要增加一条销售渠道，那么必须对其作出系统的分析。

(3) 调整改进整个渠道

这属于功能性调整，即企业对原有的分销体系、制度进行通盘调整，这类调整难度最大。因为它不是在原有渠道的基础上进行修补或完善，而是全面改变企业的渠道决策，它会给市场营销组合的有关因素带来一系列变动，这种决策通常由企业最高管理层作出。

当营销环境发生较大变化，造成现有分销渠道系统在满足目标消费者需求和欲望方面与理想系统之间出现越来越大的差距时，企业就要考虑对原有分销渠道进行调整。厂商可借助投资收益率分析，确定增加或减少某些分销渠道或对整个分销渠道作出调整。当目前已有的渠道成员不能很好地经营目标市场时，可以考虑重新选定某个目标市场的渠道成员来占领市场；当现有的渠道成员不能将产品有效送至目标市场时，企业优先考虑的不应该是将这个渠道成员剔除，而是考虑能否将其用于其他目标市场。

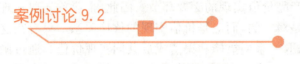

案例讨论 9.2

迈腾变"慢腾"——一汽大众的渠道变革

迈腾是一汽大众的第一款中高级车，很多经销商没有卖这个级别车型的经验。

在以前的组织架构下，经营决策权在一汽大众总部，各地的信息都要在反馈总部后才能采取行动，这经常导致市场反应缓慢。而迈腾的出师不利，与一汽大众没有及时调整市场策略有很大关系。

一汽大众进行渠道优化的过程共分为三步：

第一步，精减经销商。对经销商进行考核，根据业绩以及软硬件条件将经销商分为 A、B、C、D 四个等级，被评为 D 级的经销商将被取消代理权，而对其他三个级别的经销商将会实行分级管理的办法，不同级别的经销商销售不同品牌的车型。

第二步，将原有的六个业务区域整合为北、中、西、南四个区域销售事业部，将经营决策权下放至这四个区域销售事业部，以提高决策效率，缩短市场反应时间。

第三步，更新网络。在4S店的软硬件上树立一个更高的标准，并对企业的视觉识别系统（Visual Identity，VI）进行重新规范和设计。

（资料来源：编者整理）

问题：

1. 迈腾渠道变革为什么采取这三个步骤？
2. 迈腾的此次渠道变革将达到什么目的？

9.4 汽车网络分销渠道

9.4.1 汽车网络分销渠道概述

1. 汽车网络分销渠道的概念

汽车网络分销渠道是指以互联网为基础,以电子商务平台为支撑,将产品从生产者转移到消费者的中间环节,涉及信息沟通、资金转移和产品转移等。

网络分销可以分为 B2C(企业－消费者模式)、B2B(企业－企业模式)、C2C(消费者－消费者模式)、O2O(线上－线下模式)等不同的模式。

2. 汽车网络分销渠道与传统渠道的比较

与传统分销渠道相比,汽车网络分销渠道有着显著的特点。

从渠道的构成角度来看,汽车网络分销可分为直接分销渠道和间接分销渠道,传统渠道中批发商和零售商的概念,在网络分销渠道中被商务中介网站所取代,具体见表 9.7。

表 9.7 汽车网络分销渠道与传统分销渠道的比较

渠道类型	直接或间接	说　明
汽车网络分销渠道	直接	(企业网站直销) 生产企业——消费者
	间接	生产企业——商务中介网站——消费者
传统分销渠道	直接	(上门推销、邮购、自营店等直销方式) 生产企业——消费者
	间接	生产企业——中间商——中转商——零售商——消费者

从渠道的功能角度来看,汽车网络分销渠道主要承担谈判(如在线洽谈、咨询等)、订货、结算、物流配送四大功能。

从渠道的作用角度来看,汽车网络分销渠道具备传统分销渠道所不具备的大量信息传递、快捷的产品销售与理想的售后服务(网络客服)等特点。

从渠道的成本角度来看,汽车网络分销渠道流通环节的减少使得渠道成本降低,同时还能节省消费者管理的成本。

9.4.2 汽车网络分销方式

1. B2C

B2C 是一种企业面向消费者的电子商务模式,企业主要借助互联网进行在线零售。

在这种模式下,企业通过建立网上商店,向消费者提供全新的购物平台,消费者足不出户就能随时根据自己的需要购买产品。

2. B2B

B2B 是一种企业借助互联网或其他电子手段与其他企业进行产品、数据信息交换的电子商务模式。

这种模式的对象主要包括上游供应商和下游零售商。除了两者之间的直接交易外，还可以借助阿里巴巴这样的第三方交易平台，把交易过程集中到一起，为供求双方提供交易机会。

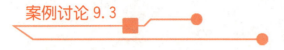

京东汽车 B2B 业务

2017 年 11 月 30 日，京东在上海举办主题为"无界智通，融合共赢"的汽车后市场业务发布会。在发布会上，京东确认已经完成对淘汽档口的收购，将在其原有业务和平台的基础上叠加京东新的战略思路和资源进行改造和升级，从融合、聚力、赋能、连接、协力五个关键点着手，打造我国首个汽车后市场全产业链一体化平台，从此，京东汽车后市场 B2B 业务正式上线。

京东表示，向上游拓展 B2B 市场是京东汽车无界服务战略的重要一环，完成布局后将与原有汽车用品业务形成 B2B2C 闭环，彻底打通汽车后市场品牌商、经销商、维修企业和消费者的完整链条。第四次零售革命正在推动"无界零售"时代的到来，成本、效率、体验都将实现升级，而汽车后市场的关键点是重构货流和信息流。

京东汽车后市场 B2B 并不是一个简单的买卖交易平台，而是一个行业服务商。未来，京东将会把用户、技术、供应链、金融等方面的优势以模块化的组合方式向整个汽车后市场产业链开放。

（资料来源：编者整理）

问题：
1. 说一说京东汽车后市场 B2B 模式成功的原因。
2. 谈一谈 B2B 模式在汽车市场的前景。

3. C2C

在互联网电子商务发展初期，由于消费者个人的信誉和支付安全的问题，B2C 市场的规模和发展速度都优于 C2C 市场。但随着支付中介和信用评级制度的完善以及 C2C 交易的便利性，C2C 模式后来居上。与此同时，随着 C2C 交易模式的日渐繁荣以及个人卖家信誉和经验的积累，市场上呈现出 C2C 与 B2C 相结合的趋势。

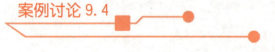

二手车电商 C2C 模式

1. 瓜子二手车

瓜子二手车的主要业务为实现个人对个人的二手车 C2C 交易服务，并提供二手车信息、检测、金融、质保等一系列衍生服务，瓜子二手车采用上门服务型模式，不进行线下门店建设，扩张速度快。其依靠赶集网原有的线下服务体系，具备先发优势。瓜子二手车将 C 端服务费用透明化，所有车型统一收取 3%的服务费。目前，瓜子二手车覆盖城市近 200 个，实现了全国的广泛布局。

2. 人人车

人人车成立于2014年,采用C2C交易模式。2015年6月,人人车推出C2C线下模式,针对人人车买车用户推出VIP服务,如检测、洗车、车辆保养、车辆外观内饰美容以及成交后一些买家要求的整备服务等,且这些服务均不对外开放。

3. 好车无忧

好车无忧旨在通过专业标准检测构建结构化的二手车数据,通过精准定向快速撮合买卖双方,通过线上和线下的优质服务打造完整的用户体验。在"车主—二手车交易平台—买主"的交易链条中,好车无忧的评估师依然是最重要的一环。评估师负责在30分钟内对二手车进行发动机、方向盘、车灯、后视镜、安全带、车漆等218项检测,并现场出具评估报告,告知车主预估售价。并且,评估师还负责将买主亲自带到车主处,对每一项检测到的优点和缺点进行担保,同时协调交易过程,促使交易完成。但好车无忧在这一交易链条中插入了一个比较重要的角色——客服人员,其负责尽量撮合每一笔交易。

(资料来源:编者整理)

问题:
1. 瓜子二手车、人人车、好车无忧的C2C模式有哪些共性?
2. 请谈一谈C2C模式在二手车市场的前景。

4. O2O

电商线上平台的快速发展不断冲击着传统的分销渠道系统,也带来了新的分销渠道模式——O2O模式。

(1) O2O模式的含义

O2O模式又称离线商务模式,是指通过线上营销和线上购买,带动线下经营和线下消费。O2O通过促销、打折、提供信息、预订服务等方式,把线下门店的信息推送给互联网用户,从而将他们转换为自己的线下消费者,这种模式主要适用于线下门店消费的产品和服务。

(2) O2O模式的类型

在营销实践中,O2O业务模式呈现出以下三种不同的类型:

① Online to Offline模式(线上交易,线下消费体验)。

② Offline to Online模式(从线下营销到线上交易)。随着智能手机的日渐普及和二维码的兴起,很多企业通过线下促销活动,在线上实现交易。

③ Offline to Online to Offline模式(从线下营销到线上交易,再到线下消费体验)。企业的很多营销活动在线下开展,在线上完成交易,然后消费者在线下消费体验。

案例讨论9.5

奇瑞iCar生态O2O模式,助力奇瑞QQ冰淇淋起飞

如今已进入数字化时代,智能电动车品牌的运作方式及触及消费者的方式较信息化时代发生了巨大的变化。为顺应时代发展的趋势,奇瑞新能源提出奇瑞iCar生态,以全新的品牌策略在市场上开疆扩土。

随着互联网的发展,线上销售已经逐渐成熟且自成体系,很多产品都实现了线上销售且流程简便。但是在汽车领域,一直缺少一款实现突破的产品。奇瑞新能源在精准洞悉汽车市场的现状之后,提出了奇瑞iCar生态。该生态本质上是一个全数字化系统,依托系统内部的体系,衍生出多种多样的功能,为消费者提供全方位的卓越服务。其中便涵盖以线上销售为主、线下代理商为辅的营销模式。

以奇瑞QQ冰淇淋为例,其借助天猫、阿里巴巴等品牌的优势,线上可提供购车30天内免费退车、保险金融在线办理等服务,有效消除了消费者对线上购车的常见顾虑,对促进消费者理念的转变起到了积极的作用;在线下,奇瑞iCar生态大胆尝试线下代理的方式,轻资产、零库存、广布局,不仅减轻了代理商的压力,也让过去"人找店"的情况变成了"店找人",这给代理商和消费者都带来了可见的价值。

随着互联网、5G、物联网等的发展和不断迭代推进,传统的方法难以满足数字化时代下消费者的需求。在这种情况下,革新了运作方式和信息触及方式的奇瑞iCar生态不失为一种破解之道,相信依托生态,奇瑞QQ冰淇淋乃至后续的产品都可以起飞。

(资料来源:编者整理)

问题:
1. 为什么奇瑞QQ冰淇淋采用O2O模式会成功?
2. 请谈一谈O2O模式在汽车市场上的前景。

项目小结

1. 分销渠道可以理解为产品(服务)从生产者向消费者(用户)转移所经过的路线。从宽度来看,分销渠道可以划分为独家分销、选择分销和广泛分销。
2. 影响分销渠道设计的因素包括产品特性、市场因素、企业自身因素。
3. 汽车销售渠道中的中间商按其在汽车流通、交易业务过程中的地位和作用,可分为总经销商(或总代理商)、批发商(或地区分销商)和经销商(或特许经销商)。
4. 选择中间商应重点考虑以下因素:
① 市场覆盖范围。
② 声誉。
③ 历史经验。
④ 合作意愿。
⑤ 财务状况。
⑥ 区位优势。
⑦ 营销能力。
⑧ 产品组合。
5. 汽车网络分销渠道主要包括B2C(企业—消费者模式)、B2B(企业—企业模式)、C2C(消费者—消费者模式)、O2O(线上—线下模式)。

知识巩固

单选题

1. 消费品中的便利品一般采取（　　）。
   A. 选择分销　　　　　　　　　B. 独家分销
   C. 广泛分销　　　　　　　　　D. 选择分销和独家分销相结合
2. 当消费者从（　　）购买产品时，是通过直接渠道。
   A. 便利店　　　B. 超市　　　C. 面包店　　　D. 百货商场
3. 下列哪种产品不宜采用广泛分销？（　　）
   A. 大桥鸡精　　　B. 吉利汽车　　　C. 可口可乐　　　D. 康师傅方便面
4. 适用于长渠道的产品类型是（　　）。
   A. 名牌服装　　　B. 汽车　　　C. 日用品　　　D. 电脑
5. 价格越高，渠道越（　　）越好；价格越低，渠道越（　　）越好。
   A. 短、长　　　B. 长、短　　　C. 宽、窄　　　D. 窄、宽
6. 提高网站访问量的有效办法是（　　）。
   A. 把内容做好，以内容为主　　　B. 把消费者服务做好，口口相传
   C. 与其他网站互换链接　　　　　D. 包括以上所有方式
7. 分销渠道的起点是（　　）。
   A. 供应商　　　B. 生产商　　　C. 批发商　　　D. 代理商
8. 直接服务于最终消费者的中间商叫（　　）。
   A. 代理商　　　B. 经销商　　　C. 批发商　　　D. 零售商
9. 产品由企业经批发商、零售商销售给终端消费者，这种销售模式属于（　　）。
   A. 零级渠道　　　B. 一级渠道　　　C. 二级渠道　　　D. 三级渠道

多选题

1. 汽车渠道成员包括（　　）。
   A. 汽车制造企业　　　B. 消费者　　　C. 物流公司
   D. 代理商　　　　　　E. 经销商
2. 分销渠道的评估标准包括（　　）。
   A. 经济性标准　　　B. 控制性标准　　　C. 规范性标准
   D. 规模性标准　　　E. 适应性标准
3. 下列关于购买行为因素对渠道长度影响的描述，正确的是（　　）。
   A. 消费者购买量越大，越适合使用较长的渠道
   B. 消费者购买频率越高，越适合使用较长的渠道
   C. 消费者购买季节性越强，越适合使用较长的渠道
   D. 消费者购买探索度越高，越适合使用较长的渠道
   E. 消费者的购买行为与渠道长度没有关系
4. 下列属于行业网站的有（　　）。

A. 中国玩具网　　　　　B. 中国服装网　　　　　C. 中国企业网
D. 中国汽车网　　　　　E. 中国商业网

5. 网络营销理念可以概括为（　　）。
A. 信息传播观念　　　　B. 网络市场观念　　　　C. 网络消费观念
D. 时空观念　　　　　　E. 即时消费观念

6. 一个完善的网上销售渠道应包括（　　）。
A. 促销功能　　　　　　B. 订货功能　　　　　　C. 结算功能
D. 配送功能　　　　　　E. 试用功能

判断题

1. 随着科学技术的发展，几乎所有的产品都可以采用直接渠道销售。（　　）
2. 生产者只要提高对中间商的激励水平，产品销售量就会上升。（　　）
3. 分销渠道的环节和层次越多越难控制，所以分销渠道越短越好。（　　）
4. 分销渠道是指产品在其所有权转移的过程中从生产领域进入消费领域所经过的各个环节。（　　）
5. 分销渠道是指某种产品从生产商向消费者转移的过程，其起点是生产商，终点是消费者，中间环节是各种中间商。（　　）
6. 直接渠道是不经过任何中间商转手的分销渠道，其优点是节约流通费用，降低产品价格，但需要花费一定的人力、物力。（　　）

（扫一扫，答案在这里！）

综合案例

宝马汽车的良好分销渠道

宝马公司在世界各地有16个大型销售网络和无数个销售商，宝马公司90%的新产品是通过网络和中间商推向市场的。有人估算过全世界每天平均有数以万计的人买卖宝马汽车并同其销售网络的成员进行联系、洽谈。宝马公司通过它的这些销售渠道同消费者建立起密切的联系，并随时掌握市场消费心理和需求的变化。

宝马公司十分重视营销渠道的建设和管理。它的决策者们特别清醒地认识到无论宝马车的质量多么优良，性能多么先进，造型多么优美，没有高效、得力的销售渠道，产品就不会打入国际市场，更不可能在强手如林的竞争中站稳脚跟。因此，宝马公司从来都不惜巨资地在它认定的目标市场中建立销售网点或代理机构，发展销售人员并对销售商进行培训。

在宝马公司的经营战略中，"用户意识"这一概念贯穿始终。同样，在销售环节，宝马公司严格要求它的销售人员和中间商牢固地树立为消费者服务的思想，因为他们直接同消费者接触，代表着宝马公司的形象。所以，宝马公司对销售商的挑选十分严格，采用优胜劣汰的办法选择良好、得力的贸易伙伴。

宝马公司挑选中间商的标准首先是了解其背景、资金和信用情况。其次便是该中间商的经营水平和业务能力，具体包括以下几个方面：

1. 中间商的市场经验和市场反馈能力

宝马公司要求它的中间商必须有很好的推销能力。它认为中间商只有通晓市场销售业务，具有丰富的市场经验，才可能扩大宝马车的销售量。同时，中间商的市场信息收集能力对于宝马公司改进产品的设计和生产来说至关重要。例如，宝马公司根据中间商的信息反馈，特别制作和安装了保护汽车后座乘客的安全系统，受到消费者的欢迎。

2. 中间商提供服务的能力

宝马公司需要通过中间商向消费者提供售前、售后服务，如汽车的性能、成本、保险、维修甚至车用移动电话等特殊装备等细节问题，中间商都必须能够进行内容广泛而深入细致的咨询和服务。为此宝马公司在美洲、亚洲等地都有培训点，对中间商就消费者的特殊服务和全面服务进行培训。

3. 中间商的经营设施

中间商所处的地点是否适中，是否拥有现代化的运输工具和储存设施，有无样品陈列设施等，均是宝马公司在选择中间商时要考虑的重要因素。

宝马公司在对营销渠道的管理上也极具特色。宝马公司设有专门负责中间商管理的机构，经常进行监督与管理。要评估中间商的业绩好坏，涉及他们在推销方面的努力程度，市场信息的收集和反馈能力，对消费者售前、售后服务的态度和效果等。宝马公司还经常走访消费者或进行问卷调查，以了解消费者对销售商的评价。

在宝马公司进行的大规模问卷调查中，参加调查的商人和消费者对宝马公司的销售商的评价普遍很好。因此，尽管宝马公司在与中间商签订的合同中已有奖励条款，但宝马公司对于受到消费者赞扬的销售商仍然予以重奖。这样做可以使销售商更加起劲地帮助宝马公司扩大影响，促进宝马车不断提高质量，真正起到宝马公司与消费者间的桥梁作用。当然，对于受到消费者批评的宝马公司产品销售商，经过核查属实后，宝马公司坚决解除合同另选销售商。宝马公司的这些做法，从一个侧面说明了它对销售渠道管理的严格和对"消费者意识"的重视程度。

此外，宝马公司还大力发展销售信息交换系统，这对于现代国际企业应付日趋激烈的市场竞争来说是不可缺少的。这可以使销售商之间、销售商与销售网、销售商与生产厂家的信息交流快捷、方便，而消费者的一些临时要求也能最大限度地得到满足。

宝马公司生产汽车的历史仅有60多年，但它的汽车同雍容华贵、硕大威武的奔驰、劳斯莱斯、凯迪拉克一样驰名世界，成为现代汽车家族中的佼佼者；而它的销售网络和广大销售商本着"消费者第一"的宗旨所提供的优质服务，更是得到消费者的交口称赞，连宝马公司的竞争者对此也是钦佩不已。

（资料来源：人人文库网）

问题：
1. 结合案例阐述汽车分销渠道的管理程序，说一说宝马汽车是如何实施渠道管理的。
2. 结合案例谈一谈激励分销渠道成员的意义。
3. 案例中宝马汽车是如何建成良好的分销渠道的？

项目工单

任务： 江铃汽车的分销渠道设计。	姓名：	指导教师：
	班级：	组别：

1. 目的与要求
实训目的：
多渠道调研江铃汽车的分销渠道，了解车企的分销渠道。
实训要求：
（1）总结在课堂上学习的汽车分销策略的相关内容；
（2）学生自己利用课余时间详细了解和分析江铃汽车的分销渠道，分析其目前存在的问题并完善渠道设计，并以PPT的形式进行汇报。

2. 组织与计划

3. 任务实施

4. 归纳总结

5. 评价（优秀、良好、合格、不合格）

自我评价：	小组评价：

教师评价：

汽车促销策略

学习目标

1. 知识目标

(1) 理解汽车促销的概念与实质;
(2) 掌握汽车促销的推式策略和拉式策略;
(3) 理解汽车促销组合的概念;
(4) 了解汽车促销组合的决策过程;
(5) 掌握影响汽车促销组合决策的因素;
(6) 熟悉汽车人员的推销策略;
(7) 熟悉汽车广告策略;
(8) 熟悉汽车公共关系策略;
(9) 熟悉汽车营业推广策略。

2. 能力目标

(1) 能够根据市场需求对汽车促销策略进行选择和评判;
(2) 能够根据企业的要求有效地设计企业的促销方案;
(3) 能够熟练运用汽车促销方式,制定合理的汽车促销组合策略。

3. 素养目标

通过本项目的学习,理解工匠精神的精髓:敬业、专注、创新、传承;加强汽车企业与销售对象之间的沟通与文化交流,培养学生的服务意识、绩效意识和目标意识。

思维导图

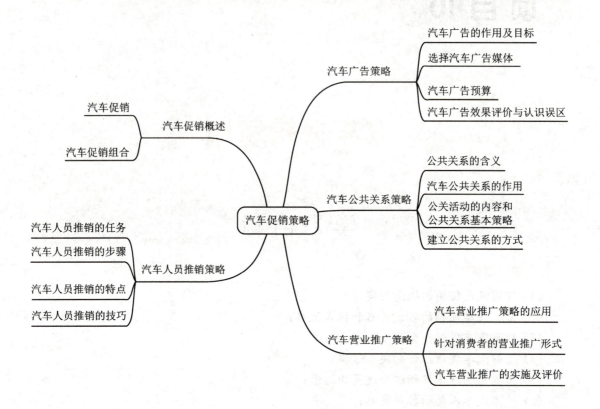

开篇案例

广汽传祺区长直播带货

2020年4月30日,在"区长带货、番禺严选"的网络直播带货活动上,番禺区委副书记、区长与副区长一起变身"网红主播",向广大市民推荐包括广汽传祺旗下GS8S、GS4在内的一大批优质"番禺制造"产品。当晚,以红包、抽奖、送礼等福利手段引爆直播间人气,直播观看人数突破880万,广汽传祺共收到2299张订单。

自2020年3月以来,广汽传祺强化与抖音平台和垂媒平台网红达人的合作,集中推出一系列线上卖车直播,吸引消费者到店。同时强化创新营销,通过PHEV电池浸泡极限实验、PHEV区域上市跨界发布会、GS8S 1+4线上发布会等创新模式,给消费者带来不一样的线上看车体验。同时,为了配合各地政府出台的汽车销售刺激政策,广汽传祺重磅加码,为全国消费者推出了一系列给力的销售政策。

(资料来源:编者整理)

问题:你是如何看待网络直播带货这一销售方式的呢?

10.1　汽车促销概述

10.1.1　汽车促销

汽车促销是指通过人员或非人员的方法传播产品信息,帮助和促进消费者熟悉汽车相关产品,并促使消费者对产品产生信任,继而使其踊跃购买的活动。促销实质上是一种信息沟通。其目的是通过各种形式的信息沟通来引发、刺激消费者产生购买欲望直至产生购买行为,以实现企业产品的销售。促销的实质是信息沟通。

> **同步思考 10.1**
> 说一说你所见到的汽车促销手段有哪些?

1. 促销方式

促销方式分为人员推销、广告、营业推广和公共关系。

（1）人员推销

人员推销指通过汽车企业推销人员进行口头介绍,以促进汽车销售的方法。人员促销可以是面对面的交谈,也可以通过电话、信函交流,是运用一定的技巧和手段,将企业和产品信息传递给消费者,并促使消费者购买的一种促销方式。这种方法灵活、针对性强、信息反馈快,是一种"量体裁衣"式的消息传递方式。

（2）广告

广告指企业有偿地使用特定的媒体和手段向大众传播本企业产品的促销活动。广告的形式多种多样,根据广告传播的方式,可分为平面广告、影视广告、广播广告、户外广告、邮递广告、网络广告和POP售点广告。这种方法不仅节约人力,而且可以很好地控制广告稿件,但是广告产生效果非常缓慢。

（3）营业推广

营业推广又叫"销售促进",是人员推销、广告和公共关系以外的所有促销方式的统称,是短期性的一种特别促销活动。它有两个显著特点:一是物质刺激。营业推广的方式多种多样,但均以物质刺激的形式向消费者提供特殊的购买机会,产生一种机不可失的紧迫感,促使其立即购买,达到显著的促销效果。二是自降价格。营业推广往往采取降低产品价格的方式进行促销。这种方法刺激性强,吸引力大,促销效果很明显。

（4）公共关系

公共关系是一种间接的促销方式,是指对与汽车企业有关的个人或组织之间的关系进行培植。良好的公共关系可以达到维护和提高汽车企业的声誉,获得社会信任的目的,从而间接地促进汽车产品的销售。

人员推销、广告、营业推广、公共关系四种促销方式的特点见表10.1。

表 10.1　四种促销方式的特点

促销方式	优　　点	缺　　点
人员推销	面对面沟通,利于深谈,沟通灵活,易激发兴趣,易促成交易	费用较高,影响面较窄,难以有效管理,不易培养与寻找合适的人才
广告	信息覆盖面广,容易引起注意,可重复使用,信息可艺术化	说服力小,信息反馈慢,不易调整,难以迅速导致购买行为
营业推广	吸引力大,效果明显,能及时改变传播对象的购买习惯	容易引起怀疑,自贬身价
公共关系	影响面大,容易得到信任,效果持久	企业难以控制传播过程,见效较慢

2. 促销策略

促销策略根据直接促销和间接促销的方法,可分为推式策略和拉式策略。企业在具体的促销活动中,究竟以哪种策略为主,要根据企业的偏好及具体情况而定。

(1) 推式策略

利用推销人员与中间商促销将产品推入渠道。企业将产品积极地推到批发商手上,批发商又积极地将产品推给零售商,零售商再将产品推给消费者,这样一环接一环地进行销售。

推式策略适用于价格高、专用性强、使用方法及性能比较复杂、目标市场集中、销售渠道短、销售面窄的产品,以及规模小或没有足够的资金来完善广告计划的企业。

(2) 拉式策略

企业针对最终消费者,花费大量的资金从事广告及消费者促销活动,以增加消费者对产品的需求,如果行之有效,那么消费者就会向零售商要求购买该产品,于是拉动整个渠道系统,零售商会向批发商要求购买该产品,而批发商又会向生产者要求购买该产品。

拉式策略适用于以下情况:专用性差、挑选性强、目标市场分散、销售面广的产品;具有内在优良品质,又独具特色的产品;通过宣传可以引起潜在消费者的购买动机,并促使消费者购买的产品;拥有大量产品货源,又有能力推行广告宣传计划的企业。但在大多数情况下,推销人员都会综合运用这两种策略,并相对加强其中之一的力量。

大多数企业在销售其产品时,推式及拉式策略均加以运用,只是所占的比率不同罢了。以产品类别而言,工业产品偏重推进策略,消费产品偏重拉式策略。

10.1.2　汽车促销组合

汽车促销组合是将人员推销、广告、营业推广和公共关系四种促销方式有机地组合运用,以达到特定的促销目标。因为各种汽车促销方式分别具有不同的特点、使用范围和效果,如公共关系在消费者认知阶段有强烈的影响力,可形成消费者对汽车企业或汽车产品的好感,但在产品的立即购买方面影响力较弱;而人员推销由于是面对面的交流,在评价、试用、催促和采用阶段,就有较大的影响力。所以要将不同的促销方式结合起来综合运用,才能更好地突出汽车产品的特点,增强汽车企业在市场中的竞争力。

1. 汽车促销组合的决策过程

(1) 确认促销对象

通过汽车企业对目标市场的研究与市场调研,界定其产品的销售对象是现实消费者还是潜在消费者,是个人、家庭还是社会团体。明确了产品的销售对象,也就确认了促销的目标对象。

(2) 明确促销目标

在不同的时期和不同的市场环境下,汽车企业营销的总体目标不同,因此汽车企业开展促销活动的目标也不同。短期促销目标适合采用广告和营业推广相结合的方式。对于长期促销目标而言,公共关系具有决定性意义。

(3) 设计促销信息

汽车企业促销要明确向目标对象所要表达的诉求内容是什么,再重点研究诉求内容的设计。

(4) 选择沟通渠道

传递促销信息的沟通渠道主要有人员沟通渠道与非人员沟通渠道。人员沟通渠道可向目标消费者当面推荐,能得到反馈,可利用良好的口碑来扩大汽车企业及产品的知名度与美誉度。非人员沟通渠道主要指大众媒体沟通。将大众媒体沟通与人员沟通有机结合才能发挥更好的效果。

(5) 确定促销方式的具体组合

根据不同的情况,将人员推销、广告、营业推广和公共关系四种促销方式进行适当的搭配,使其发挥整体的促销效果。应考虑的因素有产品的属性、价格、生命周期、目标市场的特点。

2. 影响汽车促销组合决策的因素

(1) 汽车产品的种类

汽车产品的种类不同,消费者的行为往往存在很大的差异,不同种类的产品应采取不同的促销组合。一般说来,广告一直是各种档次汽车市场营销的主要促销方式;人员促销是中、低档汽车的主要促销方式。

(2) 汽车促销的目标

汽车促销的目标不同,应选择不同的汽车促销组合。如果汽车促销的目标是提高产品的知名度,那么汽车促销组合的重点应放在广告和营业推广上,辅之以公共关系;如果汽车促销的目标是让消费者了解产品的性能和使用方法,那么汽车促销组合应采用适量的广告、大量的人员促销和一些营业推广;如果汽车促销的目标是立即获得某种产品的销售效果,那么重点应该是营业推广、人员促销,并安排一些广告。

(3) 汽车市场的现状

汽车市场的规模和类型不同,消费者的数量也不同。规模大、地域广的汽车市场,多以广告为主,辅之以公关关系;汽车消费者众多,汽车市场零星分散,应以广告为主,辅之以营业推广、公关关系;汽车消费者少、购买量大的汽车市场,则应以人员促销为主,辅之以营业推广、广告和公关关系。潜在汽车消费者多的汽车市场,应采用广告,有利于开发需求;而潜在汽车消费者少的汽车市场,则应采用人员促销,有利于深入接触汽车消费者,促成交易。

此外,企业在考虑市场时,应充分考虑竞争者的状况,选择合适的促销方式和促销组合。

(4) 汽车促销的费用

一个汽车企业能够用于促销的费用也影响促销组合的选择。汽车企业在选择促销组合时,首先,要进行促销预算,即综合考虑促销目标、产品特征、企业财力及市场竞争状况等因素;其次,要对各种促销方式进行比较,以尽可能低的费用取得尽可能好的促销效果;最后,要考虑促销费用的分摊。

10.2 汽车人员推销策略

汽车人员推销指汽车企业的推销人员利用各种技巧和方法,帮助或劝说消费者购买该品牌汽车产品的促销活动。由于汽车具有技术含量高、价值较大等特点,人员推销在汽车销售中占有很重要的地位。

10.2.1 汽车人员推销的任务

由于汽车产品价格高、专业性强、交易复杂等特点,汽车人员推销产品其实是销售服务,即售前、售中和售后服务,统称为销售技术服务。人员推销的任务,就是向消费者提供优质的服务,从而加深消费者对企业的了解和对产品的依赖,树立起良好的企业形象。

1. 售前服务

售前服务即企业与潜在消费者的沟通。企业的推销人员要有计划地、主动地收集消费需求信息,及时将企业及汽车产品的情况传递给潜在消费者,并了解其反应,以便更好地满足消费者的要求,达到引导消费的目的。

2. 售中服务

售中服务即企业与现实消费者的沟通。企业的推销人员要将自己产品的优势、产品能给消费者带来的特殊利益传达给消费者,协助、引导消费者使用本品牌的汽车。

3. 售后服务

售后服务即企业与产品用户的沟通。及时征询用户的意见,提供优质的维修服务,了解用户的反馈信息,改进服务方式,建立持久的合作关系,树立良好的服务形象。

10.2.2 汽车人员推销的步骤

公式化推销理论将推销过程分成七个不同的阶段,如图10.1所示。

图 10.1 人员推销过程的七个阶段

1. 寻找消费者

这是推销工作的第一步。即通过一定的方式获取准消费者的信息资料,如姓名、电话、工作情况及家庭成员等。

2. 事前准备

推销人员在与消费者接触前,需要做许多准备工作,不打无准备之仗。如相关产品知识的准备、资料的准备和辅助工具的准备等。

3. 接近消费者

接近即开始登门访问，与潜在消费者开始面对面交谈。接近消费者是一种心理距离的接近，即让消费者信赖自己。

4. 介绍产品

介绍产品时要强调该产品给消费者带来的好处与作用。要注意倾听对方的发言，判断消费者的真实意图。

5. 异议处理

推销人员应随时准备应对不同的意见。

6. 达成交易

成交是推销的根本目标。

7. 售后服务

真正的销售在成交之后。推销人员应认真执行给消费者的一切承诺，如交车期、车辆免费保养、免费维修及免费更换零部件等。

10.2.3 汽车人员推销的特点

1. 双向传递信息

在人员推销的过程中，推销人员可以向消费者介绍产品的质量、性能、售后服务以及拥有后的好处和愉快心情等，起到促销的作用。推销人员还可以倾听消费者的意见和要求，了解消费者的态度和疑虑，收集和反馈企业在营销工作中存在的问题，为企业改进营销管理提供决策依据。

2. 具有较强的针对性

推销人员在访问的过程中可亲眼观察到消费者的反应，并揣摩消费者心理变化的过程，因而能酌情改变推销陈述和推销方法，以适应各个消费者的需要。与广告相比，其针对性强，无效劳动少。推销人员总是带有一定的倾向性，目标较明确。

3. 具有较大的灵活性

人员推销经常用于竞争激烈的情况，也适用于推销价格昂贵和性能复杂的产品。对于专业性很强的复杂产品，仅仅靠一般的广告宣传是无法促使潜在消费者购买的，而训练有素的推销人员为消费者展示产品，并解答其难题，往往能成交。

当然，人员推销也有一些缺点，主要是成本费用较高。企业决定使用人员推销时必须权衡利弊，综合决策。

10.2.4 汽车人员推销的技巧

推销人员应根据不同的推销氛围和推销对象审时度势，巧妙而灵活地采用不同的方法和技巧吸引消费者，促使其作出购买决定，达成交易。

推销人员必须掌握的基本推销方法如下：

1. 试探性方法

如推销人员对消费者不甚了解，可以使用事先设计好的能引起消费者兴趣、刺激消费者购买欲望的推销语言，投石问路，进行试探，然后根据其反应再采取具体的推销措施。面对较陌生的消费者，推销时要重点宣传产品的功能、风格、情感价值的等方面。

2. 针对性方法

如果推销人员对消费者的需求特点比较了解，可以事先设计好针对性较强、投其所好的推销语言和措施，有的放矢地宣传、展示和介绍产品，使消费者感到推销人员的确是自己的好参谋，真心地为自己服务，进而产生强烈的信任感，最终愉快地完成交易。

3. 诱导性方法

推销人员要能唤起消费者的潜在需求，要提出鼓动性、诱惑性强的购货建议（但不是欺骗），诱发消费者产生某个方面的需求，并激起消费者迫切想要满足这种需求的强烈动机，然后抓住时机向消费者介绍产品的效用，说明所推销的产品正好能满足这种需求，从而诱导消费者购买。如果不能立即促成交易，而能改变消费者的态度并形成购买意向，为今后的推销创造条件，那么也是一种成功。

> **同步思考 10.2**
> 你还知道哪些推销技巧呢？

10.3 汽车广告策略

10.3.1 汽车广告的作用及目标

汽车广告是汽车企业对目标消费者和公众进行说服性传播的工具之一。汽车广告要体现汽车企业和汽车产品的形象，从而吸引、刺激、诱导消费者购买该品牌的汽车。

1. 汽车广告的作用

（1）介绍产品，传递信息

广告能使不特定消费群体了解有关产品的信息、优点、用途和使用方法等，有助于潜在消费者根据广告信息选择符合自身要求的产品。市场上汽车种类繁多，企业间的竞争十分激烈，要使消费者偏爱自己的产品，首先就要将产品信息传递给消费者，使消费者了解产品的性能、特点，而这也是广告所要表现的内容。

（2）刺激消费，扩大产品销路

提高企业产品的销售量是广告要达到的最重要的目的。对于汽车新产品的推广以及产品的潜在消费者，广告具有刺激购买欲望、培养新的需求和创新消费方式等作用。

（3）树立企业形象、维持或扩大市场占有率

消费者在购买汽车时，会把企业的形象（包括信誉、名称、商标等）作为选择的较重要的依据，因此汽车企业能否在消费者心中树立起良好的形象，将在很大程度上影响企业产品的市场占有率。

2. 汽车广告的目标

制定汽车广告策略的第一步是确定汽车广告的目标。汽车广告的目标必须服从先前制定的有关汽车目标市场、汽车市场定位和汽车营销组合等决策。汽车广告按其目标可分为通知性、说服性和提醒性三种。

（1）通知性广告

通知性广告是指通过向消费者介绍产品的性质、用途、操作方式、价格等，促进消费者对产品产生需求的广告。主要用于汽车新产品的介入期，旨在为汽车产品建立市场需求。

（2）说服性广告

说服性广告是以说服为目标的广告，即企业从消费者的切身利益出发，告诉消费者该品牌产品优于其他品牌产品的独到之处，改变消费者的看法，形成消费者对本企业产品或服务的特殊偏好，从而决定选择本企业的产品或服务。此类广告主要用于汽车产品生命周期的成长期或成熟期，目的在于建立消费者对某一特定汽车品牌的选择性需求。

（3）提示性广告

提示性广告是指为加强消费者对已购买和已有使用习惯的产品的了解和印象，提示他们不要忘记这个产品的商标、品牌及特色，吸引他们继续购买，引导他们形成稳固的、长期的习惯性需求的广告。此类广告主要用于汽车产品生命周期的成熟期和衰退期。

10.3.2 选择汽车广告媒体

1. 汽车广告媒体

广告媒体是广告信息传播的中介，在营销实践中，报纸、杂志、广播、电视和网络被称为五大广告媒体，它们的优缺点见表10.2。它们的广告效果也有差异，具体见表10.3。

表 10.2　五大广告媒体优缺点比较

广告媒体	优　　点	缺　　点
报纸	读者广泛，覆盖面广； 传播迅速，时效性强； 信息清楚，便于查阅； 简单灵活，费用经济； 权威性强，信誉度高	寿命短暂，利用率低； 内容繁多，眼花缭乱； 印刷粗糙，色彩感差
杂志	对象明确，针对性强； 有效期长，保存期久； 易被接受，效果较好； 印刷精美，图文并茂	专业性强，传播面窄； 周期较长，灵活性差； 制作复杂，成本较高
广播	传播迅速，时效性强； 覆盖面广，听众较多； 方便灵活，声情并茂； 制作简便，费用低廉	有声无形，印象不深； 转瞬即逝，不便存查； 盲目性大，选择性差

续表

广告媒体	优　　点	缺　　点
电视	覆盖面广,影响力大; 声像兼备,直观生动; 娱乐性强,接受度高	转瞬即逝,不便存查; 制作复杂,费用昂贵; 目标性差,选择性差
网络	发布迅速,及时性好; 制作便捷,易于修改; 互动性强,效果易测	可信度低,不利关注; 受众分散,不便集中

表 10.3　五大广告媒体广告效果比较

广告媒体	传播范围	传播速度	传播内容	传播时效	选择性能	保存性能	灵活性能	成本费用	印象效果
报纸	广泛	快	最全	较短	较强	较好	较好	较低	一般
杂志	较窄	慢	较全	较长	很强	很好	差	较高	较好
广播	一般	快	一般	很短	一般	较差	好	较低	一般
电视	广泛	慢	较全	很短	较差	较差	差	昂贵	很好
网络	较窄	最快	全面	较长	一般	很好	好	较低	较好

2. 选择汽车广告媒体应考虑的因素

(1) 目标消费者的媒体习惯

对于不同的广告媒体,消费者接触的习惯不同,企业应将广告刊登在目标消费者接触的媒体上,以提高视听率,如有关汽车的杂志、报纸、电视、广播、网络等。例如,购买跑车的大多数消费者是中青年成功人士,所以广播和网络就是宣传跑车的最有效的广告媒体。

(2) 汽车产品的特点

由于汽车产品的特殊性,电视和印刷精美的杂志由于在示范表演、形象化和色彩方面占据优势,因而是最有效的广告媒体。有的汽车杂志广告主要选用能充分体现汽车外观美的设计,利用杂志印刷精美的特点,给受众视觉上的冲击,而有的汽车广告就未必适用在杂志上。

(3) 企业对信息传播的要求

汽车企业在确定宣传媒体时,要考虑以下几个问题:一是媒体的覆盖面、频率和影响力;二是企业所要达到的广告目标;三是广告费用。

包含大量技术资料的汽车广告一般将专业性杂志作为媒介;一条宣布明天有重要出售信息的广告一般将广播或报纸作为媒介。一般情况下,汽车产品的针对性很强,因此比较适合在专业杂志和报纸上做广告,这样能直接面向特定的受众,以便用较低的预算实现预期的效果。

(4) 竞争者的广告策略

汽车企业在进行产品宣传、选择媒体时,不仅要考虑以上几个方面的影响,而且要注意竞争者的广告策略,因为竞争者的广告策略往往具有很强的针对性和对抗性,只有充分了解竞争者的广告策略,才能充分发挥自己的优势,克服劣势,最终取得良好的宣传效果。

案例讨论 10.1

福斯和菲亚特两大汽车公司的广告大战

著名的意大利福斯和菲亚特两大汽车公司,曾分别推出高罗夫和泰普新型车。为占领市场,双方展开了一场广告大战。菲亚特想压倒对方,于是利用名人效应,请当时著名的电影演员亚伯雷在电视上做广告宣传泰普汽车,并在报纸、杂志上撰稿扩大其影响力。

福斯公司的广告设计师威尔巴分析了竞争局面后采取了智取的广告策略,他设计了一位身着红色衣服的魔鬼,让它双手抱胸站立在山巅上,上面赫然写着"你们经不起诱惑——无与伦比的高罗夫的诱惑",并将其刊登在销售量最高的报纸、杂志上。福斯公司想以雷霆万钧之势压倒对手。

菲亚特也不让步,竟然用"最好的诱惑"作为醒目的通栏标题,在各个刊物上大肆宣传。两家汽车公司广告的较量,既体现了广告设计者的才智与胆识,也体现了广告竞争的激烈。

(资料来源:编者整理)

问题:结合案例说一说汽车公司相互竞争的形式。

10.3.3 汽车广告预算

广告预算的指导思想是:以最少的广告费用获得最佳的宣传效果和最好的销售业绩。

1. 企业确定广告预算的方法

企业在确定广告预算时常采用的方法如下:

(1) 销售比例法

销售比例法是一种以广告与销售额或利润的关系来确定广告预算的方法。该方法是以企业过去的经验,按照一定的销售额或利润的比例,确定广告费用。

(2) 目标法

目标法是根据完成广告目标必须进行的广告宣传,核算成本,得出广告预算,但这种方法的缺点是广告效果很难预测。

(3) 对抗平衡法

对抗平衡法是以同行业中,特别是有竞争关系的企业的平均广告支出来预测企业的广告费用。这种方法的缺点是平均广告费用较难测量,缺乏特色。

(4) 支付能力法

支付能力法是根据企业在一定时期内所能承担的财力来确定广告预算。这种方法得出的广告预算不一定符合市场发展的需要。

2. 企业确定广告预算的因素

汽车企业还要考虑以下五个因素:

(1) 产品生命周期阶段

在推出新车型时,一般需要大量的广告预算,才能建立其市场知名度。

(2) 市场份额和消费者基础

要想增加市场销售额或从竞争者手中夺取市场份额,则需要大量的广告费用。

(3) 竞争程度

汽车品牌必须加大宣传,才能在竞争者众多和广告开支很大的汽车市场上吸引目标消费者的注意。

(4) 广告频率

把汽车产品传达到消费者的重复次数,即广告频率,它会影响广告预算的大小。

(5) 产品替代性

当一家整车厂打算在汽车市场众多品牌中树立自己与众不同的形象,宣传自己可以提供独特的物质利益和特色服务时,广告预算也会相应增加。

10.3.4　汽车广告效果评价与认识误区

因为汽车企业的宣传目的是否达到、效果如何、影响怎样、所支出的广告费用是否物有所值等都是未知数,所以企业还需要对广告效果进行评价,以调整广告目标和预算。广告效果评价一般有两种方法:一是传播效果评价;二是销售效果评价。

1. 传播效果评价

传播效果评价是判断公众在接收到广告信息后的心理态度。传播效果评价有以下三种方法。

(1) 直接评价法

即由消费者小组或广告专家小组观看各种广告,然后请他们对广告的吸引力、可读性、认知力、影响力、行为力等方面作出评价,并根据评价结果来判断此广告的优劣。

(2) 调查测评法

即广告播出前请消费者看一组广告或者将若干广告方案交给消费者,请他们对广告进行回忆,以评判广告是否突出主题、是否给消费者留下深刻的印象,并请他们从中选择出消费者最容易接受的方案。

(3) 实验室测评法

即广告研究人员利用各种仪器来测量选定的消费者对于广告的心理反应,如心跳、血压、瞳孔的变化等,从而判断广告的吸引力。

2. 销售效果评价

因为影响汽车产品销售效果的因素不仅有广告,还有汽车产品的价格、销售渠道、质量、市场竞争情况等,所以汽车广告的销售效果比其传播效果更加难以测量。一般有以下三种评价方法:

(1) 单位广告成本促销法

即企业将广告前和广告后销售的增加量和广告费用进行对比测定广告效果。公式如下:

单位广告成本促销率＝(广告后平均销售量－广告前平均销售量)/广告费用

(2) 地区实验法

即将已投放广告的地区和未投放广告的地区的产品销售量进行比较,以此来判断广告的效果。

(3) 广告费增量比率法

即根据广告后取得的销售额增量与广告费用增量进行对比的结果来测定广告的效果。公式如下:

广告费增量比率＝（销售额增量/广告费增量）×100％

3. 广告效果认识误区

广告作为一种信息传播与营销的手段，已越来越为企业所重视与应用。然而，广告也有以下误区：

（1）把广告当救命手段

很多企业往往会有这样的现象：当产品在市场上出现滞销时，才想到做广告；当产品即将被市场淘汰时，企业才下决心做广告，但为时已晚。殊不知，广告是"冬天进补，春天打虎"的，而不是临死前用来救命的"野山人参"和"强心针"。

（2）便宜货当好货

要知道"便宜没好货，好货不便宜"。媒体也分上、中、下三个档次，低档次媒体的广告价格往往也较低，也就是我们常说的"垃圾"时段或版面，广告效果不佳，也不受广告主的青睐。但有些企业单纯从降低广告成本的角度出发，忽视了广告效果，它们专挑低价位的媒体投放广告，但广告效果并不理想，产品依然销售不出去，广告费也就打了水漂。

（3）广告没有系统性

广告是一个系统的工程，从前期的策划、市场调查、制定广告策略、广告制作，到后期的媒体策略、投放策略，缺一个环节就容易出问题，还会造成资金和时间的浪费。

（4）广告诉求不准确或者诉求过多

广告要明明白白地告诉消费者，本企业的产品会给你带来什么好处，这就是我们通常所说的广告诉求。广告诉求的准确与否，直接影响消费者对产品的认知，只有提升认知度才会引起消费者对产品的偏爱，也就是我们通常所说的认同。只有当认同提升到认购时，产品才会真正实现销售。

知识延展 10.1

USP 理 论

20世纪50年代，罗瑟·瑞夫斯（Rosser Reeves）提出一个独特的销售主张——USP（Unique Selling Proposition）理论。

USP理论包括三个方面：

一是每个广告不仅包含文字或图像，还要对消费者提出一个建议，即购买本产品将得到的明确利益。

二是这一建议一定是该品牌独有的，是竞争品牌不能提出或不曾提出的。

三是这一建议必须具有足够的力量吸引、感动广大消费者，招徕新的消费者购买你的产品。

（资料来源：编者整理）

10.4 汽车公共关系策略

10.4.1 公共关系的含义

公共关系不仅在于汽车产品的公共宣传,而且在于树立汽车企业的形象、汽车产品的品牌形象。

公共关系有助于妥善处理与公众的关系,为汽车企业的发展创造一个良好的外部环境。

公共关系通过媒体或直接传播的方式传播信息。

汽车企业作为一种社会组织,可以利用公共关系协调企业与社会公众的关系,为自己创造有利的营销环境。从促销的角度来讲,其更侧重于以公共关系为手段,直接帮助企业及其产品塑造形象,以刺激消费者对企业产品的需求,从而达到促进产品销售的目的。

一般来说,公共关系的促销功能主要是:争取对企业及其产品有利的新闻报道;协助推广新产品;协助成熟期产品重新定位;培养消费者对产品的兴趣;影响特定的目标群体;化解企业及其产品出现的危机;树立有利于表现其产品特点的企业形象。

10.4.2 汽车公共关系的作用

1. 建立和维护企业良好的市场形象

公共关系的主要任务就是通过一定的方式让公众了解企业的文化及经营理念,以及为了应付突发事件而采取的相应对策,建立起公众对企业的正确理解和信任,保持相互之间良好的关系,树立良好的企业形象。

2. 直接促销

企业公共关系可以在新闻传播媒介中获得不付费的广告版面或者广告播放时间,实现特定的促销目标。

3. 间接促销

企业把社会利益和公众利益放在第一位,在不断提高产品质量和服务质量的前提下,通过有计划地、持续不断地开展传播与沟通、交往与协调、咨询与引导等公共关系的职能活动,不断提高信誉和知名度,不断塑造良好的企业形象和产品形象,赢得公众的理解和信任。企业生产的产品形象好、信誉度高,必然会提高吸引力和竞争力,就能间接地促进产品销售。

4. 降低促销成本

公共关系的成本比广告的成本要低得多,适合于促销预算少的企业。

10.4.3 公关活动的内容和公共关系基本策略

1. 公关活动的内容

(1) 汽车企业与消费者的关系

在市场经济体制下,顾客就是上帝。汽车企业要加强与消费者的沟通,促使其对企业及其品牌汽车产生良好的印象，提高企业和产品在社会公众中的知名度与美誉度。

（2）汽车企业与相关企业的关系

汽车作为一种集机械、电子、化工等于一体的产品，企业是不可能独立完成从自然原料到产品销售的整个过程的，它无时无刻不与中间商、供应商及竞争者发生着各种各样的关系。

（3）汽车企业与政府及社区的关系

汽车工业是国家的支柱性产业，汽车企业必须处理好与政府相关职能部门的关系，赢得政府的信赖和支持；必须建立起融洽的社区关系，树立起企业在社区居民中的良好形象，为企业发展创造良好的周边环境。

（4）汽车企业与新闻界的关系

在现代社会中，新闻媒体和新闻工作者的作用日益突出。它不仅可以创造出社会舆论，而且还会引导消费，从而间接调整企业行为。汽车作为一种耐用消费品，消费者在购买时是很谨慎的，汽车企业要想争取消费者，必须处理好与媒体的关系。

（5）汽车企业内部公共关系

通过完善企业的规章制度，加强企业文化建设，满足员工的物质和精神需求，加强企业内部团结，协调好企业、员工及投资者之间的关系，生产出优质的汽车产品，实现企业的经营目标。

2. 公共关系基本策略

汽车企业公共关系基本策略可分为三个层次：

(1) 公共关系宣传

即通过各种媒介向社会公众进行宣传，以扩大企业的影响力。

(2) 公共关系活动

即通过支持和组织各种类型的社会活动来树立企业在公众心中的形象，以获得公众的好感。

(3) 公共关系意识

即企业营销人员在日常经营活动中所具有的建立和维持企业公共关系的思想意识，能使公众在同汽车企业的日常交往中对企业留下深刻的印象。从这个意义上讲，公共关系经常融于汽车企业的其他促销策略中，将整体意识同推销、广告、营业推广等手段结合使用，使促销的效果得以增强。

10.4.4　建立公共关系的方式

1. 通过新闻媒体传播信息

这是企业建立公共关系最重要的方式。通过新闻媒体向社会公众介绍企业及产品，不仅可以节约广告费用，而且由于新闻媒体的权威性和对象的广泛性，它比单纯的产品广告的宣传效果更好。主要方式如下：

① 撰写新闻稿件。即由企业的公关人员对企业具有新闻价值的政策、背景活动和事件撰写新闻稿件或者轻松有趣的报道，并将其散发给有关的新闻媒体，并争取发表。这种由第三者发布的报道，对公众来说，可信度高，容易获得公众的认可，有利于提高企业的形象，而且不必付费。

②举办新闻记者招待会。这是维持好与新闻媒体关系的重要手段,也是借助新闻工作者之手传播企业各类信息,争取新闻界客观报道的重要途径。

③邀请记者或其他知名人士参观企业,加深他们对企业及产品的印象,并进行评述。

④制造新闻事件。许多著名的企业不仅重视发现新闻,而且善于制造新闻。有目的地制造出来的新闻,常常能在新闻界引起轰动,而且能引起公众的强烈反应。

⑤编写影视剧本,参与影视剧的制作。通过与影视界合作,将企业的发展过程编写成影视剧本,可以提高企业的社会形象,加深社会公众对企业的了解。

2. 研讨会

将产品在消费者心中的印象作为主题召开研讨会,一般把会议地址定在有纪念意义的地方或旅游胜地。通过研讨会传达企业信息,加强与消费者的联系,更好地为消费者进行服务等。同时也可通过召开一定层次的研讨会树立企业形象并合理合法地回报消费者,如满足消费者旅游的需要等。

3. 交流会

交流会与研讨会的性质类似,但一般来说规格略低。例如,一些汽车企业把消费者召集在一起,通过交流或竞赛等方式使消费者更好地掌握使用技术,借此达到拉近关系、树立形象、回馈消费者的目的。各大汽车企业开展了让消费者自己设计心中理想车的活动,势必会引起一股前所未有的购车热潮。

4. 展览会

展览会是工业企业采用最多的一种促销方式,即参加行业协会等举办的展览会。汽车企业应充分利用这种方式,举办各式各样的汽车展销会。

5. 企业峰会

通过发起企业峰会,引起公众瞩目,树立企业形象;通过企业峰会,强化行业领导者的形象,而行业追随者可以建立与行业领导者平起平坐的形象。例如,发起一个邀请行业十大企业参加的峰会,讨论行业市场走向或如何应对加入世界贸易组织后的挑战问题。

6. 行业宣言

通过发起行业宣言,引起公众瞩目,树立美好的企业形象。例如,宝马公司通过行业自律宣言,强调自己是一家发起行业质量保证的企业等。

7. 意见领袖

通过某种方式(如通过赞助行业协会)给某些领导型企业以优厚条件,或者聘请业内专家担任企业顾问等,使对企业销售有影响力的组织或个人成为意见领袖。另外,企业培养窗口用户的做法也应属于意见领袖,即通过给用户某些特殊待遇,使该用户成为该地区企业产品的展示窗口,该用户有义务接受其他用户的参观,并讲解产品的优点。

8. 顾问用户

企业聘请对企业发展有影响力的用户作为自己的顾问,借此树立以用户为中心的企业形象,拉近与用户的关系,同时得到必要的支持。如企业可以把自己的十大用户聘请为自己的顾问用户,参与公司重大决策或产品研发等。由于产品是在顾问用户的参与下开发的,必然比较适合顾问用户,同时由于产品也是顾问用户的"孩子",他也会主动帮助推销。

9. 创造新闻

通过策划，创造有利于企业、企业产品、企业人物的新闻，如"某老总大锤砸几十万元的设备以强调企业重视质量"等。这要求公关人员不仅要有创造新闻的技巧，而且要和新闻媒体建立良好的关系。

10. 公益活动

通过公益事业树立企业的美好形象，增强公众对企业的好感。

案例讨论 10.2

奇瑞的公益之行

2008年5月12日，汶川发生特大地震。奇瑞作为自主品牌汽车产业代表，在震后第一时间迅速反应，仅3天就捐赠1600万元现金和物资，之后又补充捐赠500万现金，共计捐赠2100万元现金，帮助灾区重建家园。

不仅如此，奇瑞还与中华社会文化发展基金会联手，举办了"祈福汶川·点亮希望"活动，号召全社会捐赠学习用品，帮助灾区孩子重返校园。

奇瑞汽车的公益活动引起了社会大众的高度赞扬，为奇瑞汽车公司及其产品树立了良好的形象。

（资料来源：编者整理）

问题：以上活动属于哪种公关方式？

11. 形象识别系统

通过企业的标识、服饰标记、建筑物、模型、业务名片、招牌等创造易于公众辨认的视觉形象，赢得目标消费者的注意。

10.5 汽车营业推广策略

10.5.1 汽车营业推广策略的应用

1. 汽车营业推广的特点

汽车营业推广是一种短期的促销工作，其主要目标是鼓励消费者购买汽车和促使其重复购买、争取未使用者购买和吸引竞争者品牌的使用者购买。如果营业推广的时间过长，会很容易被认为是企业在变相降价，甚至被看作销售劣质产品，使企业形象受损。

但是在以下几种情况下，营业推广的效果相当显著：

① 汽车企业在推出一个新的品牌或一种新的产品时。

② 为争取中间商合作而鼓励他们大量进货时。

③ 当需要强化广告宣传的效果时。

因此，企业应有选择地、慎重地使用营业推广这一促销方式，扬长避短。

2. 汽车营业推广的目标

汽车营业推广的具体目标要根据汽车目标市场类型的变化而变化。

对消费者来说，汽车营业推广的目标包括鼓励消费者购买汽车和促使其重复购买、争取未使用者购买和吸引竞争者品牌的使用者购买。

对经销商来说，汽车营业推广的目标包括吸引经销商经营新的汽车品牌，鼓励他们购买非流行的汽车产品；抵消竞争性的促销影响，提升经销商的品牌忠诚度和获得进入新的经销网点的机会；促使经销商参与制造商的促销活动。

对推销人员来说，汽车营业推广的目标包括鼓励他们支持一种新的汽车产品，激励他们寻找更多的潜在消费者。

10.5.2 针对消费者的营业推广形式

选择汽车营业推广的方式时，要综合考虑汽车市场营销环境、目标市场的特征、竞争者状况、营业推广的对象与目标、每一种方式的成本效益预测等因素，还要注意将汽车营业推广同其他促销方式（如广告、公共关系、人员促销等）互补配合。

1. 分期付款和低息贷款

汽车产品价格高，许多普通消费者一次性付款比较困难，因此世界各汽车企业都有分期付款业务。

低息贷款是消费者购车前先去信贷公司贷款，然后购车。消费者的贷款由消费者与信贷公司结算，汽车销售部门则在消费者购车时一次收清全部购车款。贷款业务可以由银行办理，也可以由汽车企业提供。如克莱斯勒汽车公司每年向数 10 万名消费者提供卖方贷款，消费者的贷款可以在 2 年内分 18 次偿还。

2. 汽车租赁业务

汽车租赁业务是指承租方向出租方定期缴纳一定的租金，以获得汽车使用权的一种消费方式。开展汽车租赁业务，对消费者而言，可使消费者在资金短缺的情况下，用少部分现钱而获得汽车的使用权。汽车专业租赁公司是继出租用车市场后又一大主体市场，是汽车企业长期稳定的消费者之一。

3. 汽车置换业务

汽车置换业务包括汽车以旧换新、二手车整新跟踪服务、二手车再销售等一系列业务组合。汽车置换业务如今已成为全球流行的汽车销售方式。

2017 年美国新车销售量不足 2500 万辆，二手车销售量却高达 2680 万辆。汽车置换业务加速了汽车的更新改造。汽车置换业务的投资回报很快，不仅加速了折旧及置换，还可使企业在纳税方面享受优惠。

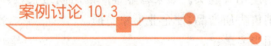

案例讨论 10.3

不问出身的二手车置换

旧车换新车不新鲜，但是对于宝马这种豪华品牌，让消费者拿着任意品牌的旧车去置换还是很新鲜的,至少在二手车置换尚处于起步阶段的我国是这样的。当时宝马公司对外宣布,宝马部分授权经销商即日起,与当地旧机动车交易市场及二手车商密切合作,为购买国产宝马车的消费者提供二手车置换服务。

购买宝马车的消费者可与宝马授权经销店及二手车商一起一次性完成出售旧车和购买宝马车两个过程。值得一提的是,宝马的二手车置换服务包括所有品牌的旧车,而不仅局限于宝马品牌,这在国内的汽车企业,尤其在高档汽车品牌中还是头一次。

有专家称,宝马这种史无前例的做法,正是一种巧妙的营销方式,目的就是促进销售。任何品牌的旧车都可以置换宝马车,也说明了当前汽车市场竞争的激烈状况。据悉,宝马开始置换活动后,销售量已经明显提升。看来面子不是最重要的,放下身段去争取才是最要紧的。

(资料来源:编者整理)

4. 赠品促销

购买汽车附带赠送某些礼品,如印有产品标识的日常用品、打火机、手表、夹克衫、雨伞、烟灰缸等小型纪念品,不同年限的汽车维修卡,不同价值的保险费(如第三者责任险),不同里程的汽车免费保养卡,免费代办汽车牌照等。

对于汽车这样的产品来说,尽管一般的小礼品对营业推广的影响不大,但可以提高消费者的满意度,在一定程度上刺激消费者的购买欲望。赠品促销有两种类型:一种是消费者持购车发票换取赠品,另一种是随车赠送的配置。例如,北京北方汽车市场某汽车店推出了"购车送 VCD"行动,即每购一辆车送一台 VCD,还有机会抽到液晶电视、手机、电烤箱等奖品,使销售量大增,全年销售达 12000 辆,取得了较好的效果。

5. 免费试车

邀请潜在消费者免费试开汽车,为消费者提供亲身体验,有利于进一步加强消费者的购买欲望,最终达成交易。

6. 售点陈列和产品示范

在汽车展厅通过布置统一标准的室内装饰画、广告陈列架等,向消费者进行展示汽车产品。在上海大众帕萨特轿车上市时,上汽销售总公司为所有特许经销商提供统一的装饰画,带有浓烈的现代感,符合大多数潜在消费者的审美观念。

7. 价格折扣

折扣是在销售车辆时对车辆的价格打折扣,折扣的标志可以公布于广告中,也可标在打了折扣的车辆的陈列地点。价格折扣是指汽车企业采用直接降价或折扣的方式招徕消费者,这种促销方式有立竿见影的效果。

8. 有奖销售

有奖销售是富有吸引力的汽车促销手段之一,因为消费者一旦中奖,奖品的价值很诱人,许多消费者都愿意去尝试这种无风险的有奖购车活动。

9. 特色服务促销

服务促销是指通过周到的服务,使消费者得到优惠,在相互信任的基础上开展交易。主要有:

① 一定额度的免费维修、免费保养。
②"零千米服务",即消费者出现用车故障的时候,可以在原地得到服务,在得到服务前车辆的移动距离为零。
③ 消费者回访。
④ 节假日贺卡问候。
⑤ 情感拉动,记下消费者及其家人的相关资料,如孩子在哪上学,父母身体状况等。
⑥ 定期举行汽车保养知识讲座。

10.5.3 汽车营业推广的实施及评价

1. 制定汽车营业推广方案

(1) 确定汽车营业推广诱因量的大小

诱因量是指活动期间产品价格与平时没有优惠时的差异,它直接关系到促销的成本。诱因量越大,产生的销售反应就越明显,但成本也会增加。

(2) 确定汽车的营业推广范围

汽车企业要确定本次营业推广活动的产品范围和市场范围。是针对单项汽车产品进行促销还是对系列产品进行促销;是对新车进行促销还是对老款轿车进行促销;是在所有的销售区域进行促销还是在特定的市场内进行促销等。

(3) 确定汽车营业推广的时间

汽车营业推广时间的确定包括三个方面的内容:举行活动的时机、活动的持续时间和举办活动的频率。理想的促销持续时间约为每季度3周,其时间长度即平均购买周期的长度。当然,合理的营业推广周期长度还要根据不同类型的汽车产品来确定,以发挥交易的最佳效力。

(4) 确定汽车营业推广传播媒体的类型

即企业选择何种媒体作为促销信息的发布载体。不同的媒体有不同的信息传递对象和成本,其效果必然不同,这是汽车企业在营业推广方案中应明确的问题。

(5) 确定汽车推广费用的预算

科学合理地制定预算,对于活动的顺利开展提供了有力的保障。汽车营业推广的费用通常包括两项:一是管理费用,如组织费用、印刷费用、邮寄费用、培训教育费用等;二是诱因成本,如赠品费用、优惠或减价费用等。

2. 汽车营业推广方案的实施及评价

(1) 汽车营业推广的实施

汽车营业推广方案制定后,必须经过试实施,再在市场上执行方案。企业既可以邀请消费者对备选的几种不同的优惠办法作出评价和打分等,也可以在有限的地区范围内进行试用性测试,通过改变规模、水平、媒介和持续时间等了解消费者的不同反应。这种方法可以有效地降低营业推广的风险,但需要花费大量的时间。

汽车营业推广方案的实施必须包括销售准备阶段和销售延续阶段。销售准备阶段包括:最初的计划工作、设计工作、配合广告的准备工作和销售点的材料准备,企业应通知现场推销人员,为个别分销网点建立分配额,购买或印刷特别赠品或包装材料存放在中间商处准备在特定的日期发放等。销售延续阶段指从开始实施优惠办法起,到大约95%的采取此优惠办法的汽车产品已在消费者手中的这一段时间。

（2）评估汽车营业推广的效果

汽车营业推广活动结束后，应立即对其实施效果进行评估，以总结经验教训。一般用两种方法对汽车营业推广的效果进行评价：销售数据比较法和消费者调查法。

① 销售数据比较法

企业可以关注促销前、促销期间和促销后产品的销售量变化情况，进而对促销效果进行评估。企业在关注促销效果时，不应只看促销期间与促销前产品销售量的变化，还需要观察产品促销后与促销前产品销售量的变化，以此判断促销活动是否透支了购买潜力。

② 消费者调查法

这种方法对于不易测出销售量变化的情况是一种比较有效的方法。主要是对参加对象的人数、参加对象的活动反应以及此次促销对于他们随后选择品牌行为的影响程度等进行调查。通过消费者调查可以了解有多少人记得这次促销，他们的看法如何以及此次促销对于他们之后选择品牌行为的影响程度。

在评估促销结果时，企业还要注意一些可能的成本和问题。例如，促销活动可能会降低消费者对品牌的长期忠诚度，因为消费者会形成重视优惠的倾向而不是重视广告的倾向；某些促销方式还可能刺激经销商，使他们要求额外的折扣；促销费用可能比计划的更昂贵等。

知识延展 10.2

4V 理 论

所谓 4V，是指差异化（Variation）、功能化（Versatility）、附加价值（Value）、共鸣（Vibration）的营销组合理论。首先，4V 理论强调企业要实施差异化营销策略，一方面使自己与竞争者区别开来，树立自己独特的形象；另一方面也使消费者相互区别，满足消费者个性化的需求。其次，4V 理论要求产品或服务有更大的柔性，能够针对消费者的具体需求进行组合。最后，4V 理论更加重视产品或服务中的无形要素，通过品牌、文化等以满足消费者的情感需求。

项目小结

1. 促销实质上是一种信息沟通。其目的是通过各种形式的信息沟通来引发、刺激消费者产生购买欲望直至产生购买行为，以实现企业产品的销售。

2. 促销的方式分为人员促销即人员推销、广告、营业推广、公共关系等。

3. 促销组合是将人员推销、广告、营业推广和公共关系四种促销方式有机地组合和有效地运用，以达到特定的促销目标。

4. 人员推销是指汽车企业推销人员利用各种技巧和方法，帮助或劝说消费者购买该品牌汽车产品的促销方式。

5. 汽车人员推销的步骤：寻找消费者、事前准备、接近消费者、介绍产品、异议处理、达成交易、售后服务。

6. 企业要制定有效的措施和程序，加强对推销人员的选拔、训练、激励和评价。

7. 汽车广告要体现汽车企业和汽车产品的形象，从而吸引、刺激、诱导消费者购买该品牌汽车。

8. 选择汽车广告媒体应考虑的因素：目标消费者的媒体习惯、汽车产品的特点、企业对信息传播的要求、竞争者的广告策略等。

9. 广告效果评价一般有两种方法：一是传播效果评价，二是销售效果评价。

10. 公关活动的内容：汽车企业与消费者的关系、汽车企业与相关企业的关系、汽车企业与政府及社区的关系、汽车企业与新闻界的关系、汽车企业内部公共关系。

12. 汽车营业推广策略是指汽车企业在特定的目标市场中，为了迅速刺激需求和鼓励消费而采取的促销措施。

13. 针对消费者的营业推广形式有分期付款和低息贷款、汽车租赁业务、汽车置换业务、赠品促销、免费试车、售点陈列和产品示范、价格折扣、有奖销售、特色服务促销。

知识巩固

单选题

1. 就某种程度而言，促销实质上是一种（　　）的活动。
   A. 沟通信息　　　B. 树立形象　　　C. 达成销售　　　D. 方便消费
2. 下列不属于面对消费者的营业推广方式的是（　　）。
   A. 送赠品　　　B. 奖励　　　C. 免费试用　　　D. 打折优惠
3. 下列属于推式促销的是（　　）。
   A. 广告　　　B. 人员推销　　　C. 营业推广　　　D. 广告关系
4. 下列关于人员推销的论述不正确的一项是（　　）。
   A. 推销是一种互惠互利的活动
   B. 推销是一个帮助消费者购买产品的过程
   C. 推销是一个双向沟通的过程
   D. 人员推销是最经济的促销方式
5. 从短期来看，促销效果不太明显的是（　　）。
   A. 广告　　　B. 人员推销　　　C. 营业推广　　　D. 公共关系
6. 人员推销的起点是（　　）
   A. 寻找消费者　　　B. 接近消费者　　　C. 约见消费者　　　D. 推销准备
7. 生产商利用广告和公共关系手段，极力向消费者介绍产品，使他们产生兴趣，吸引并诱导他们来购买。这类促销组合策略是（　　）。
   A. 推式策略　　　B. 拉式策略　　　C. 销售促进　　　D. 人员推销
8. 采用分期付款的方式来刺激汽车的消费，这种方式属于（　　）。
   A. 广告宣传　　　B. 人员推销　　　C. 营业推广　　　D. 公共关系
9. 当汽车产品处于导入期时，需要进行广泛的宣传，以提高知名度，下列促销方式中效果最好的是（　　）。

A. 广告宣传　　　B. 人员推销　　　C. 营业推广　　　D. 公共关系

多选题

1. 促销方式包括（　　）。
   A. 人员推销　　　B. 广告　　　C. 销售促进
   D. 公共关系　　　E. 折扣折让
2. 下列属于面对消费者的营业推广方式的是（　　）。
   A. 送赠品　　　B. 奖励　　　C. 免费试用
   D. 打折优惠　　　E. 抽奖活动
3. 下列属于拉式促销的是（　　）。
   A. 广告　　　B. 柜台推销　　　C. 营业推广
   D. 公共关系　　　E. 上门推销
4. 非人员促销方式包括（　　）。
   A. 广告　　　B. 柜台推销　　　C. 营业推广
   D. 公共关系　　　E. 上门推销
5. 针对中间商的营业推广策略有（　　）。
   A. 交易折扣　　　B. 销售竞赛　　　C. 产品展销
   D. 订货会　　　E. 打折降价
6. 汽车广告按其目标可以分为（　　）。
   A. 通知性广告　　　B. 说明性广告　　　C. 提醒性广告
   D. 锁定性广告　　　E. 介绍性广告

判断题

1. POP 是"Point of Purchase"的缩写，意为"售点广告"。（　　）
2. 企业公共关系促销活动指企业参与的各种公益活动。（　　）
3. 人员推销是促销的一种方式，其特点是推销人员与消费者面对面沟通，效果较好，相比其他促销方式，其促销成本较高。（　　）
4. 采用折让价格策略时，虽然折让幅度大些易于引起消费者的注意，但太大了反而会使消费者产生疑虑，不利于促销。（　　）
5. 销售促进就是直接刺激消费者以求短期内达到效果的促销方法。（　　）
6. 推销是一种商品销售活动，与营销没有什么本质区别。（　　）
7. 消费者异议既是成交障碍，也是成交的信号。因此，推销人员应以正确心态面对消费者的异议。（　　）

（扫一扫，答案在这里！）

综合案例

比亚迪营销新模式

目前,合资品牌正在感到来自自主品牌前所未有的压力,除了自主品牌车型技术的发展外,营销方式的转变也居功甚伟,比亚迪就是其中的佼佼者。近年来,随着比亚迪新能源的崛起,比亚迪也正在向高质高价、品牌导向的营销策略转变。"高端""共赢"成为了比亚迪营销的关键词。

1. 高端:打破自主品牌固有形象桎梏,进军高端市场,提升品牌形象

2017年2月27日,定价29.99万的比亚迪唐100上市,这一价位直接侵入了合资品牌把持的中高级SUV市场,再次刷新了比亚迪"王朝"的产品定位高度。从2013年年末发布"秦"到2017年4月发布"宋DM"和"宋EV300",短短3年时间,比亚迪"王朝"已推出了"秦""唐""宋""元"四大车型,并持续升级迭代。"王朝"系列车型的逐步壮大,不仅让比亚迪在20万元级别以上的市场形成规模,也带动比亚迪的营销向更高端、更符合新能源汽车消费环境的创新形式发展。

2. 共赢:做新能源汽车行业的引领者,新能源汽车消费者的知心人

新能源汽车的火爆与政策的大力支持分不开,消费者的心中也是期待与忧虑并存。为了消除消费者的顾虑,从需求出发,比亚迪于2017年相继发布了"电动·未来"计划、派发13亿度电等一系列有助于新能源汽车消费者购车、用车的福利政策。

2017年2月27日,与秦100、唐100上市同步发布的"电动·未来"计划瞄准了新能源汽车消费者在购买、使用过程中的"痛点",由比亚迪联合各领域的优质企业,在产品、技术、配套、便利性、延展服务等全价值链领域上构建生态圈,为消费者解决问题、创造价值。

3. 营销为王,未来自主品牌机会无限

比亚迪近几年通过在新能源领域打出营销"组合拳",不仅占据了新能源汽车相当的市场,品牌形象也在不断提升,逐步成为消费者心中值得信赖和购买的汽车品牌。这与比亚迪精准的营销定位和高质高价、品牌导向的营销策略是分不开的。

自主品牌车型产品力进步明显,与合资品牌的差距越来越小,甚至借助新能源技术实现了反超,且尺寸、价格、配置上的优势及消费者对本土品牌不断提高的认可度让自主品牌已经具备同合资品牌掰手腕的能力。自主品牌的不断攀升,也让合资品牌多年来头一回真正感受到紧迫感。

可以说,比亚迪的转型给整个自主品牌树立了一个正确的风向标:首先,用硬实力打好基础,生产高质量的汽车;然后,找准细分市场和目标消费群体,研究消费者的心理,使得产品与需求相契合;最后,合理运用价格营销策略,敢于冲击高端市场,通过精准的营销方式带动品牌效应、提升品牌形象,用好口碑吸引更多的忠诚消费者。

(资料来源:搜狐汽车)

问题:
1. 请结合所学内容,谈一谈促销活动为什么能吸引更多的消费者?
2. 请分析比亚迪汽车运用的总体品牌促销策略。

项目工单

任务： 确定目标市场、促销目标、促销信息和促销预算，制定某品牌轿车的促销总方案，并评估促销绩效。	姓名：	指导教师：
	班级：	组别：

1. 目的与要求

实训目的：

走出课堂，了解某品牌轿车的促销策略。

实训要求：

(1) 学习运用网络和实地调查的方法收集某品牌轿车的相关资料，对当地某个品牌轿车的促销活动进行分析，发表自己的观点。

(2) 利用课余时间找当地的 4S 店，详细了解和分析某品牌轿车的促销策略，并归纳总结其成功之处及面临的问题。

2. 组织与计划

3. 任务实施

4. 归纳总结

5. 评价（优秀、良好、合格、不合格）

自我评价：	小组评价：
教师评价：	

汽车市场营销管理

学习目标

1. 知识目标

（1）掌握汽车市场营销计划；
（2）掌握汽车市场营销组织管理；
（3）掌握汽车市场营销管理控制。

2. 能力目标

（1）能够运用所学知识，合理、科学地规划汽车市场营销管理组织；
（2）能够有计划地开展营销活动，对整个营销活动过程进行管理与控制。

3. 素养目标

通过本项目的学习，掌握汽车市场营销管理的组织与实施，进一步增强学生的创新意识、服务意识、责任意识和团队意识，进一步树立"人才兴国""文化强国"的理念。

思维导图

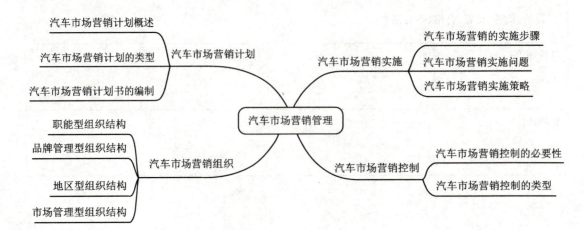

开篇案例

广汇汽车：中国企业 500 强

新疆广汇集团于 2001 年开始进入汽车服务业，先后整合广西、河南等在当地规模最大并拥有几十年汽车销售和售后服务经验的区域经销商集团快速发展成熟，于 2006 年正式注册成立广汇汽车服务股份公司。之后陆续投资新建和收购了重庆、河北、安徽、甘肃等地经营规模较大的乘用汽车销售服务企业，逐步形成了覆盖全国的汽车销售服务网络。

广汇汽车将一直坚持"聚焦中西部"和"聚焦中高档品牌"的核心发展战略，打造"以人为本，客户至上"的企业核心价值观，目标是建立中国最优秀的汽车服务品牌。在此期间，广汇汽车建立了世界一流的管理框架和管理体系，引进了一流的人才广汇汽车，为长期、稳定、快速的发展打下了坚实的基础。

2015 年 6 月，广汇汽车成功登陆 A 股市场，证券代码为 600297.SH。2016 年 6 月，广汇汽车成功要约收购了香港上市公司宝信（现更名广汇宝信）汽车集团有限公司，证券代码为 01293.HK。

2023 年全年，公司实现营业收入约 1379.98 亿元，新车销量 59.57 万台。截至 2023 年 12 月 31 日，公司建立了覆盖 28 个省、自治区及直辖市的汽车经销网络，共运营 735 个营业网点，包括 695 家 4S 店。目前公司位于包括宝马、奥迪、沃尔沃、捷豹路虎、玛莎拉蒂等众多豪华品牌的第一销售阵营，公司超豪华、豪华品牌网点达 245 家。

在 2011~2023 年中国汽车流通协会颁布的"中国汽车经销商集团百强排行榜"中，广汇汽车均位列前位。2016 年成为中国首家资产规模和营收规模都突破千亿的汽车经销商集团。广汇汽车连续多年被评为中国百强企业，在 2023 年《财富》中国 500 强排行榜中位列第 103 位。

（资料来源：改编自广汇汽车服务官网）

问题：
1. 广汇汽车在 20 多年的时间里为什么发展如此迅速？
2. 实践：调查学校所在地的 1~2 家大型销售类企业，看它们是如何进行市场营销管理的。

11.1 汽车市场营销计划

11.1.1 汽车市场营销计划概述

企业市场营销战略明确了企业市场营销发展的总体规划和长远目标。为了实现企业的营销战略，使企业目标的实现成为可能，就要把营销战略内容进行细分，并制定具体的行动方案，指导营销活动的组织与开展。企业营销计划是指在对企业市场营销环境进行调研和分析的基础上,制定企业及各业务单位对营销目标以及实现这一目标所应采取的策略、措施和步骤的明确规定和详细说明。营销计划涉及两个最基本的问题:一是企业的营销目标;二是营销目标实现的方案。企业在进行营销活动之前,必须确定营销活动的目的及其实施手段。

> **同步思考 11.1**
> 试述营销计划与销售计划的区别与联系。

营销计划是企业的战术计划,营销战略对企业而言是"做正确的事",而营销计划则是"正确地做事",正确地做事才能有效确保将正确的事做成功。制定营销计划有利于企业员工明晰工作方向,保持协调一致;有利于企业集中精力把握市场机会,有效降低风险;有利于营销活动有序组织实施,节约营销成本;有利于企业加强对营销活动的有效监管控制,提高工作效率。

汽车市场营销计划是汽车企业实现战略目标、开展营销活动的纲领,具体表现就是通过有计划地组织与开展营销活动,在一定的时间内完成规定的工作任务,实现预期的销售量目标和利润目标。汽车企业在制定营销计划的过程中,首先需要制定营销目标,提升工作质量,激发员工的积极性,同时制定的营销计划应实事求是、切实可行,这样才能确保营销目标如期实现。因此,汽车市场营销管理人员应深入分析企业的经营环境、营销现状、竞争者和营销渠道等,并在此基础上制定合理的营销目标、营销策略,编制切实可行的汽车市场营销计划。

11.1.2 汽车市场营销计划的类型

面对瞬息万变的复杂的周边市场环境,汽车企业要不断顺应市场的变化制定不同的营销计划,汽车企业的要求和目的不同,营销计划也会不同。汽车市场营销计划主要分为以下几类:

1. 总体营销计划和专门营销计划

总体营销计划是汽车企业针对所有的营销活动所制定的计划,是全面性、综合性的计划,覆盖范围广。专门营销计划是针对某一产品或某个层面、某个对象等特殊问题而制定的计划,集中度高,如新汽车市场营销计划、品牌形象计划、市场推广计划、促销计划、公关计划、渠道计划等。

2. 长期营销计划和短期营销计划

长期营销计划是汽车企业在一定时期内(一般为 5 年以上)对营销活动的安排,侧重于对企业的营销战略的思考,层次高、涉及面广。短期营销计划是汽车企业对当前时期(一般不超过 1 年)的经营活动制定更具体的行动措施,如教师节购车促销计划、某汽车企业的年度知名度促进计划、季度促销计划等。

3. 战略性营销计划和战术性营销计划

战略性营销计划就是确定汽车企业的主要营销目标,并为最终实现目标而制定的实施方案,其中包括必要的营销资源配置和安排。战术性营销计划是对战略性营销计划的补充,是为实现汽车企业战略性营销计划制定的具体活动。战术性营销计划一般是短期行为,它关注的是为实现长期战略性营销计划所必须完成的当前的或近期的活动。

值得注意的是,营销计划是具体的实施技术方案,需要注意其可行性和可操作性。

11.1.3 汽车市场营销计划书的编制

1. 汽车市场营销计划书的编制原则

营销计划是现代汽车企业整体计划的核心之一。营销计划书编制得越科学合理,企业营销目标实现的可能性越大。为保证营销计划书的科学性,并做到切实可行,企业在编制营销计划书时要遵循以下原则:

① 以消费需求为中心,以汽车企业的总体经营目标为基本出发点。

② 充分考虑汽车企业的内外部环境,在综合平衡的基础上,做到切实可行、灵活调整。

③ 营销计划书的行动方案要明确、具体、可行。

2. 汽车市场营销计划书的编制流程

汽车市场营销计划书的编制流程一般包括以下步骤(图 11.1):

① 分析营销现状,分析机会和问题,做到知己知彼,为编制计划书做好充分的准备。

② 确定营销目标,为具体活动指明方向。

③ 拟定营销计划书,广泛征求意见,进行专家论证。

④ 制定行动方案,明确时间、任务、分工及具体安排等。

⑤ 编制预算表,合理列出开支,并进行成本预算,报领导审批。

⑥ 组织实施,进行过程控制,做好应急预案。

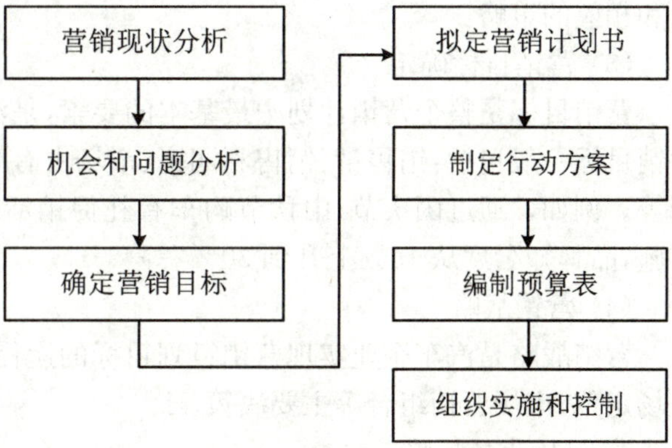

图 11.1 营销计划书的编制流程

3. 汽车市场营销计划书的主要内容

一般而言,营销计划书的内容包括:计划概要与目录、营销现状分析、营销目标确定、营销战略、营销行动方案、营销预算编制、营销计划控制、营销应急预案等八个方面的内容。

(1) 计划概要与目录

这是营销计划书的开头,概要说明本计划书的策划背景、总体目标、任务对象和主要事项等,起统领和介绍作用,能够简明扼要地介绍本计划的要点。

(2) 营销现状分析

营销现状分析是通过调查研究,对汽车企业所处的宏观环境、市场环境、产品状况、竞争状况、分销状况及机会和问题等方面进行详细的分析,并为后面的战略或策略制定打下基础。

① 宏观环境

主要分析可能会影响营销活动的社会宏观环境现状和发展趋势,涉及人口、政治、经济、法律、文化和技术等方面。

② 市场环境

主要分析汽车市场营销的市场背景，包括汽车市场规模和容量、市场增长状况、细分市场状况，以及消费者需求、品牌认知、购买行为等内容。

③ 产品状况

主要分析近几年有关汽车产品的价格、销售、实际收益和净利润等方面的内容。

④ 竞争状况

主要分析本企业及产品的主要竞争者，了解竞争者的产品特征、生产规模、发展目标、市场占有率，以及营销战略和策略、发展意图、方向和行为等。

⑤ 分销状况

主要通过对比研究分析企业分销渠道的销售规模、地位、策略、经营管理能力等，以便了解后期营销激励方案的科学性、有效性和费用等。

⑥ 机会和问题

在上述现状分析的基础上，结合企业营销或生产、产品、品牌、分销等方面的优势和劣势，运用 SWOT 分析原理，找出企业市场营销管理存在的问题及机会，以便制定下一步的目标和相应的策略。

(3) 营销目标确定

营销目标是整个营销计划中最基本的要素，是汽车企业营销活动所要达到的最终成果。营销目标一般包括：销售量、销售利润率、市场占有率、市场增长率、产品/品牌知名度和美誉度等。例如，"通过国庆节、中秋节购车有礼促销活动，实现当日订车 20 辆""经过该计划的实施，品牌知名度从 15% 上升到 30%"等。

(4) 营销战略

营销战略是汽车企业实现营销策划目标的途径和方法，主要包括目标市场的选择、产品市场定位、市场营销组合等主要决策。

① 目标市场战略

这是营销战略的初期战略，主要阐明企业或企业产品准备进入的细分市场。企业要充分了解市场的偏好、市场反应行为和营利能力，精心选择所要进入的目标市场。

② 营销组合策略

在确定目标市场后，汽车企业根据市场特征合理配置资源，分别制定产品、价格、分销和促销等策略，并进行不同的组合，供消费者选择。详见前文相关内容。

(5) 营销行动方案

营销行动方案主要指营销活动要明确"5W 1H"。行动方案必须是具体的、细节化的，要全面考虑时间、空间、步骤、分工与责任等要素。一般需要使用表格或者图形来列出各个要素，使整个方案条理清晰、一目了然。

(6) 营销预算编制

营销预算需根据计划目标、战略和行动技术方案来编制，包括收入和支出两个模块。收入主要反映销售量和销售价格；支出主要反映分销成本、物流成本和各项营销活动的费用。收入与支出之差就是预估利润。营销预算是汽车企业营销部门进行采购、组织、人力资源分配以及市场营销管理的依据。

(7) 营销计划控制

营销计划控制是对整个营销计划的过程进行管理。其主要内容包括：建立灵活而适用的组织架构;制定相应的规章制度和激励措施;强化企业营销理念,协调各部门之间的关系;制定实施进度提示和监督表格,确保计划有条不紊地实施。

(8) 营销应急预案

营销应急预案主要是给营销计划制定应急和备选技术方案,以及在营销计划实施过程中出现的紧急问题处理方案,以确保预期目标能够顺利实现。

案例讨论 11.1

开瑞新能源开启"4S+NEW"营销计划,构建五新生态圈直击痛点

近年来,随着新能源汽车技术的不断成熟,发展新能源汽车已经成为国家解决能源安全问题、环境问题以及实施可持续发展战略的重大举措。传统 4S 店亟待在消费者体验和消费者服务方面进行新的投入和转型。

2018 年 5 月 11 日晚,开瑞新能源宣布正式启动"4S+NEW"营销计划,并将倾力打造以新能源、新运营、新金融、新互联、新服务等五大特征为基础的全新生态圈。"4S+NEW"是开瑞新能源基于国家新能源汽车发展的政策、市场趋势以及传统 4S 店面临的痛点而打造的全新营销计划。这是开瑞新能源对燃油车长期销售经验的总结,也是对未来开瑞新能源行动和工作的定义以及定位。

"4S+NEW"计划意在将传统 4S 店与开瑞新能源以及菜鸟汽车、58 汽车、易开汽车、易鑫金融等平台进行融合,拓宽 4S 店的获客及营利渠道,通过更便捷的营销模式、更丰富的产品资源、更专业的售后服务以及更全面的配套保障,打造一个具有新能源、新运营、新金融、新互联、新服务五大优势的生态圈。

针对新能源汽车的需求和传统 4S 店服务产能过剩的现状,开瑞新能源有了新的营销思路。"4S+NEW"计划的目标是通过与直销、租赁、联合运营、数据平台等线上资源相融合,借助奇瑞的集团优势以及 3000 多个经销商渠道的优势,带动全国志同道合的经销商,共促新能源汽车和 4S 店协同发展。

"4S+NEW"计划将分为三个阶段实施。第一个阶段称为"蜕变与新生",这一阶段将初步建立生态圈体系并逐步打通业务流程;第二个阶段为"产品即服务",这一阶段将逐步构建产融一体的创新营销模式;第三个阶段则是实现"共享赢共生",即通过塑造品牌特性,利用物联网生态圈资源,打造一个销售租赁一体化、平台运力一体化、产业生态一体化、数据服务平台化的生态圈。

(资料来源:改编自宋媛. 开瑞新能源开启"4S+NEW"营销计划 构建五新生态圈直击痛点. [EB/OL]. (2018-05-12) [2023-12-04]. https://auto. gasgoo. com/News/2018/05/12111930193070041091C102. shtml.)

问题:请分析开瑞新能源的"4S+NEW"营销计划属于哪种计划,为什么?

11.2 汽车市场营销组织

为了实现企业的营销目标,企业必须建立符合企业自身特点的市场营销组织,同时必须适应市场营销活动的四个方面,即职能、地理、产品和消费对象。汽车企业的营销部门应体现以消费者为中心的营销指导思想,主要有四种基本的市场营销组织结构,企业可以选择其中一种或者综合几种来组织营销部门。

11.2.1 职能型组织结构

最常见的职能型营销组织是在营销副总经理的领导下由各种营销职能人员组成的,包括营销行政经理、广告与促销经理、展厅经理、营销调研经理、销售经理(图 11.2)。其中,营销行政经理主管营销日常工作;广告与促销经理主管产品的促销工作;展厅经理主管企业展厅接待、销售等工作;营销调研经理主管市场调查、分析与预测等工作;销售经理主管销售人员的招募和经营管理。除了这五类营销职能人员外,还可以包括的营销职能人员有:顾客服务经理、营销计划经理和车辆储运经理等。

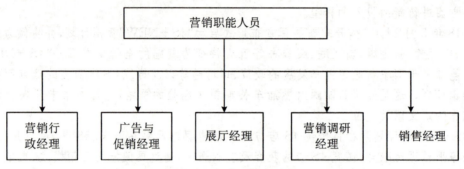

图 11.2 职能型组织结构

1. 职能型组织结构的主要优点

① 贯彻专业分工的要求,有利于在人力利用上提高效率。
② 职责分明,落实各类人员对各类工作成果的责任。
③ 集中经营管理、统一指挥,有利于维护领导对指挥和控制活动的权力和威信。

2. 职能型组织结构的主要缺点

随着车型的增多和市场的扩大,这种组织结构会失去有效性,主要缺点如下:
① 部分车型或市场容易被忽略。由于没有一个人对一个品牌或一个市场负全部责任,因而没有针对每个品牌或每个市场制定一个完整的计划。
② 部门之间的协调存在一定问题。各个职能部门为了获取更多的预算和获得比其他部门更高的地位而竞争,从而使营销副总经理经常协调处理问题纠纷。

11.2.2 品牌管理型组织结构

代理多个不同品牌车辆的企业,往往按车辆品牌建立管理型组织,即在一名营销总经理的领导下,每个品牌分设一名经理,进行分层管理,如图 11.3 所示。如果一个企业经销的各种车辆之间差别很大,并且车辆的绝对数量太多,超过了职能组织所能控制的范围,则适于建立品牌管理型组织。品牌经理的作用是制定本品牌车辆的销售计划,监督销售计划的实施,检查执行结果,并采取必要的调整措施。此外,还要制定竞争策略。

1. 品牌管理型组织结构的主要优点

① 品牌经理协调他所负责车辆的营销组合策略。

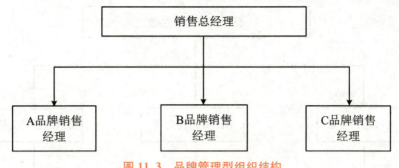

图 11.3　品牌管理型组织结构

② 品牌经理能及时反映该车辆在市场上出现的问题。

③ 由于品牌经理各自负责销售自己所管的车辆,因此即使不著名的车型也不会被忽略。

④ 品牌管理是培训年轻管理人员的最佳方式,因为品牌管理涉及企业业务经营的所有方面。

2. 品牌管理型组织结构的主要缺点

① 车辆管理造成了一些矛盾冲突。由于品牌经理权力有限,他们不得不依赖于同广告、销售部门之间的合作,而各部门往往把他们看作底层协调者而不予重视。

② 品牌经理比较容易成为他所负责的车辆方面的专家,但不容易熟悉其他方面(如广告促销等)的业务。

③ 销售管理系统的成本往往比预期的组织管理费用高,因为管理人员的增加导致人工成本的增加,同时企业还要继续增加促销、调研、信息系统和其他方面的职能人员,结果使企业承担了巨额的间接管理费用。

为了克服上述缺点,企业需要对品牌经理的职责以及他们同职能人员之间的分工合作,作出适当的安排。

11.2.3　地区型组织结构

销售区域范围广的汽车企业往往按地理区域组织其销售人员。销售部门有一个整体区域销售经理、多个区域销售主管和下属的销售人员。从整体区域销售经理到区域销售主管,其所管辖的下属人员的数目即"管理幅度"逐级增加。在销售任务复杂且销售人员对于利润的影响至关重要的情况下,这种分层的具体控制是很有必要的。一个在全国范围内销售产品的企业通常按地理区域设置营销机构,安排销售队伍,其组织结构如图 11.4 所示。

1. 地区型组织结构的主要优点

① 经营管理幅度与经营管理层次相对增加,这样便于高层经营管理者授权,充分调动各级营销部门的积极性。

② 发挥该地区部门熟悉该地区情况的优势,发展特定的市场。

2. 地区型组织结构的主要缺点

各区域的营销部门自成体系,容易造成人力资源的浪费,区域销售经理更多地只考虑本区域的利益。

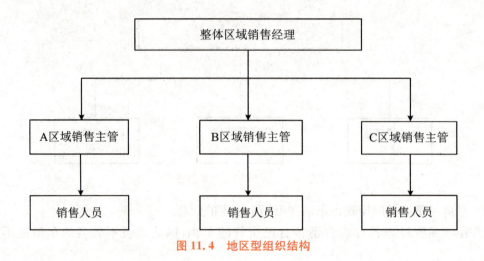

图 11.4 地区型组织结构

11.2.4 市场管理型组织结构

当可以按消费者特有的购车习惯和车辆偏好进行细分和区别对待时,就需要建立市场管理型组织。它同品牌管理型组织类似,由一个销售总经理管辖若干细分市场的经理。各市场经理负责自己所辖市场的年度销售利润计划和长期销售利润计划,如图11.5所示。

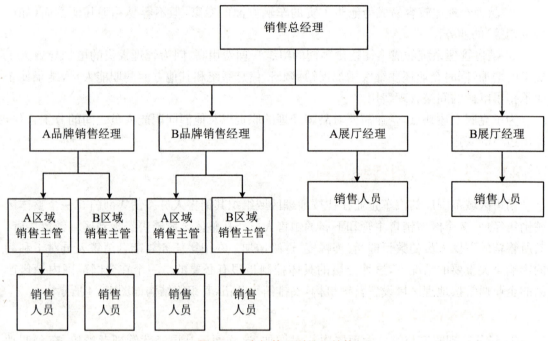

图 11.5 市场管理型组织结构

1. 市场管理型组织结构的主要优点

① 企业可围绕特定消费群体的需要开展一体化的营销活动,而不是把重点放在彼此割裂开的产品或区域上。

② 能对市场上出现的问题迅速作出反应。

2. 市场管理型组织结构的主要缺点

① 经营成本上升,挤压利润。
② 人员效率不高,冗员繁杂。

在以市场经济为主的国家中,越来越多的企业组织都是按照市场型结构建立的。以各主要目标市场为中心来建立相应的营销部门和分支机构,是确保企业实现"以消费者为中心"的现代营销观念的主要办法。

现在的汽车销售组织体系主要在现有汽车销售模式的基础上对原有营销组织进行整合、改良,依据现有技术手段以及业务范围对组织体系进行业务流程的重组优化、价值链的优化以及薪酬体系的优化,目标是以消费者需求为基础,依托企业优势以及现代化的物流服务,不断拓宽汽车销售服务渠道,采用高效快捷的信息传输方式,设计基于模块化分工的组织结构,通过建立优胜劣汰的机制保障组织体系高效运营。新的销售组织体系将改善现有组织体系人才培养难、外部合作伙伴忠诚度低、市场变化应对滞后、信息流通不畅、管理结构混乱等问题,有利于提高整个销售组织体系的效率。

案例讨论 11.2

吉利汽车组织架构调整,新能源板块升级暗藏玄机?

2019 年新年,吉利汽车集团对其内部人员和组织架构进行了重新调整,值得一提的是,吉利新能源升级为与吉利品牌、领克品牌并行的三大品牌之一。吉利新能源的独立,将成为吉利汽车在新能源汽车领域的重要战略部署。实际上,在吉利新能源业务板块独立之前,吉利的新能源业务发展已经初具规模,在技术研发上也进行了一定的储备。

2015 年,在新能源汽车还处于"小荷才露尖尖角"的状态下时,吉利汽车就率先提出了"蓝色吉利战略",并对吉利未来的电动车发展计划进行了多重部署。2018 年,吉利汽车的电动化战略再一次被拔高,时任吉利汽车集团 CEO、总裁曾在博瑞 GE 上市时就曾表示:"2018 年,是吉利汽车全面迈入新能源汽车的元年,以博瑞 GE 为开端,未来吉利的全新产品都将实现全面电气化。"2018 年,吉利就发布了包括博瑞 GE 在内的三款新能源车型。

根据官方数据显示,仅 2018 年 11 月,吉利新能源及其电气化车型的销售量就已破万,新能源汽车将会成为吉利汽车发展的重要增长点,新能源业务的独立,将会保障吉利新能源汽车继续向良性发展迈进。

此外,在 2018 年车市整体都处于"寒冬"的状态下,吉利汽车却逆势增长。2018 年的前 11 个月,吉利汽车累计销售量超过 140.7505 万辆,较去年同期增长 29%。另外,吉利的产销也成功突破了 150 万辆,在释放了库存压力的同时为吉利 2019 年的发展提供了更大的空间。

销售量的逆势增长,内部组织架构的调整,吉利新能源品牌的正式独立,都标志着吉利已经准备好在 2019 年打一场硬仗。

(资料来源:改编自史文杰. 吉利汽车组织架构调整,新能源板块升级暗藏玄机?[EB/OL]. (2019-01-04) [2023-12-03]. https://auto.gasgoo.com/News/2019/01/040711441144I70081655C302.shtml.)

问题:吉利汽车组织架构调整给我们的启示有哪些?

11.3　汽车市场营销实施

11.3.1　汽车市场营销的实施步骤

汽车市场营销的实施过程包括以下步骤：

1. 制定行动方案

为了有效地实施汽车市场营销战略，必须制定详细的行动方案。这个方案应该明确汽车市场营销战略实施的关键性决策和任务，并将执行这些决策和任务的责任落实到个人或小组。另外，还应包含具体的时间表，确定具体的行动时间。

2. 建立组织结构

汽车企业组织结构在市场营销执行过程中起决定性作用，将战略实施的任务分配给具体的部门和人员，规定明确的职权界限和信息沟通渠道，协调汽车企业内部的各项决策和行动。具有不同战略的企业，需建立不同的组织结构。也就是说，结构必须同企业战略相一致，必须同企业本身的特点和环境相适应。组织结构具有两大职能：一是提供明确的分工，将全部工作分解成管理的几个部分，再将它们分配给各有关部门和人员；二是发挥协调作用，通过组织建立联系沟通网络，协调各部门和人员的行动。

3. 设计决策和报酬制度

为实施汽车市场营销战略，还必须设计相应的决策和报酬制度。这些制度直接关系到战略实施的成败。就企业对管理人员工作的评估和报酬制度而言，如果以短期的经营利润为标准，则管理人员的行为必定趋于短期化，他们就不会有为实现长期战略目标而努力的积极性。

4. 开发人力资源

汽车市场营销战略最终是由汽车企业内部的工作人员来执行的，所有人力资源的开发都至关重要。这涉及人员的考核、选拔、安置、培训和激励等问题。在考核选拔管理人员时，要注意将适当的工作分配给适当的人，做到人尽其才。为了激励员工的积极性，必须建立完善的工资、福利和奖惩制度。此外，企业还必须决定行政管理人员、业务管理人员和一线工人之间的比例。许多美国汽车企业已经削减了企业的一级行政管理人员，目的是减少管理费用和提高工作效率。

应当指出的是，不同的战略要求具有不同性格和能力的管理者。拓展型战略要求具有创业和冒险精神、有魄力的管理者去完成；维持型战略要求管理人员具备组织和管理方面的才能；而紧缩型战略则需要寻找精打细算的管理者来执行。

5. 建设企业文化

企业文化是指一个企业内部全体人员共同持有和遵循的价值标准、基本信念和行为准则。企业文化对企业的经营思想和领导风格，对职工的工作态度和作风，均起着决定性的作用。汽车企业文化包括环境、品牌价值观念、模范人物、仪式、文化网等五个要素。环境是形

成企业文化的外界条件，它包括一个国家、民族的传统文化，也包括政府的经济政策以及资源、运输、竞争等环境因素。品牌价值观念是指企业职工共同的行为准则和基本信念，是企业文化的核心和灵魂。模范人物是引领企业文化发展的标杆，如优秀团队、销售冠军、优秀共产党员、企业年度人物等。仪式是指为树立和强化共同价值观，有计划地进行的各种例行活动，如晨会、年会等。文化网则是传播共同价值观和宣传介绍模范人物形象的各种非正式渠道，如官网、公众号、小程序等。

总之，企业文化主要是指企业在其所处的一定环境中，逐渐形成的共同价值标准和基本信念。这些标准和信念是通过模范人物的塑造体现的，是通过正式和非正式组织加以树立、强化和传播的。由于企业文体体现了集体责任感和集体荣誉感，它甚至关系到职工人生观和他们所追求的最高目标，它能够发挥把全体员工团结在一起的"黏合剂"作用。因此，塑造和强化企业文化是执行市场营销战略不容忽视的一环。

与企业文化相关联的，是企业的管理风格。有些管理者的管理风格属于专权型，他们发号施令，独揽大权，严格控制，坚持采用正式的信息沟通，不容忍非正式的组织和活动。另一种管理风格称为参与型，他们主张授权下属，协调各部门的工作，鼓励下属的主动精神和非正式的交流与沟通。这两种对立的管理风格各有利弊。不同的战略要求不同的管理风格，具体需要什么样的管理风格取决于企业的战略任务、组织结构、人员和环境。

企业文化和管理风格一旦形成，就具有相对稳定性和连续性，不易改变。因此，市场营销战略通常是根据企业文化和管理风格的要求来制定的，而不宜轻易改变企业原有的文化和风格。

为了有效地实施市场营销战略，企业的行动方案、组织结构、决策和报酬制度、人力资源、企业文化和管理风格这五大要素必须协调一致，相互配合。

11.3.2　汽车市场营销实施问题

汽车企业应确定营销战略目标，制定营销计划并组织实施，但在实施过程中总会出现一些问题，主要如下：

1. 计划制定与实际执行脱节

汽车企业的营销战略和营销计划通常是由上层的专业计划人员制定的，而执行则要依靠营销组织机构和具体的市场营销管理人员，由于这两类人员之间往往缺少必要的沟通和协调，导致下列问题出现：

① 专业计划人员只考虑总体战略而忽视执行中的细节，结果使计划过于笼统和流于形式。

② 专业计划人员往往不了解计划执行过程中的具体问题，所制定的计划脱离实际。

③ 专业计划人员和市场营销管理人员之间没有充分的交流与沟通，致使汽车市场营销管理人员不完全理解需要他们去执行的战略，在执行过程中会与战略目标出现偏差。

④ 脱离实际的战略导致专业计划人员和市场营销管理人员相互对立和不信任。现在很多企业已经认识到，不能只靠专业计划人员为市场营销管理人员制定计划，市场营销管理人员比专业计划人员更了解实际，让他们参与企业的计划管理过程，会更有利于市场营销战略的执行。

2. 长期目标和短期目标相矛盾

汽车企业市场营销战略通常着眼于企业的长期目标，涉及今后 3～5 年的经营活动。但具体执行这些战略的市场营销管理人员通常是根据他们的工作绩效,如销售量、市场占有率或利润率等指标进行评估和得到奖励的。

3. 战略调整带来的抵触

汽车企业所有的经营活动都是为了实现既定的战略目标,随着市场的变化,企业会适时调整战略方向和目标,新的战略如果不符合企业的传统和习惯就会遭到抵制,执行新战略可能会遇到阻碍。若想新战略得到贯彻落实,需要对传统营销组织机构和供销关系进行大幅调整。

4. 缺乏具体明确的执行方案

有些战略计划之所以失败,是因为计划人员没有制定明确而具体的执行方案。实践证明,许多企业之所以面临困境,是因为缺乏一个能够使企业内部各有关部门协调一致作战的具体实施方案。

11.3.3 汽车市场营销实施策略

1. 汽车市场营销实施表现

汽车市场营销实施体现在三个层次:

① 汽车市场营销职能。即基本的营销职能能否顺利履行,如汽车企业怎样才能从某广告公司处获得更有创意的广告。

② 汽车市场营销方案。即把所有的营销职能协调地组合在一起,构成整体行动,这一层次出现的问题常常发生在将一项新产品引入一个新市场时。

③ 汽车市场营销政策。即制定营销政策吸引消费者。除了优惠政策外,汽车企业需要所有工作人员给予消费者最好的态度和最好的服务,实现"以消费者为中心"的营销理念。

2. 汽车市场营销常见策略

为了有效地实施汽车市场营销方案,汽车企业可以适当运用以下四种策略:

① 配置策略。配置策略是指营销经理在职能、方案和政策三个层次上配置时间、资金和人员的能力,实现资源配置最优。

② 调控策略。调控策略是指建立一个对营销活动效果进行追踪的管理控制系统,控制有四种类型:年度计划控制、利润控制、效率控制和战略控制。

③ 组织策略。组织策略是指营销经理如何有效发挥营销组织结构的积极作用,理解营销组织结构的搭建对于开展有效的营销实施活动是非常重要的。

④ 能力策略。能力策略是指营销经理具备组织他人把事情办好的能力。营销经理不仅要有能力推动企业的工作人员有效地执行战略计划,还必须推动企业外的人(如经销商、批发商、代理商等)或公司(如市场调查公司、广告公司等)来实施战略计划。

案例讨论 11.3

小米汽车教科书级营销

2024 年 3 月 28 日,小米汽车正式发布首款车型 SU7,上市后仅 4 分钟订单就突破 1 万台,7 分钟突破 2 万台,27 分钟达到 5 万台,24 小时订单超过 8.8898 万台。小米 SU7 之所以一度成为汽车圈"顶流",离不开其教科书级营销。

小米跨界造车本身就是一个热点话题。小米汽车一共设计了三次至关重要的发布会。第一次发布会于2021年3月30日召开,雷军公布了自己的"人生最后一次重大创业项目"。第二次发布会在2023年12月28日——小米宣布造车的第1000天召开,现场只做技术分享,没有公布产品价格,因此价格就成为公众热议的话题。第三次发布会于2024年3月28日召开,小米汽车正式官宣汽车售价21.59万元。

第三次发布会在宣传上下足了功夫,很多细节都经过了精心设计。其一,将小米汽车的性能对标特斯拉,外形对标保时捷,这是在蹭两大汽车品牌的热度,旨在突显其产品的性价比和用户体验,把"人车家"智能互联生态完美呈现出来。小米汽车是懂人性的,颜值即流量,新车外形与保时捷极其相似,让用户只需要花很少的钱就能拥有豪车带来的满足感。其二,雷军邀请新能源造车新势力——蔚来汽车、小鹏汽车、理想汽车的三位创始人参加发布会,为发布会增添了话题点。其三,小米汽车在会后与比亚迪、华为、长城、深蓝、长安等车企,以及各大供应商、合作伙伴在微博互动,来了一波致敬式营销。其四,公布远超市场预期的产品和价格,制造一种巨大的心理落差,以进一步刺激人们社交分享的欲望。通过设计新概念词语"大定",实时公开销售数据,营造出一种大卖的氛围,并借助直播带货的方式,给予固定名额和限时优惠,直接将网络流量转化为销售业绩。

(资料来源:改编自搜狐网)

问题:请结合前面所学的内容,分析小米汽车的营销策略。

11.4 汽车市场营销控制

11.4.1 汽车市场营销控制的必要性

1. 汽车市场环境变化的需要

控制总是针对动态过程而言的。从汽车企业市场营销管理者制定目标到目标的实现通常需要一段时间,在这段时间里,企业内外部的情况可能会发生变化,尤其是面对复杂而动荡的市场环境,每个企业都面临着严峻的挑战,各种变化都可能会影响到企业的既定目标,甚至有可能需要重新调整目标以适应新变化。高效的营销控制系统,能帮助市场营销管理者根据环境变化的情况,及时对制定的目标和计划作出必要的修正。一般来说,目标的时间跨度越大,控制也越重要。控制系统的作用在于:帮助市场营销管理者看到形势的变化,并在必要时对原来的计划作出修正。

2. 实施过程中偏差纠正的需要

在计划执行过程中,难免会出现一些小偏差,而且随着时间的推移,这些偏差没有得到及时的纠正,就可能逐渐扩大,积累成严重的问题。

市场营销控制不仅是对企业营销过程的结果进行控制,还必须对企业营销过程本身进行控制,而对过程本身的控制更是对结果控制的重要保证。因此,市场营销管理者必须依靠控制系统及时发现并纠正小的偏差,以免给企业造成不可挽回的损失。

控制与计划既有不同之处,又有密切的联系。一般来说,市场营销管理程序中的第一步是制定计划,然后是组织实施和控制。从另一个角度看,控制与计划又是紧密联系的。控制不仅要按原计划目标对执行情况进行监控、纠正偏差,在必要时,还要对原计划目标进行检查,判断其是否合理,也就是说,要考虑及时修正战略计划,从而产生新的计划。

11.4.2 汽车市场营销控制的类型

汽车市场营销控制的类型见表11.1。

表 11.1 汽车市场营销控制的类型

控制类型	主要负责人	控制目的	方法
年度计划控制	高层管理部门、中层管理部门	检查计划目标是否实现	销售分析、市场份额分析、财务分析、市场基础的评分卡分析
营利能力控制	营销审计人员	检查企业在哪些方面有利润,在哪些方面有亏损	获取利润情况:产品、地区、消费群体、销售渠道
营销效率控制	直线和职能管理层、营销审计人员	评价和提高经费开支的效率	效率:销售队伍、广告、促销、分销
战略控制	高层管理者、营销审计人员	检查企业是否在市场、产品和渠道等方面找到最佳机会	营销效益等级评价、营销审计、营销杰出表现、企业道德与社会责任评价

1. 年度计划控制

年度计划控制是指汽车企业对本年度内的销售额、市场占有率和营销费用等进行实际效果与计划之间的检查,以便及时采取改进措施,保证、促进营销计划目标的实现与完成。可通过销售差异分析、市场占有率分析、销售费用率分析和消费者服务跟踪等四个方面检查计划执行的效果。年度计划一般是由汽车企业高层管理者负责的,主要目的是通过年度计划执行的过程与结果绩效的评估,有效地监督部门工作,发现潜在问题并及时给予解决,促使年度计划不断以更高的质量完成。在实际工作中,很多汽车企业都为自己的营销活动制定了严密的计划,但执行的结果总是与之有较大的差距,在执行计划的过程中不能及时找出问题并将其解决是造成这种结果的原因之一。

(1) 销售差异分析

销售差异分析是用于衡量和评估汽车市场营销人员所制定的计划销售目标与实际销售额之间关系的方法,具体包括以下两种分析方法:

① 销售差额分析:这种方法用于分析各个因素对销售绩效的不同影响程度。

【例】某汽车企业在销售计划中列出目标,第一季度销售汽车50辆,平均销售价格为每辆15万元,即销售额为750万元,但实际该季度只销售了45辆汽车,平均销售价格为14.8万元,即实际销售额为666万元。那么销售绩效差额为−84万元。

总销售额降低既有销售量减少的原因,也有价格降低的原因。那么二者各自对总销售额的影响有多大呢?计算如下:

价格下降的差距 = (SP−AP)AQ = (15−14.8)×45 = 9(万元)

价格下降的影响 = 9÷84 = 10.7%

销售量下降的差距＝(SQ－AQ)SP＝(50－45)×15＝75(万元)

销量下降的影响＝75÷84＝89.3%

式中,SP为计划售价;AP为实际售价;SQ为计划销售量;AQ为实际销售量。

可见,近90%的销售差额主要是由没有完成预期的销售量导致的。找出原因后,企业可以进一步分析原因,并思考需要做哪些工作来提高销售量。

② 区域销售量分析:这种方法可以衡量导致销售差额的具体产品和地区。

【例】 某汽车企业某品牌汽车在苏州、无锡、常州三个地区的年计划销售量分别是2000辆、1500辆、1000辆,总计4500辆,而实际总销售量为3800辆,三个地区分别是1200辆、1400辆、1200辆,与计划的差距分别为－40%、－6.7%、20%。

通过分析可知,苏州是造成困境的主要原因。因而应进一步查明苏州地区的销售经营管理状况,分析出到底是销售人员、有力的竞争者,还是该地区消费水平下降等问题。

(2) 市场占有率分析

衡量并评估汽车企业的市场占有率情况。根据汽车企业选择的比较范围不同,市场占有率一般分为以下三种:

① 总体市场占有率:该汽车的销售额(量)占所有汽车市场销售额(量)的百分比。

② 目标市场占有率:该汽车的销售额(量)占其目标汽车市场总销售额(量)的百分比。

③ 相对市场占有率:该汽车的销售额(量)和几个最大竞争者的销售额(量)的百分比。

(3) 营销费用率分析

衡量并评估汽车企业的营销费用与销售额的比率,还可进一步将其细分为人力推销费用率、广告费用率、销售促进费用率、市场营销调研费用率、销售管理费用率等。

(4) 消费者态度追踪

企业通过建立消费者满意度跟踪服务系统、设计固定的消费者样本或者通过消费者调查等方式,了解消费者对本企业及其产品的态度变化情况,并进行衡量与评估。

2. 营利能力控制

营利能力控制一般由财务部门负责,旨在测定企业不同汽车品牌产品、不同销售地区、不同消费群体、不同销售渠道以及不同规模订单的营利情况的控制活动。由营利能力控制所获取的信息,有助于经营管理人员决定各种产品或市场营销活动是扩展、减少还是取消。

营利能力指标包括资产收益率、销售利润率、资产周转率、现金周转率、存货周转率、应收账款周转率、净资产报酬率等。汽车企业要取得较高的营利水平和较好的经济效益,一定要对直接推销费、促销费、仓储费、折旧费、运输费用、其他营销费,以及生产产品的材料费、人工费和制造费等营销成本进行有效控制,全面降低支出水平。

营利能力主要有营销成本和营利能力两种考察指标。

(1) 营销成本

营销费用和生产成本构成了企业的总成本,直接影响企业的经济效益。其中,有些与销售额直接相关的,称为直接成本;有些与销售额并无直接关系的,称为间接成本。营销成本主要包括:

① 直销费用:包括直销人员的工资、奖金、差旅费、培训费、交际费等。

② 品牌宣传费用:包括汽车品牌形象导入费用、各类公关费用、展览会费用。

③ 促销费用:包括广告费、产品说明书印刷费、赠奖费、促销人员工资等。

④ 仓储费用:包括租金、维护费、折旧费、保险费、包装费、存货成本等。

⑤ 运输费用：包括托运费用等，如果自有运输工具，则要计算折旧费、维护费、燃料费、牌照税、保险费、司机工资等。

⑥ 其他市场营销费用：包括市场营销人员的工资、办公费等。

(2) 营利能力指标

获得利润是每一个汽车企业重要的目标之一，营利能力控制在市场营销管理中占有十分重要的位置。主要包括：

① 销售利润率。

销售利润率是指本期利润与销售额之间的比率，它是评估企业获利能力的主要指标之一。其计算公式为

$$销售利润率=(本期利润/销售额)\times 100\%$$

② 资产收益率。

资产收益率是指企业本期利润与资产平均总数的比率，其计算公式为

$$资产收益率=(本期利润/资产平均总额)\times 100\%$$

③ 净资产收益率。

净资产收益率是指税后利润与净资产平均余额的比率。净资产是指总资产减去负债总额后的净值。其计算公式为

$$净资产收益率=(税后利润/净资产平均余额)\times 100\%$$

④ 资产经管效率。

可通过以下比率来分析：

a. 资产周转率。资产周转率是指一个企业用资产平均总额去除产品销售收入净额而得出的比率，其计算公式为

$$资产周转率=产品销售收入净额/资产平均总额$$

资金周转率可以衡量企业全部投资的利润效率，资产周转率高说明投资的利用效率高。

b. 存货周转率。存货周转率是指产品销售成本与产品存货平均余额之比，其计算公式为

$$存货周转率=产品销售成本/产品存货平均余额$$

存货周转率可说明某一时期内存货周转的次数，从而考核存货的流动性。存货平均余额一般取年初和年末余额的平均数。一般来说，存货周转率次数越高越好，说明存货水准较低，周转快，资金使用效率较高。

3. 营销效率控制

假如通过利润分析发现企业在某些汽车产品、地区或市场方面的利润不佳，那么接下来要解决的问题就是寻找更有效的方法来管理销售队伍、广告、促销和分销。

(1) 销售人员效率

各销售经理可用以下指标考核和管理销售队伍，提高销售人员的工作效率：

① 销售人员日均拜访消费者的次数。

② 每次访问的平均所需时间。

③ 每次访问的平均收益。

④ 每次访问的平均成本。

⑤ 每百次销售访问预订购的百分比。

⑥ 每月新增消费者数目。

⑦ 每月流失消费者数目。

⑧ 销售成本占总销售额的百分比。

(2) 广告效率

为提高广告宣传的效率，企业应掌握以下数据：

① 每种媒体接触每千名消费者所花费的公告成本。

② 注意阅读广告的人在其受众中所占的比率。

③ 消费者对广告内容和效果的评价。

④ 广告前后消费者态度的变化。

⑤ 由广告激发的询问次数。

(3) 营业推广效率

为了提高促销效率，企业应注意以下数据：

① 优惠销售所占的百分比。

② 每一单位销售额中所包含的陈列成本。

③ 赠券回收率。

④ 因推广引起的询问次数。

汽车企业还应观察不同促销手段的效果，并采取最有效果的促销手段。

(4) 分销效率

主要是对分销渠道的业绩、企业存货控制、仓库位置和运输方式的效率进行分析和改进，以达到最佳配置并寻找最佳的运输方式和途径，提高分销效率。例如，分销网点的市场覆盖面，销售渠道中的各级各类成员，分销系统的结构、布局以及改进技术方案，存货控制、仓库位置和运输方式的效果等。

4. 战略控制

战略控制是指对汽车企业的战略发展及其与市场营销环境的适应程度加以考核和控制。在全球经济一体化的复杂市场环境中，原先制定的战略目标、政策和措施有可能出现不适应或过时的现象，有必要通过一些方法重新对其进行评估和控制，使之与变化的环境相适应。主要控制工具有营销效益等级考核、营销优秀企业考核和社会责任考核等。

(1) 营销效益等级考核

可以从消费者哲学、整合营销组织、营销信息、战略导向和工作效率等方面设计营销效益等级考核表。

(2) 营销优秀企业考核

主要从经营导向、产品质量、市场细分状况、产品对消费者需求的满足程度、营销组织对市场环境的适应程度、竞争战略、分销渠道的建立等方面对营销企业进行考核。

(3) 社会责任考核

汽车企业在市场营销活动中不仅要考虑自身的利益，还要考虑遵守社会道德准则和承担社会责任。企业在国家法律和社会公认的道德标准的基础上，制定企业的道德准则，建立道德行为规范，维护企业形象，履行社会责任。

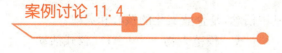
案例讨论 11.4

比亚迪——第一个官宣放弃燃油车的车企

2022 年 4 月 3 日，比亚迪宣布：自 3 月以来，已经停止生产燃油车。这表明比亚迪已完成燃油汽车过渡并正式依靠新能源来支持公司的发展和运营,纯电动和插电式混合动力汽车业务将成为未来的主要开发部分,比亚迪成为世界上第一家正式宣布停产燃料车的车企。

此次比亚迪的战略调整,围绕国家"双碳"战略目标,紧扣"创新""绿色"新发展理念,以科技创新动力,引领汽车行业变革。

同日,比亚迪发布2022年3月产销快报。数据显示,3月新能源汽车产量为106658辆,同比增长416.96%;销量为104878辆,同比增长422.97%。其中,纯电动乘用车生产了54684辆汽车,同比增长266.20%;插电混合动力车生产了51434辆,同比增长853.37%,售出50674辆,同比增长857.40%。但同期燃油车仅卖出5049辆,同比下滑近9成。

电池是新能源汽车的核心,也是比亚迪的核心竞争力。从2003年开始,公司就组成500人的团队进行汽车电池研发,投入超过10亿元。比亚迪表示,公司始终致力于用技术创新来满足人们对美好生活的向往并创造绿色的明天。

(资料来源:改编自纵相新闻)

问题:通过以上信息,请分析比亚迪战略调控的主要因素有哪些?

项目小结

1. 汽车市场营销计划是企业的战术计划,是汽车企业实现战略目标、开展营销活动的纲领,具体表现就是通过有计划地组织与开展营销活动,在一定的时间内完成规定的工作任务,实现预期的销售量目标和利润目标。

2. 在编制汽车市场营销计划书时,应注意编制原则、编制流程以及主要内容。

3. 汽车市场营销组织类型主要有:职能型组织结构、品牌管理型组织结构、地区型组织结构、市场管理型组织结构等,它们有不同的优缺点。

4. 汽车市场营销实施步骤包括制定行动方案、建立组织结构、设计决策和报酬制度、开发人力资源、建设企业文化等。

5. 汽车市场营销实施存在计划制定与实际执行脱节、长期目标和短期目标相矛盾、战略调整带来的抵触、缺乏具体明确的执行方案等问题。

6. 为有效地实施汽车市场营销方案,常采用配置、调控、组织、能力等四种策略。

7. 汽车市场营销主要通过年度计划、营利能力、营销效率、战略等四种方式进行控制与管理。

汽车市场营销

知识巩固

单选题

1. (　　)是企业员工共同的行为准则和基本信念,是企业文化的核心和灵魂。
 A. 企业环境　　　B. 品牌价值观念　　　C. 模范人物　　　D. 仪式活动

2. 市场营销管理必须依托一定的(　　)进行。
 A. 财务部门　　　B. 人事部门　　　C. 主管部门　　　D. 营销组织

3. 年度计划控制要确保企业在达到(　　)指标时,市场营销费用没有超支。

A. 分配计划　　　B. 生产计划　　　C. 长期计划　　　D. 销售计划

4. 市场营销计划的提要部分是整个市场营销计划的（　　）所在。

A. 任务　　　　　B. 精神　　　　　C. 标题　　　　　D. 目录

5. 市场营销组织管理跨度及管理层次的设置不是一成不变的，机构本身应当具有一定的（　　）。

A. 弹性　　　　　B. 灵活性　　　　C. 随机性　　　　D. 选择性

6. 汽车企业市场营销管理部门为了实现营销目标，保证营销计划的执行取得最佳效果而对市场营销过程采取（　　）管理。

A. 控制　　　　　B. 组织　　　　　C. 计划　　　　　D. 实施

7. 下列不属于汽车市场营销控制主要类型的是（　　）。

A. 战略控制　　　B. 年度计划控制　　C. 成本控制　　　D. 效率控制

多选题

1. 汽车市场营销管理主要包括（　　）。

A. 市场营销计划　　　　B. 市场营销组织　　　　C. 市场营销实施
D. 市场营销控制　　　　E. 市场营销信息化管理

2. 应对《汽车销售管理办法》的思路主要有（　　）。

A. 深度解读并分析新《汽车销售管理办法》，探讨应对措施和目标
B. 汽车市场营销管理改革，通过创新增强市场竞争力
C. 汽车市场营销管理理念国际化
D. 汽车市场营销管理模式多元化
E. 汽车市场营销管理手段多样化

3. 某地某品牌4S店准备实施"迎新年，购某车，送豪礼"活动计划，该计划属于（　　）。

A. 总体营销计划　　　　B. 专门营销计划　　　　C. 战略性计划
D. 短期营销计划　　　　E. 长期营销计划

4. 市场营销控制包括（　　）。

A. 年度计划控制　　　　B. 营利控制　　　　　　C. 质量控制
D. 效率控制　　　　　　E. 战略控制

5. 常见的汽车市场营销组织形式主要有（　　）。

A. 地区型组织　　　　　B. 职能型组织　　　　　C. 独立营销组织
D. 品牌管理型组织　　　E. 市场管理型组织

判断题

1. 汽车市场营销计划是通过有计划地组织与开展营销活动，在一定的时间内完成规定的工作任务，实现预期的销售量目标和利润目标，是"做正确的事"。（　　）

2. 汽车市场营销组织常常只是一个机构或科室。（　　）

3. 市场营销组织、执行和控制是市场营销管理过程中的重要步骤。（　　）

4. 销售差异分析可以用于决定各个不同的因素对销售量的不同作用。（　　）

5. 通常情况下管理跨度过大，超出领导者能够管辖的限度，就会造成整个机构内部的不协调、不平衡。（　　）

6. 汽车市场营销计划就是汽车销售计划。（　　）

（扫一扫，答案在这里！）

综合案例

福特公司旗下寿命最短、口碑最差的"失败之王"——福特爱迪塞尔

1947年，福特公司为了在中端汽车市场占有一席之地，不惜下血本重金研发，最终诞生了这辆面向年轻高级职员或专家的中端市场豪华轿车——爱迪塞尔，可是爱迪塞尔只有短短3年的寿命，还入选了"世界十大丑车"。

爱迪塞尔名字的由来。当时福特鼓励员工积极参与取名，征集了8000多个好名字，斥巨资邀请了当时最有名的诗人来取名，最终一共筛选了5000个名字。可到最后一个名字都没采纳，而是直接选用了福特独生子的名字：爱迪塞尔（Edsel），Edsel的发音与"柴油机"和"滞销"相近，据说它令人首先想到的是黄鼠狼和饼干，而不是大马力汽车，所以这个名字极其不受欢迎。

决定生产爱迪塞尔前，福特公司进行了充分的市场调研，但是这些调研都是在1957年之前完成的，而在1957年年底出现了经济衰退，影响了汽车销售。福特公司在制定新产品爱迪塞尔的市场营销推广计划时，没有充分识别并解决妨碍既定市场目标（每天销售600～700辆）的限定性因素和关键性因素，如经济衰退带来的消费萎缩，因此作为中端价位的爱迪塞尔自然不受消费者青睐。

爱迪塞尔车形庞大、设施豪华且动力强大无比，这就与它所追求的目标市场相违背，背离了年轻人追求的品位，导致消费者对其越发冷淡。在那个年代，福特爱迪塞尔绝对是殿堂级的艺术巅峰之作，但是太过前卫的设计，远远超出了当时人们所能接受的审美范围，人们对这个奇怪的前脸设计感到排斥，形象地称它为一个行走的"蜻蜓头"，前进气格栅中央凸起的个性设计被称为"马桶盖子"，如此贬低的比喻，可见当时人们有多嫌弃它。

为了推荐爱迪塞尔，福特公司的决策者决定以"神秘轿车"的构思吸引消费者的眼球，投入了5000万美元广告资金，同时放弃福特原有的庞大的、系统的和完整的销售网络，重新建立一个独立的营销网络，增加了固定成本的投入，浪费了巨大的市场资源。然而福特公司在制定产品计划时，没有理性地分析汽车生产线的产能，其计划年产20万辆，且必须在同一时间内在全美展销，这种计划导致生产线匆忙慌乱，产品质量无法保证。

问题：

1. 请分析爱迪塞尔成为寿命最短、口碑最差的"失败之王"的原因有哪些？
2. 请与著名的野马汽车进行比较，详细分析两个公司在市场营销管理上的不同之处。

项目工单

任务： 汽车市场营销管理：从计划、组织、实施、控制四个重点环节进行实训。	姓名：	指导教师：
	班级：	组别：

1. 目的与要求
实训目的：
(1) 掌握汽车市场营销计划，制定一份营销计划；
(2) 掌握汽车市场营销组织，搭建管理组织架构；
(3) 掌握汽车市场营销实施，组织开展计划实施工作；
(4) 掌握汽车市场营销控制，对实施过程与结果进行控制与分析；
(5) 培养团队合作精神，锻炼灵活运用知识的能力。
实训要求：
(1) 班级分组：对教学班级进行分组，分为四组，男女生均衡分配，每组选一名组长；
(2) 任务布置：教师设置实训模拟情景（企业的基本情况与营销目标等，也可以由四名组长自行讨论确定），组长在充分征求组员意见的基础上，从计划、组织、实施与控制四个市场营销重点环节中选择一个实训主题；
(3) 小组研究：小组认真研究实训主题内容（知识的熟悉与模拟实践）；
(4) 现场演练：计划、组织小组将研究结果用 PPT 进行汇报；实施小组进行情景模拟与角色扮演；控制小组进行现场讨论，并汇总意见上报；
(5) 课堂交流：各组之间交叉点评（优点与不足），教师进行点评与模块内容总结；
(6) 时间分配：各组汇报 10 分钟（情景模拟与角色扮演可适当延长 5 分钟），交叉点评每组 5 分钟，教师用 10~15 分钟进行演练点评，并用 5 分钟进行模块内容总结。

2. 组织与计划

3. 任务实施

4. 归纳总结

5. 评价（优秀、良好、合格、不合格）

自我评价：	小组评价：

教师评价：

汽车客户关系管理

学习目标

1. 知识目标

（1）掌握客户关系管理的内涵与核心思想；
（2）理解客户满意与客户忠诚的概念及其重要意义；
（3）掌握汽车客户满意度指标及提升汽车客户满意度的策略；
（4）掌握汽车客户抱怨与客户投诉的处理原则与方法。

2. 能力目标

（1）能够识别并满足客户的期望，具备提供超出客户预期服务的能力；
（2）能够建立并维护长期的客户关系，具备制定客户满意度提升方案的能力；
（3）能够客观分析当前汽车企业热点问题，具备制定客户抱怨和客户投诉处理策略的能力。

3. 素养目标

通过本项目的学习，掌握客户投诉的处理方法和技巧，培养汽车销售人员和客户关系管理人员良好的职业道德，践行并传承实事求是、诚实守信等传统美德。

思维导图

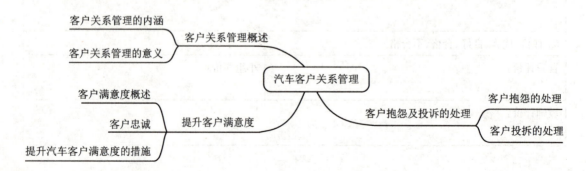

开篇案例

五菱如何创造神话？

芯片短缺、原材料价格上涨，多重不利因素的叠加，给2021年汽车产业的发展添加了更多的不确定性，但我国汽车市场却"风景独好"。新能源汽车的发展更是远超预期，全年销售量达到352.1万辆，同比增长1.6倍。在众多角逐新能源汽车市场的车企中，上汽通用五菱依然是最闪亮的一颗星。

2021年，上汽通用五菱累计销售量达176万辆，同比增长13.5%，卫冕中国汽车品牌单一车企销售量冠军。大多数人会将五菱的成绩归于五菱宏光mini EV，但"神车"的销量只是表象，在"神车"的背后，五菱过硬的技术、完善的产品矩阵、以消费者为中心的品牌理念、有效的渠道才是其创造销售量"神话"的底气。

2021年11月底，五菱全球品牌中心正式揭幕，以极具开放性的落地空间以及更有温度的品牌体验全面更新五菱品牌形象，成为品牌与消费者沟通的全新符号。五菱提供车辆交付、精致洗车、潮创改装等多样化的服务，提高消费者用车体验，最终提升消费者满意度。

"为人民造车"的上汽通用五菱，不断提升自身的产品实力、完善服务水平，成为自主品牌的完美典范。在提高产品品质、提高消费者共创体验的同时，上汽通用五菱还建立了2800个销售服务网点，覆盖98%的地级市、79%的县级市，网络覆盖率行业第一，服务半径不超过10千米，培养了超过10000名新能源维修技能人才，实现7×24小时在线服务随时响应。

在"新四化"的浪潮下，汽车产业正在进行着深刻变革，上海通用五菱坚持以消费者为中心，不断提高消费者满意度和忠诚度，为品牌持续赋能，通过高质量发展，为民族汽车品牌注入新动力。

问题：
1. 什么是消费者满意度？消费者忠诚是什么？
2. 结合案例，说一说上海通用五菱是如何提高消费者满意度的？

12.1 客户关系管理概述

12.1.1 客户关系管理的内涵

客户关系管理即CRM(Customer Relation Management)，是指通过建立、保持、加强同客户的长期伙伴关系，以此提高企业业绩、提升企业竞争力、实现企业目标的一种营销管理思想。

1. 客户关系管理三个层次的含义

（1）客户关系管理是一种先进的营销管理思想

CRM将各种客户资源作为企业重要的资源之一，因为只有忠诚的客户才能够为企业创造更高的利润。客户关系管理遵循以客户为导向的战略,对客户进行系统化的研究,通过改进对客户的服务,提高客户的忠诚度,不断争取新客户和商机。同时以强大的信息处理和技术力量确保企业业务的实时进行,力争为企业带来长期稳定的利润。

> **同步思考 12.1**
> "吸引新客户的成本至少是保持老客户的成本的 5 倍",这句话背后有何意义?

(2) 客户关系管理是一种新型的营销管理机制

CRM 是一种旨在改善企业与客户之间关系的新型管理机制。它应用于企业的市场营销、销售、服务与技术等与客户相关的领域,一方面通过对业务流程的全面管理来优化资源配置,降低成本;另一方面通过提供优质的服务吸引和保持更多的客户,增加市场份额。

(3) 客户关系管理是一套人机交互系统

CRM 是现代营销管理思想与信息技术相结合的产物。它通过技术投资,建立能收集、跟踪和分析客户信息的计算机系统,或增加客户联系渠道、客户互动渠道以及对客户渠道和企业后台整合的智能化模块。例如,上海通用汽车公司的客户服务中心承诺:客户的汽车一旦出现故障,只要拨打专门的服务电话,就会有服务人员热情解答,并且提供该客户车辆以往全部的维修服务信息。之所以能做到这一点,是因为上海通用汽车公司的客户服务中心建立了一个庞大的数据库。

2. 客户关系管理的内涵

CRM 系统包含三个方面的内涵:CRM 理念、CRM 技术和 CRM 实施。

(1) CRM 理念

CRM 理念是企业根据客户价值的大小,充分调配可用的资源,有效地建立、维护、发展与客户的长期合作关系,以提高客户忠诚度、满意度,实现企业利润最大化。CRM 理念是企业实施 CRM 的指导性原则,它是企业经营的一种指导思想,它指导企业应该怎么做、做什么、通过什么方式做、为什么这么做等。

(2) CRM 技术

由专门的信息技术部门根据企业的要求定制。目前有些企业配备了先进的 CRM 软件系统,但没有从内心深处思考如何贯彻执行,所以难见成效。CRM 并非只是一套软件系统,而是一种服务理念和服务体系,是一种企业文化。

(3) CRM 实施

CRM 系统不是一种交付即用的工具,而是需要根据企业的具体情况进行有效的实施,需要企业领导及全体员工执行。

在以上三个方面的内涵中,CRM 理念是 CRM 成功实施的关键,是 CRM 实施应用的基础与土壤;CRM 技术是 CRM 成功实施的手段和方法;CRM 实施是决定 CRM 成功与否、效果如何的直接因素。

3. 客户关系管理的主要内容

客户关系管理的主要内容包括选择客户、获取客户、客户保持和客户价值扩展,如图 12.1 所示。

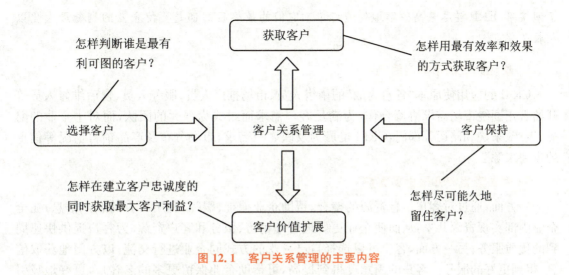

图 12.1 客户关系管理的主要内容

12.1.2 客户关系管理的意义

随着市场竞争愈演愈烈,传统的企业管理系统越来越难以胜任动态的客户渠道和关系的管理,网络下的 CRM 系统给企业带来了经营管理方式上的重大变革,对企业的发展具有非常重要的意义。

1. 全面提高企业的运营效率

CRM 系统通过整合企业的全部业务环节和资源体系,使企业的运营效率得到大大提高。一套完整的 CRM 系统在企业的资源配置体系中起到承前启后的作用。向前,它可以向企业渠道的各方向伸展,既可以综合传统的电话中心、客户机构,又可以结合企业门户网站、网络销售、网上客户服务等电子商务内容,构建动态的企业前端;向后,它能逐步渗透至生产、设计、物流配送和人力资源等部门,整合企业资源计划(Enterprise Resource Planning,ERP)、供应链管理(Supply Chain Management,SCM)等系统。资源体系的整合,实现了企业范围的信息共享,大大提高了业务处理流程的自动化程度和员工的工作能力,使企业的运作能够更为顺畅,资源配置更为有效。

知识延展 12.1

CRM 与 ERP 的区别与联系

ERP 是企业内部的后台应用。ERP 的核心理念在于提高企业内部资源的计划和控制能力,追求的是满足客户需求、及时交货、最大限度地降低各种成本。它以提高内部运转效率为中心,其最终目标是"节流"。

CRM 的理念以客户关系的建立、发展和维持为主要目的,尤其以维持为主,讲究的是通过对客户的了解更好地服务客户,从而使企业能够从良好的客户关系中获取最大的利益,其最终目标是"开源"。

CRM 和 ERP 在关注对象上有所区别,但又有很紧密的联系。通俗地说,CRM 要尽量多地接单,ERP要尽量高效率地处理订单。它们的最终目的都是要使企业的利益最大化以及长久化。

2. 优化企业的市场增值链

CRM的应用使原本"各自为战"的销售人员、市场推广人员、服务人员、售后维修人员等开始真正围绕市场需求协调合作,为满足客户需求而组成为强大的团队,而对于企业的财务、生产、采购和储运等部门,CRM也成为反映客户需求、市场分布及产品销售情况等信息的重要来源。

3. 保留老客户并吸引新客户

一方面,通过对客户信息资源的整合,帮助企业捕捉、跟踪、利用所有的客户信息,在全企业内部实现资源共享,从而使企业更好地管理销售、服务和客户资源,为客户提供快速周到的优质服务;另一方面,客户可以选择自己喜欢的方式同企业进行交流,以方便地获取信息,得到更好的服务。客户的满意度得到提高,可帮助企业保留更多的老客户,更好地吸引新客户。

4. 不断拓展市场空间

通过新的业务模式(电话、网络)扩展销售和服务体系,扩大企业的经营活动范围,及时把握新的市场机会,占领更多的市场份额。

知识延展 12.2

CRM 对客户有什么作用?

1. 节约购买成本

购买成本除了指某一产品或服务的价格外,还包括在购买的过程中所花费的成本,如时间成本、沟通成本及机会成本等。

2. 满足潜在需求

CRM的目标主体是客户。CRM可以尽可能多地收集客户信息,并给企业提供相关建议,如在什么时候哪些客户有可能购买企业的哪些产品,用什么手段与这些客户进行联系等。

3. 接受无微不至的服务

CRM通过良好的服务和技术支持来保证客户的满意度,维护客户对供应商的品牌忠诚度。

因此,CRM在给企业带来竞争优势的同时,也使客户得到了更多的方便和益处。

12.2 提升客户满意度

12.2.1 客户满意度概述

1. 客户满意

营销大师菲利普·科特勒对满意的定义是:满意是一种感觉状态的水平,它来源于对一件商品所设想的绩效或产出与人们的期望所进行的比较。即

$$满意 = 期望值 - 实际值$$

由此可见,客户满意只是一种感觉、一种心理体验。这种感觉来源于内心期望与现实体验的比较。从理论上说,客户会有三种心理状态,即不满意、满意和愉悦,如图12.2所示。

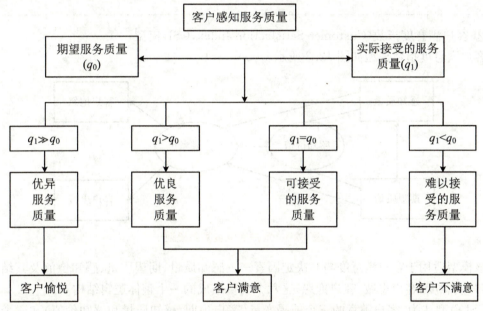

图 12.2　客户感知服务质量与客户满意的关系

2. 客户满意度

(1) 客户满意度的概念

客户满意度常用 CS(Customer Satisfaction)表示。用来衡量客户满意的程度,是客户满意的量化,可以看作可感知效果与期望值之间的差异函数。

客户满意度是一种逻辑上的理性概念,是一种管理理念。CS 的雏形是 20 世纪 80 年代北欧斯堪的纳维亚航空公司提出的"服务与管理"理念。随后传到美国,发展为"对客户满意度"的调查。

(2) 客户满意度模型

① "理想产品"模型

这种理论认为,客户满意度取决于客户对其购买的产品或服务的预期与其使用这种产

品或服务后的实际感受的吻合程度。即

客户满意度＝实际产品或服务－理想产品或服务

"理想产品"是指用户心中的概念性产品，即客户通过自己以往的经验，根据自己对企业的了解和企业在公众中的形象，并结合自己的需求和对价格的期望，预期应当购买到的具有特定功能和质量的产品。

"实际产品"则是指用户在使用产品或享受服务的过程中，实际体会到的产品的功能、质量等特性。具体如下：

实际产品＜理想产品：不满；

实际产品＝理想产品：基本满意；

实际产品＞理想产品：满意、欣喜。

同步思考 12.2

根据"理想产品"模型，说一说影响客户满意度的因素是什么？应该如何提高客户满意度？

② 客户满意度指数（Customer Satisfaction Index，CSI）模型

客户满意度指数模型如图 12.3 所示。

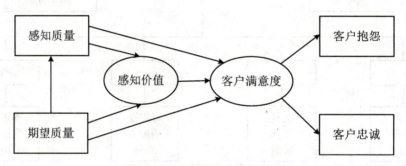

图 12.3　客户满意度指数模型

该模型适用于客户满意度与其决定因素——感知质量、期望质量、感知价值及其结果因素（客户满意度、客户忠诚、客户抱怨）这六个变量组成的一个整体逻辑结构。

CSI 模型认为，客户满意的三个前提变量（客户预期、感知质量和感知价值）和三个结果变量（客户满意度、客户抱怨和客户忠诚）之间存在着复杂的相关关系。这就要求企业要以整体的观点系统地看待和处理问题，从根本上摒除过去那种只注重提高产品质量或服务水平的做法，应实施"双管齐下"的战略。

案例讨论 12.1

"100－1＝0"和"1＝326"

在营销上有一个很著名的"100－1＝0"等式，它表示哪怕企业从前的客户满意度是100%，但只要现在出现了1%的不满意，那么企业在客户心中的形象与声誉就会完全损害。

美国学者经过调查，还提出了一个"1＝326"的等式，即如果有一个客户向企业表达了不

满,实际上意味着至少有了26个客户会有同样的感受,其余的人可能并没有向企业说出来,但是他们会把自己的不满告诉他们的亲朋好友,而被告知的人又会将听来的话告诉自己熟悉的人,这样循环下去最终意味着至少有326个人受到这种不满情绪的影响。

调查显示:每位非常满意的客户会将其满意的意向告诉至少12个人,其中约有10个人在产生相同的需求时会光顾该企业;相反,一位非常不满意的客户会把不满告诉至少20个人,这些人在产生相同的需求时几乎不会光顾被批评的企业。由此可见,客户对企业满意与否极其重要地影响着企业的形象。同时,我们还可以看到,满意与不满意对企业的影响程度是不相同的。

问题:根据案例说一说提升客户满意度的重要性。

(3) 汽车行业客户满意度指标

1981年,J. D. Power首次以CS为标准,发布了客户对汽车行业满意度的排行榜,对全美企业震动很大。汽车对客户而言,因其产品本身牵涉后续维护等长期持续性消费,一旦购买,短期内不容易立即换购。按照J. D. Power等行业权威调查公司的研究结果,共有四个指标来分析客户满意度,即新车品质、销售服务满意度、售后服务满意度及新车魅力度(APEAL)。

① 汽车品质评价指标——新车品质

汽车品质越好,其发生故障的概率越低。因此,新车品质是根据汽车发生故障的概率来评价的,新车品质值越小代表发生的故障数越低,品质越好。其计算公式为

新车品质=(车辆售出后三个月内的总故障数/当月销售总量)×100%

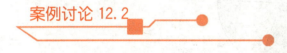

案例讨论 12.2

比亚迪的 IQS10

汽车产业发展至今,品质日益成为考量产品的重要一环,更是自主车企提升品牌实力、追赶合资企业无法回避的关键问题。近期,比亚迪发布品质建设成果——IQS10(IQS的全称为Initial Quality Survey)意为新车质量调查,标志着比亚迪车型品质达到或超过主流合资品牌水平。

IQS是比亚迪内部品质评价体系及在此基础上建立的品质管理体系的简称,是一套以IQS为主,WDI、PDI和VDS为辅,以降低产品故障和提升产品品质为目标的评价方法。经过两年多的努力,比亚迪IQS质量控制体系达到了IQS10的标准,即"100辆新车在三个月内的平均故障小于10个,平均1辆车是0.1个"的品质水平。据悉,在国内市场上主流合资车一般能达到IQS10水平,而多数自主品牌则在IQS20以上的水平。比亚迪表示,其将继续加强品质建设,后续的新车会达到IQS10水平。

为达到IQS10水平,比亚迪已进行了持续两年多的品质提升和体系建设:通过不断升级工艺装备并与全球知名供应商,如与博世、PPG、博格华纳等合作,合力打造高品质产品;采用IQS标准化品质管理体系,对各个生产环节严格把关,将品质意识渗透至企业管理,切实提升产品品质。

问题:说一说IQS10的意义。

② 销售服务满意度

销售服务满意度指客户对经销商汽车销售过程中满意度的评价。影响客户销售满意度的指标有六个,分别为:交车时间、交车过程、经销商设施、交易条件、销售人员和书面文件。销售服务满意度分数越高,表明客户对销售过程的满意度越高。销售服务满意度是根据新车客户(购买新车 3~8 个月内)的满意度调查得出的指数,调查一般采取问卷调查的方式进行。

③ 售后服务满意度

售后服务满意度是客户对经销商售后服务满意度的评价。它是评测客户在购车后 12~24 个月内对授权经销商服务部门所提供保养和维修服务的满意度。其主要有五项衡量因子,即服务质量、服务后交车、服务启动、服务顾问和服务设施,具体如图 12.4 所示。售后服务满意度的分数越高,表明客户对授权经销商服务部门的保养和维修服务越满意。

④ 新车魅力度

APPEAL 是根据新车车主在购车 2~6 个月内对车辆性能和设计的满意度调查。此研究涉及的项目囊括了车辆的 10 大项:车辆外观、配置、音响与娱乐、导航系统、座椅、空调系统、驾驶性能、发动机及变速系统、视野与行车安全以及燃油经济性。满分为 1000 分。

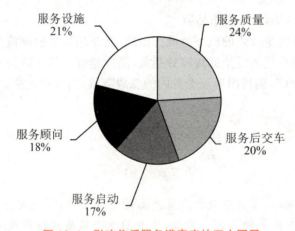

图 12.4 影响售后服务满意度的五大因子

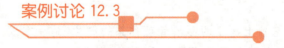

案例讨论 12.3

J. D. Power 正式发布 2021 年中国汽车售后服务满意度研究结果

2021 年 9 月 29 日,消费者洞察与市场研究机构 J. D. Power 于上海正式发布了 2021 年中国售后服务满意度研究结果。研究显示,虽然越来越多的中国车主采用数字化方式预约售后维修和保养,但预约体验并不尽如人意。汽车厂商和经销商还需进一步提高数字化服务水平以及相关的配套服务能力,2021 年中国汽车售后服务满意度排名如图 12.5 所示。

问题:从上面售后服务满意度排行榜中,你有何评价?

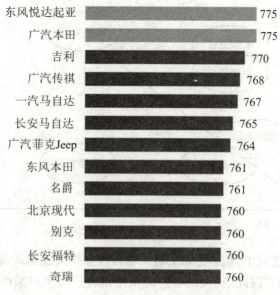

图 12.5 2021 年中国汽车售后服务满意度排名

12.2.2 客户忠诚

1. 客户忠诚的概念

广义的客户忠诚指客户持续、重复购买某企业的产品或服务的行为,主要包括以下几种类型:

(1) 垄断忠诚

这种客户忠诚源于产品或服务的垄断。企业在行业中处于垄断地位,客户不论满不满意,只能长期使用这个企业的产品或服务,如城市居民使用的自来水。

(2) 亲缘忠诚

企业自身的雇员(包括雇员的亲属)会义无反顾地使用该企业的产品与服务。这些客户对该产品或服务并非感到满意,甚至还会产生抱怨。他们选择该产品或服务,仅仅是因为他们属于这个企业。比如,汽车企业的员工会只选择自己企业生产的车,一些电信企业的员工包括他们的亲属都只长期使用他们企业提供的电信网络等。

(3) 利益忠诚(价格忠诚、激励忠诚)

客户的这种忠诚来源于企业给予他们的额外利益,如价格刺激、促销政策激励等。

(4) 惰性忠诚(方便忠诚)

一些客户出于方便或因为惰性,会长期保持一种忠诚,这种情形在一些服务行业中较为常见。比如,很多人会长期而固定地选择某家超市进行购物,原因仅仅是这家超市距离客户家很近。

(5) 信赖忠诚

当客户对企业的产品或服务感到满意,并逐渐建立起一种信赖感时,他们会逐渐形成一种忠诚。这种忠诚不同于前几种,它是高可靠度、高持久性的。客户关系管理研究的是这种信赖忠诚。

以上各类忠诚,其客户的依赖性和持久性是不同的,如图 12.6 所示。

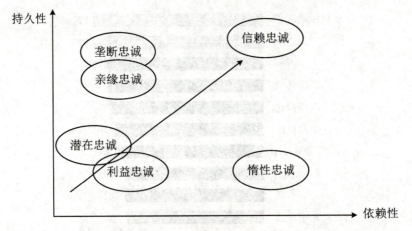

图 12.6　客户忠诚的持久性与依赖性

可以看到，在各类忠诚中，信赖忠诚的客户依赖性和持久性是最高的。我们通常讲的客户忠诚指的是信赖忠诚。因此，狭义的客户忠诚是指客户出于对某产品品牌或企业的信赖而重复购买的一种心理倾向。客户忠诚是客户满意的行为表现。

客户忠诚表现的特征有：

① 再次或大量购买企业的产品。

② 主动向亲朋好友和周围的人推荐企业的产品。

③ 几乎没有选择其他企业或其他品牌产品的念头，能抵制其他产品的促销诱惑。

④ 若发现该产品的某些缺陷，能以谅解的心态主动向企业反馈信息，求得解决，而且不影响其再次购买。

⑤ 高度忠诚的客户是企业最宝贵的财富。培养忠诚客户既是企业追求的最终目标，也是实施 CRM 追求的最高目标。

2. 客户忠诚建立的过程

客户忠诚建立的过程分为三个阶段，即客户满意、客户愉悦和客户信赖。

(1) 客户感到满意是建立客户忠诚的基础

客户是否感到满意对客户忠诚有着非常重要的影响。在很多情况下，客户的这种态度决定了他们是否还会继续选择该企业的产品。

应当强调的是，客户的满意仅仅是形成客户忠诚的第一步。很多企业简单地认为，只要客户对我感到满意，我就可以锁定他们，但事实并非如此。事实上大多数企业都能满足客户的需求，只是在满足的程度上有所不同而已。满足客户的需求，让客户感到满意，已经不再是企业追求的目标，而是企业必备的能力。

(2) 客户感到愉悦是建立客户忠诚的关键

帮助客户从消费过程中感到愉悦是建立客户忠诚的关键一步，或者说这是一个从客户满意到达客户忠诚的"桥梁"。权威部门调查表明，能够让客户感到愉悦的企业与仅仅让客户感到满意的企业相比，其销售额要高出 6 倍。

(3) 客户产生信赖是建立客户忠诚的终点

客户的消费过程总是有一定的风险和不确定性，而面对值得信赖的企业，客户的这种风险和不确定性将降到最低。客户的信赖感来自客户与企业长期合作过程中不断感到的满意感和愉悦感的积累。

> **同步思考 12.3**
> 试述客户满意度与客户忠诚度的关系。

12.2.3 提升汽车客户满意度的措施

客户满意度越来越受到各大汽车企业和经销商的重视,提高客户满意度是增强汽车制造企业和经销商竞争实力的一种服务管理模式。

1. 提升客户满意度的关键是转换思想观念

我们经常见到这样的标语:"客户第一""客户永远是对的""顾客是上帝""永远做得比客户预想得更好"等。这种服务理念,最早可追溯到 20 世纪 90 年代初在中国深圳首开的沃尔玛商场里,它们在墙上醒目的地方贴出标语:"1. 顾客永远是对的! 2. 顾客如果有错误,请参看第一条。"因此,提升客户满意度的关键是转变思想观念。

(1) 树立深得客户满意的八项服务理念

① 销售的目的是让客户满意,赚钱只是客户满意后自然产生的副产品。

② 提高服务品质绝不需要增加时间成本,正确的服务策略是最有效地利用时间资源。

③ 员工愿意改变工作态度,把客户的满意当成工作守则,这既是个人责任,也是企业全体员工的责任。

④ 客户要奶茶,你给他咖啡,这不但没有满足客户的需求,反而会造成客户抱怨。

⑤ 客户服务范围的界定是为客户提供最满意的产品或服务或超越客户期望的产品或服务的基础。

⑥ 通常开发一位新客户比维系一位老客户要花费 6 倍以上的时间和精力。

⑦ 客户的满意指数与客户的感受永远成正比,却与客户的期望值永远成反比。

⑧ 乔·吉拉德的"250 定律":得罪 1 个客户,你就有可能得罪 250 个客户。这告诉我们,永远不要得罪每一个客户。

知识延展 12.3

影响客户满意度的十大因素是什么?

1. 可靠:第一次就将服务做好。
2. 反应:提供服务的意愿与待命的程度。
3. 能力:拥有提供服务所需的技术与知识;
4. 接近:接触客户的容易性。
5. 礼貌:尊重、体贴、友善的业务人员。
6. 沟通:以客户能了解的语言介绍产品,并接纳客户的说法。
7. 信任:信赖、相信、诚实。
8. 安全:没有危险、风险或怀疑。

9. 了解：努力了解客户的需求。

10. 有形：为客户提供看得见的服务。

(2) 树立"主动创造客户满意"的观念

① "主动创造客户满意"的首要问题是要形成一种"让客户满意"的意识。当企业提供产品和服务时，同时也提供着一种特殊的产品——客户满意。这种特殊产品的影响程度远远大于提供的产品和服务本身。

② "主动创造客户满意"的关键问题是将客户的需求和期望转化为客户看得见、摸得着的考核指标、服务规范和行为准则等。

③ "主动创造客户满意"不能仅仅停留在思想意识的层面，它必须通过管理和流程上的制度来指导、控制、评价和跟进。

④ "主动创造客户满意"需要通过"全体总动员"来实现。企业应将主动创造客户满意的意识转化为具体的方式和手段，并为员工所接受，充分发挥全体员工的积极性、创造性和主观能动性。

2. 提升客户满意度的措施

(1) 从客户的角度出发

很多企业为了评估和提高客户满意度，制定了很多评估标准，并从这些标准出发大做文章，但效果却很不理想，不仅难以评估自身的客户满意度，也难以借此提高客户的满意度。其中很重要的一点是，这些企业是从自身的角度出发来确定这些标准的，知名管理专家大卫·弗里曼特(David Freemantle)提醒我们："要从客户的角度出发，找到真正使其满意的因素来确定评估标准，才能正确地评测出客户满意度。"只有当真正评估出了客户满意度所处的水平后，才能够有的放矢地提高客户满意度。

从客户的角度出发，就是要求企业真正懂得客户在想什么，客户最需要的是什么。提高客户满意度，重要的不是企业能够为客户提供些什么，而是客户能够从企业那里得到什么。企业需要的是客户的满意，而不是企业的自我满足。要做到这一点就需要企业设身处地地为客户着想，从客户的角度看待问题。

(2) 将客户的期望值看得比产品质量更重要

企业要想提高客户满意度就应当努力达到和超过客户的期望值。因此，提高客户满意度的关键是适度地控制或降低客户对企业产品或服务的期望值。

企业在了解和控制客户的期望值时，应当注意以下几个问题：

① 努力与客户达成共识。企业的资源总是有限的，并不需要也不可能去满足客户的每一个要求。这就要求企业能够努力与客户达成一种共识，如果客户期望与企业的实际情况有一定距离，就应当详细与客户讨论，使这种期望成为企业可接受的。在企业和客户相互满足和容忍的基础上才能更好地发展客户关系。

② 只在承诺的范围内满足客户的需求。为了控制客户的期望值，应尽可能准确地描述企业的产品或服务，明确企业的职责和工作范围，并不是客户所有的要求企业都要满足。这样做企业可以有效地避免不必承担的一些责任。

③ 客户的很多期望在购买了产品后并没有实现。在描述完产品或服务内容后，还得描述将会发生什么变化。并且，企业还要了解客户是怎样评估这种变化的，与自己的评估标准是否一致，以便更好地进行控制。

④ 客户的期望是随着环境的变化而改变的。为了能够准确地把握客户的期望值,就要不断地跟踪客户,经常与客户进行交流。

⑤ 永远不要愚弄客户,也不要为客户开出"空头支票"。那些为了提高客户的期望值、赢得客户的满意而给客户空洞承诺的企业,到头来只是害了自己。

(3) 预测客户的需求

客户的需求是变化的,要想赢得客户的满意就应当走在客户的前面,想客户之所想,急客户之所急。一成不变的产品和服务,即使产品质量再好也难以满足客户的需求。这就要求企业能够预测客户的需求,不断创新。当企业满足客户刚刚想到的需求时,得到的不仅仅是客户的惊喜,更多的是客户的满意和信赖。

(4) 从点滴小事上关心客户

企业不能忽略运营中的点滴小事。事实上,越不易被察觉的小事越能够使客户感动,越容易引起客户的共鸣,也最容易提高企业自身的客户满意度。所以,企业要善于在小事上做文章。

(5) 给客户制造惊喜

真诚微笑;赞美与关心客户;记住客户的姓名及重要日子;经常与客户联系;给客户一点额外的小礼物;邀请客户参加企业的活动或研讨会;给予客户适度补偿等。

(6) 积极处理客户的问题

积极地帮助客户处理他们的问题,及时向他们反馈处理进度。

(7) 关注企业内部服务缺口,补齐短板

客户的不满总是来源于企业行为,要把导致客户不满的企业行为找出来,分析原因,从而有针对性地进行改进。补齐短板有利于提高客户满意度。

> **同步思考 12.4**
> 你认为"提高客户满意度的关键是不断提高产品质量和服务质量"这句话对吗?

12.3　客户抱怨及投诉的处理

12.3.1　客户抱怨的处理

1. 客户抱怨的概念与成因

客户对企业产品或服务等的不满和责难叫作顾客抱怨。其产生的原因是客户对产品或服务的不满意。客户抱怨的目的是挽回经济上的损失或获得内心的平衡。

客户抱怨分为私人行为和公开行为。私人行为包括不再购买该品牌产品、不再光顾该商店、说该品牌或该企业的坏话等;公开行为包括向企业、政府有关机构投诉并要求赔偿。

2. 汽车客户常见的抱怨

汽车客户常见的抱怨来源如图 12.7 所示。

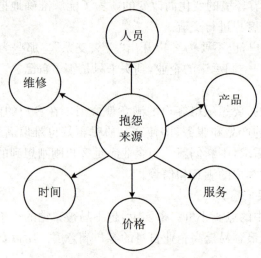

图12.7 汽车客户抱怨常见的来源

(1) 由汽车销售服务人员的态度导致的客户抱怨
① 服务态度：不尊重客户。
② 服务标准：客户受到不公平的待遇。
③ 服务诚恳：客户感觉被歧视。
④ 服务诚实：客户感觉被欺骗。

(2) 由汽车产品本身的缺陷等导致的客户抱怨
① 零件不合规格。
② 拒绝质保期内的零部件供应服务。
③ 油耗问题：油耗大或超出宣传的数字。
④ 汽车动力等问题：启动提速慢、发动机噪音大、轮毂生锈等。

(3) 由服务品质导致的客户抱怨
① 汽车销售服务人员对产品专业知识不熟。
② 汽车销售服务人员对业务流程不熟。

(4) 由价格原因导致的客户抱怨
① 汽车价格调整，导致客户感觉吃亏。
② 配置、配件价格高。
③ 工时费高。
④ 报价流程不规范。

(5) 由时间原因导致的客户抱怨
① 延迟交车。
② 配件供应时间长。
③ 缺料或待料时间太久。

(6) 由汽车维修保养等原因导致的客户抱怨
① 重复性维修。
② 维修质量不符合要求。
③ 维修清洁。

3. 处理客户抱怨的技巧

处理客户抱怨分为六个步骤,见表12.1。

表 12.1 处理客户抱怨的六个步骤

步骤	内容	解释
第一步	保持冷静	控制自己的情绪,不受客户影响; 了解客户不是针对你; 让客户相信你可以代表企业
第二步	专心聆听	不要辩解; 不要推卸责任; 让客户发泄不满; 记录人、时、地、事、物
第三步	表示了解	将心比心地理解客户的感受,鼓励客户坦诚沟通; 关心客户的感受,令客户感受到自己的重要性
第四步	表示歉意	体谅客户的感受和不便; 代表企业向客户道歉
第五步	解决问题 让客户满意	提出恰当的解决方案; 征询客户的意见,寻求双方满意的解决之道; 安抚客户,请主管出面解决问题; 安抚客户,请有关部门出面解决问题
第六步	避免同样的问题 再度发生	调查问题发生的原因,修正错误的程序; 将问题反映给主管或相关部门; 总结经验

处理客户抱怨的技巧如下:

(1) 注意七个方面的事项

① 不要推诿。

② 不要回避。

③ 不要拖延。

④ 不要打断客户的陈述。

⑤ 不要找借口。

⑥ 不要对客户不冷不热。

⑦ 不要感情用事。

(2) 做好五个方面的工作

① 热情接待,认真听取客户的建议。

② 无论对错,主动向客户表示歉意。

③ 耐心接受建议,及时解决问题。

④ 勇于承担错误与责任。

⑤ 事后回访,加强与客户之间的沟通和了解。

(3) 必须坚持三个原则

① 正确判断客户抱怨的性质。

② 以理服人,礼貌待客。

③ 调查分析,实事求是。

(4) 把握好一个尺度

前事不忘,后事之师。

12.3.2 客户投诉的处理

1. 汽车客户投诉概述

客户投诉是由于客户对产品或服务的不满意而表现出的抱怨和"想讨个说法"的行为。它最基本的特点是客户对企业产品或服务不满意。这种不满意有可能是因为产品或服务的确存在不足,也有可能是因为客户的期望值太高而导致不满意。

严格地说,没有哪个企业希望看到客户投诉。如果客户投诉处理不好,企业将流失客户,造成损失;如果处理得当,则会留住客户甚至会吸引很多新客户。

(1) 汽车客户投诉的主要类型

① 销售类投诉

汽车销售类投诉是指因销售人员未履行承诺、夸大产品性能、夸大保修索赔内容、交车日期延误、价格调整、销售服务态度不佳等造成的客户投诉。应对此类投诉的最好办法是严格执行销售流程的工作标准。

② 配件类投诉

因汽车配件的供应、价格、质量等原因造成的客户投诉。

配件供应:在维修过程中,未能及时供应车辆所需的配件。

配件价格:客户认为配件价格过高或收费不合理。

配件质量:配件的质量、耐久性等存在问题。

③ 售后服务类投诉

服务质量:售后服务人员在服务客户时,未能达到客户的期望值,如服务态度不好等。

售后索赔:未明确车辆维修索赔条件等。

产品质量:由设计、制造或装配不良所造成的质量缺陷。

维修技术:因维修技术欠佳,产生不能一次修好、需要多次重修的现象。我们常用"一次修复率"(Fixed at First Visit,FFV)来表示维修技术。

对于汽车制造企业的经销商来说,FFV 是指经销商在一段时间内,客户的车辆在首次进厂时即得到满意的维修服务的车辆数 a 与进厂维修总量 b 的百分比。即

$$FFV=(a/b)\times 100\%$$

$$返修率=1-FFV$$

返修率高或一次修复率低是客户投诉的重要因素。

知识延展 12.4

一次修复率低的原因有哪些?

据统计,目前汽车经销店一次修复率低的原因如下:

第一,没有具体描述或了解客户报修的内容。

第二,没有将报修内容完整或正确传递给相关部门或人员。

第三,没有使用维修资料。

第四,没有使用技术问题解决方案。

第五,没有进行引导型故障查询。

第六,没有正确诊断出故障原因。

第七,没有及时订购原装零部件。

第八,维修错误。

第九,维修站装备不足。

第十,保修内容不同。

(2) 汽车客户投诉的主要方式

① 现场:客户当面向企业投诉。

② 电话:客户通过电话向企业投诉。

③ 书面信函:客户以书面方式投诉。

④ 网络:客户以电子邮件或其他网络方式向企业投诉。

2. 汽车 4S 店客户投诉处理策略

(1) 处理原则

处理客户投诉的基本原则是"先处理心情,再处理事情"。具体如下:

① 对修理厂的过失,要详尽了解,向客户道歉。

② 让客户觉得自己是个重要的客户。

③ 对客户的误会,应有礼貌地指出,让客户心服口服。

④ 解释的时候不能委曲求全。

⑤ 谢谢客户让你知道他的意见。

(2) 处理流程

① 任何人在接到客户的投诉后,应第一时间向客户道歉并记录投诉内容,如时间、地点、人员、事情经过、其结果如何等问题,了解投诉事件的基本信息,并初步判断客户的投诉性质,在1小时内上报客户经理或客户服务中心,由客户经理或客户服务中心立即填写《客户信息反馈处理单》。

② 客户服务中心立即对该《客户信息反馈处理单》进行编号,并简单记录基本信息,如车牌号、填单人姓名、内容概要。

③ 对于明显能确定责任的质量问题、服务态度、文明生产、工期延误的投诉,应按以下流程处理:

第一步:客户经理在 24 小时内协同被反馈部门完成责任认定,在对责任人提出处理意见后,完成与客户的沟通(如有必要)并将《客户信息反馈处理单》转发给管理部。对于 24 小时内没有联系上的客户,客户经理应在 48 小时内完成上述工作。

第二步:管理部在接到《客户信息反馈处理单》后,在 4 小时内根据企业文件对处理意见进行复核,对认可的处理提出过失处理意见;若有异议,则召集客户经理和相关部门进行协商。在 4 小时内,将处理意见上报主管总经理,同时将主管总经理的处理意见反馈给客户经理和相关部门。

第三步:管理部在 8 小时内根据最终处理意见进行责任追究及过失沟通,完成最终的

《客户信息反馈处理单》并于当日转发给客户服务中心。

④ 对于当时无法确定责任的质量问题、配件延时、客户不在场、客户没有时间的投诉，按以下流程处理：

第一步：通知客户在方便时直接找客户经理解决问题，经主管总经理认可后，按未了事宜进行处理。

第二步：如客户属于重大投诉，客户经理应在请示主管总经理后上门拜访客户。

第三步：未了事宜由客户经理和客户服务中心分别在各自的未了事宜台账上进行记录，并在维修接待计算机系统中明确标注。

第四步：客户经理每月4日前完成上个月的未了事宜，并及时掌握未了事宜的变化情况。

(3) 具体处理方法

① 客户打电话投诉或来店投诉时，用平静的声音告诉客户："谢谢你给我们提出了宝贵的意见。"切忌与客户发生争执。

② 仔细倾听客户的抱怨。

③ 当遇到销售方造成的问题时，除了向客户诚挚道歉外，应马上根据客户的时间安排车辆返修，并承担相关费用。

④ 不属于销售方造成的问题应该：

首先，耐心地向客户作出解释，解释时应该注意不要伤害客户的感情。

其次，对车辆存在的问题进行免费检查，并在征得客户同意的前提下对车辆进行检修。

最后，可以在价格上作出适当优惠或对工时费予以减免。

⑤ 再次对客户的投诉表示感谢。

(4) 投诉处理的禁忌

处理客户投诉的常见禁忌及正确的处理方法，见表12.2。

表12.2 投诉处理的常见禁忌与对应正确的处理方法

禁　　忌	正确的处理方法
立即与客户讲道理	先听、后讲
急于得出结论	先解释，不要直接得出结论
一味道歉	道歉不是办法，解决问题是关键
言行不一，缺乏诚意	说到做到
信息沟通不及时	及时沟通
随意答复客户	确认准确信息后再回复客户
"这是常有的事"	不要让客户认为这是普遍性问题
"您要知道，一分价钱一分货"	无论什么客户，我们都应该提供统一优质的服务
"绝对不可能"	不要用如此武断的口气
"这不是我们负责的，你问别的部门吧"或"这个我们不清楚，你去问别人吧"	"为了您更好地得到更准确的答复，我帮你联系相关部门来处理，好吗？"
"这是公司的规定"	"为了您的车辆的良好使用，我们制定了这样的规定"

项目小结

1. 客户关系管理是一种以客户为中心的经营策略,它以信息技术为手段,通过对相关业务流程的重新设计及相关工作流程的重新组合,以完善的客户服务和深入的客户分析来满足客户的个性化需求,提高客户满意度和忠诚度,从而实现客户终身价值和企业利润增长的"双赢"。

2. 客户满意是一种感觉、一种心理体验。这种感觉来源于内心期望与现实体验的比较。客户满意度是客户满意的程度,共有四个指标来分析客户满意度,即新车品质、销售服务满意度、售后服务满意度及新车魅力度。

3. 客户忠诚是指客户出于对某企业产品和服务的心理偏爱并进行持续性的购买行为,它是客户满意效果的直接体现。培养忠诚客户是企业追求的最终目标,也是实施CRM追求的最高目标。

4. 提高客户满意度的措施首先是转换思想观念,然后树立"主动创造客户满意"的观念。具体措施有:从客户的角度出发,将客户的期望值看得比产品质量更重要;预测客户的需求;从点滴小事上关心客户;给客户制造惊喜;积极处理客户的问题;关注企业内部服务缺口,补齐短板等。

5. 客户抱怨是指客户对企业产品或服务等的不满和责难。其产生的原因是对产品或服务的不满意。客户抱怨的目的是挽回经济上的损失或获得内心的平衡。

6. 客户投诉是由于客户对产品或服务不满意而表现出的抱怨和"想讨个说法"的行为。汽车客户投诉有销售类投诉、配件类投诉、售后服务类投诉。处理客户投诉的基本原则是"先处理心情,再处理事情"。

知识巩固

单选题

1. CRM 是指( )。
   A. 客户关系管理 B. 企业资源计划
   C. 供应链管理   D. 人力资源管理

2. 客户的忠诚度类型不包括( )。
   A. 垄断忠诚 B. 信赖忠诚 C. 潜在忠诚 D. 历史忠诚

3. 客户投诉处理的基本原则是( )。
   A. 先处理细节,再处理大事   B. 先处理大事,再处理细节
   C. 先处理心情,再处理事情   D. 先处理事情,再处理心情

4. 满意度和忠诚度之间的关系,表现得最为紧密的关系是( )。
   A. 行业竞争激烈的企业客户关系   B. 实施客户积分计划的企业客户关系
   C. 退出成本或门槛高的企业客户关系   D. 专利技术产品企业客户关系

5. 在客户关系管理中,客户满意度是由( )两个因素决定的。

A. 客户的期望和感知 B. 客户的抱怨和忠诚
C. 产品的质量和价格 D. 产品的性能和价格

6. 在客户关系管理中,(　　)不是客户忠诚的表现。

A. 对企业的品牌产生情感和依赖 B. 重复购买
C. 即便遇到产品不满意,也不投诉 D. 向身边的朋友推荐企业的产品

7. 下列关于客户满意或客户忠诚的论述,错误的是(　　)。

A. 客户满意是一种心理的满足
B. 客户忠诚是一种持续交易的行为
C. 客户满意是客户关系管理的根本目的
D. 客户忠诚是客户关系管理的根本目的

8. 忠诚的客户是对企业十分满意和信任,长期、重复地购买同一企业的产品或服务的客户。从其购买行为上看,具有(　　)四个特征。

A. 无序购买、重复购买、相关购买、推荐购买
B. 指向购买、重复购买、相关购买、推荐购买
C. 指向购买、间断购买、相关购买、推荐购买
D. 指向购买、重复购买、非相关购买、推荐购买

9. 忠诚的客户给企业带来的效应不包括(　　)。

A. 长期订单　　B. 回头客　　C. 新的成本　　D. 良好的口碑

10. 在客户关系管理中,对于客户价值的分析与评价,常说的"二八法则",是指(　　)。

A. VIP客户与普通客户通常呈20∶80的比例分布
B. 企业利润的80%来自20%的客户,企业利润的20%来自80%的客户
C. 企业内部客户与外部客户的分布比例为20∶80
D. 企业利润的80%来自80%的客户,20%的客户给企业带来20%的收益

多选题

1. 客户关系管理包含哪些含义(　　)。

A. 是一种先进的营销管理思想 B. 是一种新型的营销管理机制
C. 是一种新型的管理模式 D. 是一套人机交互系统

2. 客户关系管理的意义包括哪些(　　)。

A. 能全面提高企业的运营效率 B. 能优化企业的市场增值链
C. 能保留老客户并吸引新客户 D. 能不断拓展市场空间

3. 汽车行业客户满意度指标有哪些?(　　)

A. 新车品质 B. 销售服务满意度
C. 售后服务满意度 D. 新车魅力度

4. 以下哪些行为是客户忠诚的表现?(　　)

A. 大量购买企业的产品
B. 主动向亲朋好友和周围的人推荐企业的产品
C. 能以谅解的心态主动向企业反馈信息
D. 能抵制其他产品的促销诱惑

5. 汽车客户投诉的主要类型有(　　)

A. 销售类投诉 B. 配件类投诉
C. 售后服务类投诉 D. 产品价格类投诉

判断题

1. 培养忠诚的客户是企业追求的最终目标,也是实施CRM追求的最高目标。(　　)
2. 提高客户满意度的关键是不断提高产品质量和服务质量。(　　)
3. 没有哪个企业希望看到客户投诉,因为它无任何价值可言。(　　)
4. 只有大的汽车企业才需要实施客户关系管理。(　　)
5. 汽车售后服务在客户交车结束、客户离店后仍没有结束。(　　)
6. 维持老顾客的成本远远低于吸引新顾客的成本。(　　)

简答题

1. 分析客户满意度和客户忠诚度的关系。
2. 简述客户满意度的衡量指标有哪些?

(扫一扫,答案在这里!)

综合案例

用CRM架起上海通用汽车与客户间沟通的桥梁

上海通用汽车有限公司(以下简称"上海通用汽车")成立于1997年6月,总投资15.21亿美元。上海通用汽车位于上海市浦东金桥出口加工区,其坚持"以客户为中心、以市场为导向"的经营理念,以高质量、多品种的产品和高效优质的服务,不断满足客户的需求。

1. 项目背景

上海通用汽车在1998年建立之初就开始启动CRM项目,这在国内汽车行业是最早的。上海通用汽车在实施CRM项目时,包括方法(战略战术)、技术这两个层面的内容。在方法上,有效的CRM市场策略是通过CRM业务流程来实现的;在技术上,建立并推广国内领先的CRM系统,使得CRM市场策略有了强大的系统和技术支持。

2. CRM项目的实施目标

① 上海通用汽车通过充分评估企业在这方面的需求和执行能力,在项目正式启动之前就制定了清晰的CRM项目实施目标。

② 通过"一对一"的沟通方式激发潜在客户的购买热情。

③ 与客户建立良好的关系,维系并提升他们的忠诚度。

④ 创立良好的口碑、承诺生产优质的产品和提供前所未有的拥有体验。

⑤ 更好地理解客户的购买行为,在制定产品规划和市场推广策略时充分考虑他们的需求和期望;

⑥ 用先进的 CRM 系统平台进行潜在客户管理和现有客户管理,建立销售和售后服务网络。

3. CRM 项目的具体实施内容

上海通用汽车 CRM 项目的具体实施包括 CRM 实施方案的制定与运作、客户支持中心的建立与运作以及 CRM 系统平台的建设与应用。

① CRM 实施方案。上海通用汽车在制定 CRM 实施方案时是以客户生命周期为着眼点的。客户生命周期包括:产品认知—选择—购买—提货—拥有体验—再次购买,这是一个周而复始的循环过程。

② 客户支持中心。上海通用汽车是国内汽车行业中最早设立客户支持中心的企业。客户支持中心面向车主、潜在车主、所有对产品感兴趣的人士,即广大消费者。

客户支持中心从成立起,就开通了的免费电话。该电话向全国各地的客户提供 12 小时的人工咨询服务和 24 小时的语音服务。此外,传真、信件也是客户支持中心接受客户咨询或问题反馈的主要途径。

③ CRM 系统。完整的 CRM 方案,除了在方法(战略战术)层面的具体实施外,还应包括建立和推广一套先进的 CRM 系统。CRM 在技术层面的应用是其在方法(战略战术)层面发挥作用的基础和保障,两者是并重的。

4. CRM 项目的实施成果

CRM 项目实施的最直接的成果就是客户满意度和客户忠诚度的提升,而产品销售量的提升和市场占有率的提高则是实施 CRM 的最终目标。从上海通用汽车这几年的客户满意度、客户忠诚度、产品销售量、市场占有率的不断提升来看,上海通用汽车 CRM 项目的实施效果良好。

① 客户满意度指数不断提高。上海通用汽车从 1998 年 6 月别克系列产品上市开始,就进行了客户满意度跟踪。其目的主要是通过衡量和跟踪客户对销售和服务的满意度,从客户处了解其优势和不足,从而持续改进。

② 客户忠诚度指数居高。从全国主要的经销商反馈信息来看,上海通用汽车的客户忠诚度指数达到 60% 以上,这就意味着 60% 以上的客户会介绍朋友购买上海通用汽车的产品。

③ 产品销售量的提升和市场占有率的提高。上海通用汽车从 1999 年 4 月起开始制造和销售别克轿车,至 2002 年底,销售量已从 19790 辆上升至 110763 辆,增长了 459%。

从市场占有率来看,上海通用汽车别克轿车的市场占有率从 1999 年的 3.2% 提升到 2002 年的 8.9%。

上海通用汽车的 CRM 项目经过几年的建设和完善,取得了良好的实施效果。这也引起了整个中国营销界的关注。2002 年底,全球著名的 CRM 资讯组织,包括大中华客户关系管理研究所、大中华客户关系管理咨询合伙人以及大中华客户关系管理组织共同发起了"2002 中国最佳 CRM 实施"评选活动。

(资料来源:编者整理)

问题:

1. 什么是 CRM?其核心思想是什么?
2. 上海通用汽车为什么要实施 CRM 项目?
3. 你对上海通用汽车的 CRM 项目作何评价?
4. 收集中国汽车公司 CRM 项目的运行情况,分析 CRM 项目实施的意义。

项目工单

任务： 汽车客户投诉处理。		姓名：	指导教师：
		班级：	组别：

1. 实训目的与要求

实训目的：

(1) 了解和熟悉汽车售后服务每一环节中可能会面临的基本问题；

(2) 掌握处理汽车客户投诉的技能；

(3) 培养团队合作精神，锻炼灵活运用知识的能力。

实训要求：

(1) 实训以小组为单位完成，每个小组分组开展问题分析；

(2) 各小组认真收集常见的汽车客户投诉问题，并给予解决问题的建议；

(3) 各小组将研究结果以PPT的方式呈现，小组成员共同制作PPT。

2. 组织与计划

3. 任务实施

4. 归纳总结

5. 评价（优秀、良好、合格、不合格）

自我评价：	小组评价：
教师评价：	

参 考 文 献

[1] 杜淑琳,王云霞. 汽车市场营销理论与实务[M]. 合肥:中国科学技术大学出版社,2013.
[2] 韩嘉怡. 深圳创意文化产业发展 PESTEL 模型分析[J]. 中国市场,2014(33):3.
[3] 刘忠泽,赵丛. 经济学简明教程[M]. 北京:北京大学出版社,2010.
[4] 王晓光. 绿色营销:市场营销新观念[J]. 现代企业,1994(10):31-32.
[5] 舒超. 安徽省解决汽车芯片短缺问题的对策研究[J]. 中国工程咨询,2021(4):11.
[6] 徐进. 汽车营销学[M]. 北京:机械工业出版社,2019.
[7] 赵培全. 汽车营销技术[M]. 北京:中国水利水电出版社,2017.
[8] 余志勇. 上海通用"别克"汽车营销案例[D]. 郑州:郑州大学,2004.
[9] 郭堃. 新能源汽车 SWOT 分析:以比亚迪公司为例[J]. 湖北经济学院学报,2015,12(12):3.
[10] 朱华锋. 市场营销原理[M]. 合肥:中国科学技术大学出版社,2010.
[11] 刘志迎. 现代市场营销学[M]. 合肥:安徽人民出版社,2008.
[12] 张彤. 汽车市场营销[M]. 北京:化学工业出版社,2010.
[13] 陈永革. 汽车市场营销[M]. 北京:高等教育出版社,2008.
[14] 戚叔林. 汽车市场营销[M]. 北京:机械工业出版社,2010.
[15] 廖卫红,周少华. 基于网络直复营销的我国汽车促销形式探讨[J]. 商场现代化,2006(65):2.
[16] 谭克诚. 汽车及配件营销实务[M]. 北京:北京理工大学出版社,2009.
[17] 汪治. 电子商务应用[M]. 大连:东北财经大学出版社,2009.
[18] 牛艳莉. 汽车市场营销[M]. 成都:电子科技大学出版社,2008.
[19] 陈文华,叶志斌. 汽车营销案例教程[M]. 北京:人民交通出版社,2008.
[20] 张慧锋. 客户关系管理[M]. 北京:人民邮电出版社,2011.
[21] 葛慧敏,余伟. 汽车营销学[M]. 北京:国防工业出版社,2011.
[22] 王彦峰. 汽车营销[M]. 北京:人民交通出版社,2010.
[23] 赵学峰. 汽车市场营销实务[M]. 北京:机械工业出版社,2012.
[24] 散晓燕. 汽车营销[M]. 北京:人民邮电出版社. 2014.
[25] 陈永革,何瑛. 汽车营销基础与实务[M]. 北京:机械工业出版社,2019.
[26] 黄文莉. 网络营销实务[M]. 北京:机械工业出版社,2019.
[27] 戚叔林. 汽车市场营销[M]. 北京:机械工业出版社,2010.
[28] 王永贵. 市场营销[M]. 北京:中国人民大学出版社,2019.
[29] 朱升高,韩素芳. 汽车销售服务与运营管理[M]. 北京:机械工业出版社,2021.
[30] 杨立君,苑玉凤. 汽车营销[M]. 北京:机械工业出版社,2019.
[31] 梁文亮. 汽车营销[M]. 成都:西南交通大学出版社,2017.
[32] 贾新政. 现代市场营销学[M]. 长春:吉林大学出版社,2006.
[33] 李翔晟,蒋淑霞. 汽车服务信息系统[M]. 北京:中国林业出版社,2011.
[34] 周见. 中日经营史比较研究[M]. 北京:社会科学文献出版社,2017.
[35] 杨畅. 从"爱迪塞尔"的失败和"野马"的成功说起[J]. 经济与管理,2001(9):7-8.
[36] 贺远琼. 我国企业营销控制模式研究[J]. 商业研究,2006(8):141-143.
[37] 张德鹏,汤发良. 市场营销学[M]. 广州:广东高等教育出版社,2010.